Jahrbuch Gerechtigkeit V

Menschen Klima Zukunft?

Wege zu einer gerechten Welt

c+p Verlag

Jahrbuch Gerechtigkeit V
Menschen, Klima, Zukunft?
Wege zu einer gerechten Welt

Kirchlicher Herausgeberkreis Jahrbuch Gerechtigkeit

1. Auflage 2012

Titelbild: © z576 - Fotolia.com
Gestaltung: Johannes Kunkel
Schaubilder: Julia Buschmann
Druck und Verarbeitung: Westermann Druck

ISBN 978-3-86770-130-3

Inhaltsverzeichnis

Einleitung

Teil I: Kirchlicher Diskussionsbeitrag

Teil II: Zwischenrufe

MENSCHEN, KLIMA, ZUKUNFT: WARUM WIR EINE GROSSE TRANSFORMATION BRAUCHEN

von Brigitte Bertelmann und Klaus Heidel

Das im Jahre 2005 erstmals von kirchlichen Gliederungen, Institutionen und Organisationen vorgelegte Jahrbuch Gerechtigkeit versteht sich als ökumenisches Forum für kirchliche Wortmeldungen zu Fragen weltweiter sozialer Gerechtigkeit. Den Jahrbüchern mit wechselnden regionalen und thematischen Schwerpunkten geht es um die Verantwortung von Reichtum angesichts verbreiteter Armut, in Deutschland und weltweit. In dieser Perspektive sucht das Jahrbuch Gerechtigkeit V Antworten auf den Klimawandel, der zugleich eine soziale Herausforderung ist: Klimagerechtigkeit, soziale Gerechtigkeit und das Recht auf Entwicklung gehören zusammen.

Eine solche ganzheitliche Sicht knüpft an eine UN-Konferenz im Jahre 1992 an: Damals, nach dem Ende des Ost-West-Konfliktes, schien der Weg frei für eine friedliche, gerechte und nachhaltige Entwicklung. Entsprechend hoch waren die Erwartungen an die Konferenz über Umwelt und Entwicklung der Vereinten Nationen im Juni 1992 in Rio de Janeiro. Bei der Konferenz wurden das globale Aktionsprogramm Agenda 21 für eine nachhaltige Entwicklung beschlossen und die Klimarahmenkonvention und die Konvention über biologische Vielfalt unterzeichnet. In der Folgezeit wurden vielfältige Anstrengungen von Regierungen, Unternehmen und zivilgesellschaftlichen Organisationen zur Umsetzung der Beschlüsse von Rio unternommen. Manche Fortschritte auf dem Weg hin zu einer nachhaltigen Entwicklung wurden erzielt. Doch noch immer liegen die Ziele der Konferenz von 1992 in weiter Ferne. Armut nahm zu, selbst in reichen Ländern. Der Leitbegriff Nachhaltige Entwicklung ist vielerorts zur Worthülse verkommen. Trotz aller Klimaschutzmaßnahmen erreichen die Treibhausgasemissionen Rekordhöhen. Bereits heute sind Folgen der globalen Erwärmung spürbar. Ein ungebremster Klimawandel würde natürliche Lebensräume zerstören, Armut verschärfen und in vielen Teilen der Welt zu beträchtlichen sozialen und politischen Konflikten führen.

Der Klimawandel als zentrale Herausforderung

Angesichts solcher Herausforderungen betonen die Herausgeber des Jahrbuches Gerechtigkeit, dass die Anstrengungen zur Begrenzung des Klimawandels und zur Überwindung der weiteren globalen Krisen verstärkt werden müssen. Nach intensiven Diskussionen, die mit einer Konsultation im Oktober 2010 begannen, verabschiedeten sie im Oktober 2011 den gemeinsam getragenen **Kirchlichen Diskussionsbeitrag** „Soziale Gerechtigkeit und Klimagerechtigkeit gehören zusammen". Er geht davon aus, dass „der Klimawandel die zentrale ökologische, soziale und friedenspolitische Herausforderung des 21. Jahrhunderts" sei.

Deshalb ist eine Transformation der Wirtschaft erforderlich: „Ohne einen umfassenden Umbau der Investitions-, Produktions- und Konsumweisen in den Industrie- und in einigen Schwellenländern und der gesamten Weltwirtschaft – hin zu einer postfossilen kohlenstoffarmen Wirtschaft – wird eine wirksame Eindämmung des Klimawandels nicht gelingen. Ein grundlegender Umbau ist auch deshalb notwendig, weil die Klimakrise in einem engen und wechselseitigen Zusammenhang mit weiteren globalen Krisen steht." Wie dieser Umbau, für den zunehmend der Begriff Große Transformation gebraucht wird, gelingen kann, deutet der Kirchliche Diskussionsbeitrag an.

Ergänzt wird er durch neunzehn **ZWISCHENRUFE** im zweiten Teil. Ausschließlich von ihren Autorinnen und Autoren verantwortet, beleuchten sie verschiedene Aspekte und tragen unterschiedliche Sichtweisen vor, da die konkrete Gestaltung des Umbaues von Wirtschaft und Gesellschaft hin zu postfossilen Ordnungen nur „im Rahmen eines ergebnisoffenen gesellschaftlichen Suchprozesses" gefunden werden kann, wenn sie auf breite Akzeptanz stoßen soll.

Die Menschheit an einem Scheideweg

Eine Standortbestimmung wagt **CORNELIA FÜLLKRUG-WEITZEL**. Angesichts globaler Krisen, unter Einschluss des Klimawandels, meint sie, vieles deute darauf hin, „dass sich die Menschheit [...] an einem Scheideweg befindet". Das Entwicklungsmodell der alten Industrieländer sei „perspektivlos", und die „Weltgesellschaft wie jedes einzelne Land und letztlich wir alle" bräuchten „dringend eine große Transformation" in eine „Weltgesellschaft, die dem Wachstumswahn abschwört".

Nur dann kann es gelingen, die globale Erwärmung zu begrenzen. Würden aber Menschen und Staaten von den Folgen eines ungebremsten Klimawandels betroffen, wären gefährliche Konflikte unvermeidbar. Dies skizziert **JÜRGEN SCHEFFRAN**, der auf „Sicherheitsrisiken und Konfliktpotenziale des Klimawandels" hinweist. Konflikte könnten über die Verteilung von Kosten und Risiken des Klimawandels entstehen. Vier Konfliktkonstellationen seien denkbar: Wasserkrisen, Ernährungskrisen, Krisen aufgrund extremer Wetterereignisse und Krisen durch umweltbedingte Migrationen. Konfliktär seien aber auch Strategien zur Begrenzung der globalen Erwärmung, wie zum Beispiel ingenieurtechnische Eingriffe in das Klimasystem.

Die Transformation braucht Gerechtigkeit

Angesichts des globalen und nationalen Konfliktpotenziales des Klimawandels ist eine gesellschaftliche Verständigung auf strategische Leitbilder unabdingbar. Ein solches Leitbild ist Klimagerechtigkeit. Doch es wird nur selten präzise definiert. Daher entfalten **Richard Brand** und **Thomas Hirsch** drei Dimensionen von Klimagerechtigkeit: Sie sei das Teilen von Lasten, Risiken und Chancen. Eine Beschränkung des Begriffes Klimagerechtigkeit auf nur eine Dimension sei nicht hilfreich, so blockiere eine Engführung auf die Verpflichtung zur Emissionsreduktion internationale Klimaverhandlungen. Werde aber Klimagerechtigkeit umfassend definiert, eröffneten sich Möglichkeiten für neue, blockübergreifende Länderkoalitionen zur Überwindung des klimapolitischen Stillstandes.

Das Leitbild Klimagerechtigkeit stellt auch die überkommene Fortschrittsidee im europäischen Kulturraum in Frage: Habe nach dem Zweiten Weltkrieg Fortschritt „Wiederaufbau und Wohlstandsschaffung, kurz: Wachstum" geheißen, so sei Wachstum heute keine „positive Zukunftsvision" mehr, führt **Joachim H. Spangenberg** aus. Auch grünes Wachstum sei angesichts der Endlichkeit natürlicher Ressourcen und der Grenzen der Ressourceneffizienz keine nachhaltige Lösung struktureller Probleme. Erforderlich sei ein „Ausstieg aus der Wachstumsdynamik", wobei das Umsteuern hin zu einer postfossilen Wirtschaftsweise „nicht in erster Linie Umwelt-, sondern vor allem Wirtschaftsstruktur- und Gesellschaftspolitik" sei. Notwendig sei es, einem blinden Technikvertrauen den Abschied zu geben und „Fortschritt wieder als sozialen Prozess zu verstehen".

Auch **Tilman Santarius** setzt sich kritisch mit der „Wachstumsgesellschaft“ auseinander, die er menschheitsgeschichtlich für eine „Episode“ hält. Er führt aus, dass „an der Überforderung der planetarischen Regenerationsfähigkeit“ nicht „nur unsere ‚Umwelt‘ leiden“ würde, sondern auch „die Mitwelt“, und zwar „besonders ärmere Menschen im globalen Süden wie Norden“. Vor diesem Hintergrund führe die „Hypothese von der Entkopplung“ von Wirtschaftswachstum und Umweltbelastung in die Irre, sie sei ein „bloßer Wunsch“. Erforderlich sei eine Große Transformation hin zu einer „wachstumsbefriedeten Gesellschaft“.

Die Gestaltung der Transformation sei vor allem eine „soziale und kulturelle Aufgabe“, meint **Michael Müller**. Die ökologische Modernisierung müsse „eng mit dem sozialen Umbau verbunden werden“: „Dieses große Gestaltungsprojekt bezieht die Demokratisierung der Wirtschaft und die Erweiterung von Gerechtigkeit und Solidarität mit ein. Mehr Verteilungsgerechtigkeit muss die Auszehrung der Zukunft verhindern“, so Müller. Nicht zuletzt sei der „Widerspruch zwischen Wissen und Handeln“ zu überwinden.

Ein solcher Widerspruch prägt auch die Auseinandersetzung mit den Grenzen des Wachstums, wie **Brigitte Bertelmann** andeutet. Einerseits würden in Deutschland „Leitbilder und Entwicklungspfade hin zu einer Post-Wachstumsgesellschaft entwickelt“. Andererseits gingen alle politischen Parteien in Deutschland „nach wie vor davon aus, dass Wirtschaftswachstum für eine nachhaltige Entwicklung und zur Lösung der globalen Probleme wie der Bekämpfung des Klimawandels und der wachsenden Armut unabdingbar“ sei. Doch selbst das Modell einer „neuen, grünen Wachstumspolitik“ würden „namhafte Wissenschaftler“ für einen „Irrweg“ halten. Für Bertelmann sind „die Probleme einer primär wachstumsorientierten Wirtschaftspolitik“ erkannt. „Es ist vor allem eine Frage des politischen Willens, die erforderlichen Konsequenzen zu ziehen.“

Doch dieser politische Wille scheint nicht ausreichend ausgeprägt zu sein. Jedenfalls gibt es eine beträchtliche Kluft zwischen Einstellungen und Verhalten, der **Miriam Schad** und **Bernd Sommer** nachgehen. Daher reichten Aufklärungs- und Informationskampagnen nicht aus, um die ökologische Nachhaltigkeitskrise zu bewältigen. Vielmehr seien ordnungspolitische Maßnahmen des Staates ebenso unabdingbar wie die Schaffung von Anreizen oder klimafreundliche Angebote wie Ökostrom als Standardangebote.

Die Transformation als politische Herausforderung

Allerdings müssen Nachhaltigkeitsstrategien mit Zielkonflikten rechnen, so zum Beispiel zwischen ökologischer Nachhaltigkeit und Beschäftigung, wie **Hans-Jürgen Urban** andeutet. Reformstrategien dürften sich aber nicht in diesen Zielkonflikten verfangen, dies gelte auch für die Produktkonversion: „Zukunftsweisend ist nur eine integrierte sozialökologische Konversionspolitik". Elemente derselben skizziert Urban am Beispiel der Automobilindustrie. „Die notwendige sozialökologische Transformation des Automobilsektors kann nicht als marktgetriebener, sondern nur als politisch gesteuerter Prozess gelingen" und muss als „Beteiligungsprojekt" „unterschiedliche Akteure mit ihren unterschiedlichen Interessen" einbeziehen.

Ohne politische Steuerung könnte die anstehende Transformation den Sozialstaat unter Druck setzen. Daher seien „verstärkte verteilungspolitische Anstrengungen unumgänglich", so **Norbert Reuter**. Er geht davon aus, dass sinkende wirtschaftliche Wachstumsraten ebenso wenig einen Rückbau des Sozialstaates erzwängen wie der demographische Wandel. Denn wie schon in der Vergangenheit seien auch jetzt Finanzierungsprobleme des Sozialstaates „im Wesentlichen Verteilungs- und Konstruktionsproblemen des Sozialstaates geschuldet". Dieser Umstand verweise auf die „wachsende Bedeutung von Politik".

Auch aus anderen Gründen ist die anstehende Transformation eine politische Herausforderung und eine Herausforderung für die politische Ordnung. So sei die Wissenschaft „in der Frage, ob Demokratien oder Autokratien besser auf die Herausforderungen des Klimawandels reagieren können, gespalten", wie **Frederic Hanusch**, **Maximilian Müngersdorff** und **Edgar Voss** schreiben. Sie betonen mit Nachdruck die Überlegenheit demokratischer Ordnungen. Allerdings müsse der „Transformationsprozess hin zu einer klimaverträglichen Gesellschaft [...] als Chance begriffen werden, mehr Demokratie zu wagen".

Lokale Ökonomien als solidarische Ökonomien

Zu den Herausforderungen für die Politik gehört auch die Verabschiedung von Illusionen. Eine solche sei das Ziel der Europäischen Union, Europa zur wettbewerbsfähigsten Region der Erde zu machen, wie **Hans Diefenbacher** ausführt. Mit einer solchen Zielsetzung könne es „nur Gewinner und Verlierer geben". Eine zweite Illusion sei das Festhalten am Ziel des Wirtschaftswachstums. Angesichts dieser Illusionen plädiert Diefenbacher für eine „Renaissance der lokalen Ökonomie": „Eine funktionierende Struktur lokaler Wirtschaftskreisläufe könnte sich [...] als ‚zweites Sicherheitsnetz' gegen eine unkontrollierte globale Ökonomie erweisen". Zugleich berge lokale Ökonomie „eine Vision eines guten Lebens im Einklang mit der ökologischen Tragfähigkeit dieser Erde in sich".

Dass lokale Ökonomien solidarische Ökonomien sein können, zeigen **Gisella Colares** und **Elimar Pinheiro do Nascimento** am Beispiel einer Gemeinschaftsbank in Brasilien. Die Banco Popular Palmas in Fortaleza vergibt Darlehen an Kleinbetriebe und trägt damit zur Schaffung von Arbeitsplätzen bei, vermittelt Ideen, schafft einen Raum der solidarischen Gemeinschaft und fördert auch sonst in vielfältiger Weise die lokale Ökonomie. So trägt die Gemeinschaftsbank zur selbstbestimmten Überwindung von Armut bei.

Auch in der Europäischen Union bleibt die Überwindung von Armut auf der Tagesordnung. Dass dieselbe durchaus auch etwas mit der Begrenzung des Klimawandels zu tun hat, skizzieren **Margit Appel** und **Paloma Fernández de la Hoz** am Beispiel der Wechselwirkungen zwischen Armut und Energieverbrauch. Diese Wechselwirkungen sind Gegenstand eines Forschungsprojektes in Österreich, das die Autorinnen vorstellen.

Ethische Grundlegungen

Die Transformation hin zu einer postfossilen Wirtschaft wird nur dann zu mehr sozialer Gerechtigkeit führen, wenn sie sich an ethischen Leitbildern orientiert, die zu Verhaltensänderungen ermutigen. „Wohlstand und Lebensqualität für alle setzen deshalb einen Wandel der Lebensstile und ein Ethos des Genug voraus", schreibt **Markus Vogt** und betont: „Für die christliche Schöpfungsethik ist die Welt nicht Warenlager, sondern ‚Lebenshaus für alle Geschöpfe' (Zenger) und Bestandteil der eigenen Identität." Daher seien Wege zu einem „ökosozialen Wohlstandsmodell" zu suchen, zu denen gerade das christliche Menschenbild ermutige.

Allerdings ist es noch ein weiter Weg hin zu einer solchen „Ökonomie des Genug". Ihr stehen unter anderem individuelle und strukturelle Gier entgegen. Kriterien zur Definition von Gier skizziert **Konrad Raiser**. Er unterscheidet zwischen individueller und struktureller Gier, wobei strukturelle Gier individuelle Gier voraussetze und sie gleichzeitig befördere oder unterstütze. Die Wechselwirkung von struktureller und individueller Gier befördert eine „Kultur der Gier", in der Grenzen – vor allem ökologische Grenzen – verletzt werden.

Daher ist an den „Grundsatz einer planetarischen Verantwortung" zu erinnern. Dies tut **Friedhelm Hengsbach** unter Berufung auf Hans Jonas („Prinzip Verantwortung"). Zu fordern sei, „dass die gegenwärtigen wirtschaftlichen, politischen und technischen Entscheidungen als im Ganzen und auf Dauer vernünftig vertretbar sind". Erforderlich sei eine „normative Antwort auf die Umweltfrage", die die Option gleicher Gerechtigkeit bekräftige und den Zeithorizont politischen Handelns öffne.

In dieser Perspektive ist die Frage nach dem Energieverbrauch untrennbar verbunden mit der Frage nach wirtschaftlicher und sozialer Gerechtigkeit. Ethiktheoretisch müsse es dabei auch um „negative Pflichten (anderen nicht zu schaden)" gehen, wie **Stefan Heuser** meint. So gelte es, dafür einzutreten, dass die Güter, von denen alle Menschen leben, niemandem vorenthalten werden. Dies setze „intensive demokratische Verständigungs- und Legitimationsprozesse voraus" zur Beantwortung der Frage, welches Ethos handlungsleitend sein solle. Ohne eine solche Verständigung seien Elemente von Transformationen nicht sinnvoll zu diskutieren, der Wissenschaftliche Beirat der Bundesregierung Globale Umweltveränderungen habe dies aber getan.

Die ethischen Grundlegungen einer Transformation sind also durchaus strittig. Da mag es hilfreich sein, sich an die soziale Bedeutung der christlichen Sonntagstradition zu erinnern. So skizziert **Alexander Dietz** ein Wirtschaften vom Sonntag her. Im Blick auf ökologische Herausforderungen bedeute dies unter anderem „Wissen um geschöpfliche Endlichkeit anstelle unbegrenzten Wachstumsdenkens" und „Wissen um geschöpfliches Eingebettetsein in einen natürlichen Gesamtzusammenhang anstelle einer Logik der Nutzenoptimierung durch Naturausbeutung".

Schaubilder und Karten gegen Vorurteile

Das Ausmaß der Übernutzung der Natur deuten über 40 Schaubilder und Karten an, die **Klaus Heidel** im dritten Teil des Jahrbuches Gerechtigkeit zusammengetragen hat. Sie zeigen aktuelle Trends der Treibhausgasemissionen und des Energieverbrauches ebenso wie Abschätzungen künftiger Entwicklungen. Zugleich gehen sie dem Zusammenhang von globaler Erwärmung und Wirtschaftswachstum ansatzweise nach.

Die Schaubilder und Karten, die von **Julia Buschmann** graphisch gestaltet wurden, dienen mit den knapp gehaltenen Erläuterungen lediglich der ersten Orientierung. Ein differenzierteres Bild erlauben weitere Schaubilder und ausführlichere Kommentare, die in Ergänzung zum Jahrbuch Gerechtigkeit V auf den Websites einiger Herausgeber und in Arbeitsmaterialien im Laufe des Jahres 2012 veröffentlicht werden.

Ökumenischer Konsultationsprozess

Diese ergänzenden Materialien fließen in einen ökumenischen Konsultationsprozess ein, zu dem die Herausgeber mithilfe des Jahrbuches Gerechtigkeit V einladen und beitragen wollen: Angesichts der Notwendigkeit, die konkrete Gestalt der anstehenden Großen Transformation in Suchprozessen zu finden, schlägt der Kirchliche Diskussionsbeitrag einen solchen Konsultationsprozess vor: „Kirchen und ihre Gemeinden, Organisationen, Werke, Dienste und Gruppen" sollten „einen praxisbezogenen Konsultationsprozess über kirchliche Gestaltungsoptionen der anstehenden Suchprozesse starten".

Mit dieser Anregung wollen die Herausgeber des Jahrbuches Gerechtigkeit V dazu ermutigen, in konkreten Schritten vor Ort die gute Erfahrung zu machen, dass Veränderung möglich ist. Gemeinsam können wir diesen zwar ehrgeizigen, aber nicht unmöglichen Prozess bewältigen und so gestalten, dass wir daran menschlich und spirituell wachsen.

Soziale Gerechtigkeit und Klimagerechtigkeit gehören zusammen!

Klimawandel begrenzen, globale Krisen überwinden, Wirtschaftsordnungen umbauen

Seit Jahren wissen wir: Der menschengemachte Klimawandel ist die zentrale Herausforderung des 21. Jahrhunderts. Die globale Erwärmung bedroht die gesamte Schöpfung. Deshalb müssen wir unverzüglich alles tun, um den Klimawandel zu begrenzen. Doch die Bekämpfung der globalen Erwärmung kommt bisher viel zu langsam voran: Noch nie war der Ausstoß an Treibhausgasen so hoch wie 2010, und noch nie fiel der jährliche Anstieg der Kohlendioxid-Emissionen höher aus als 2010 – obgleich in vielen Industrie- und Schwellenländern erneuerbare Energien ausgebaut und Maßnahmen zur

Einsparung von Energie und von weiteren Ressourcen durchgeführt werden.

Doch diese Maßnahmen reichen bei weitem nicht aus. Ohne einen umfassenden Umbau der Investitions-, Produktions- und Konsumweisen in den Industrie- und in einigen Schwellenländern und der gesamten Weltwirtschaft – hin zu einer postfossilen kohlenstoffarmen Wirtschaft – wird eine wirksame Eindämmung des Klimawandels nicht gelingen. Ein grundlegender Umbau ist auch deshalb notwendig, weil die Klimakrise in einem engen und wechselseitigen Zusammenhang mit weiteren globalen Krisen steht. Der Klimawandel verschärft die Nahrungskrise, die Wasserkrise treibt den Klimawandel an, und die Krisen der globalen Finanzmärkte führen nicht nur zu einer globalen Zunahme von Armut, sondern verdrängen auch Maßnahmen zur Bekämpfung des Klimawandels.

Alle diese Krisen werden ganz oder teilweise durch ein Wirtschaftssystem verursacht, das vorrangig an Wachstums- und kurzfristigen Renditezielen ausgerichtet ist. Daher müssen unsere Produktions- und Konsumweisen und weltwirtschaftlichen Ordnungen so umgestaltet werden, dass sie national wie global soziale Gerechtigkeit und Klimagerechtigkeit ermöglichen. Wirtschaftswachstum und die Erwirtschaftung kurzfristiger Renditen dürfen nicht länger Ziele an sich sein.

Grundlage eines solchen Umbaues ist das Recht aller Menschen auf Entwicklung, wie es in der Resolution 41/128 der Vereinten Nationen vom 4. Dezember 1986 festgeschrieben und durch menschenrechtliche Instrumente entfaltet wurde. Hieraus folgt das Recht aller Menschen auf gleichberechtigte Nutzung der Atmosphäre und der natürlichen Ressourcen, die Gemeingüter der Menschheit sind. Daher haben alle Menschen und Gesellschaften auch ein Recht auf Zugang zu Energie. Da aber die durch Energienutzung entstehenden Emissionen abgebaut werden müssen, folgt daraus eine schrittweise globale Angleichung der Treibhausgasemissionen pro Kopf.

Der erforderliche Umbau der Wirtschaftsordnungen wird nur dann soziale Gerechtigkeit fördern, wenn er demokratisch und unter aktiver Beteiligung der Bevölkerung gesteuert wird. Dies schließt ein, dass sich einzelne Interessengruppen nicht einseitig zulasten anderer durchsetzen dürfen: Nur wenn dem engen Zusammenhang von Bekämpfung des Klimawandels und Bekämpfung von Armut und sozialer Ausgrenzung Rechnung getragen wird, kann dieser Umbau zu einer lebensdienlichen und damit nachhaltigen Wirtschaft führen. Hierfür treten Kirchen mit ihrem Diskussionsbeitrag ein.

Dieser grundlegende Zusammenhang von sozialen und ökologischen Herausforderungen wurde bereits von der Katholischen Kirche 2006 und der Evangelischen Kirche 2009 in Stellungnahmen zum Klimawandel betont. Kirchen und kirchliche Wohlfahrtsverbände können nicht gleichzeitig ihre Solidarität mit den Armen bezeugen und zum Klimawandel schweigen, der die Ärmsten der Armen in besonderem Maße betrifft.

Zugleich machen Kirchen Mut, „Schöpfungsvergessenheit" zu überwinden, im Vertrauen auf Gott unsere Verantwortung für die Schöpfung wahrzunehmen und den Umbau ohne Zögern anzugehen: Die Zusage Gottes, dass er die Erde als bewohnbaren Lebensraum bewahren will, gibt Glaubenden Hoffnung und Freiheit, Visionen eines guten Lebens jenseits von Wachstumsglauben und Konsumismus, hin zu mehr Nachhaltigkeit und Einfachheit zu entwickeln und sich auch angesichts scheinbar unüberwindbarer Hindernisse für die Bewahrung der Schöpfung einzusetzen.

I. Globale Erwärmung:

Wir müssen rasch handeln

Seit Jahren sind die Fakten bekannt: Ein ungebremster Klimawandel hätte katastrophale Folgen – vor allem für arme Menschen (auch in reichen Ländern) und für arme Länder. In Afrika könnten bereits bis 2020 zwischen 75 und 250 Millionen Menschen aufgrund der Klimaänderung unter zunehmender Wasserknappheit leiden und in einigen Ländern die Ernteerträge um bis zu 50 Prozent gefallen sein. Viele asiatische Küstengebiete und pazifische Inseln wären bereits zur Jahrhundertmitte vom Meer überflutet. In China hätte das Abschmelzen von Gletschern im Himalaja in vielen Landesteilen zu einer dramatischen Wasserknappheit geführt. Im östlichen Amazonien wäre der Regenwald zur Savanne geworden. Extreme Wetterereignisse hätten auch in Europa zugenommen. Die Artenvielfalt wäre drastisch zurückgegangen. Krankheiten hätten sich ausgebreitet. Die Erde wäre weithin unbewohnbarer geworden. Die Zahl der Klimaflüchtlinge würde bei weit über 100 Millionen liegen, manche Schätzungen gehen sogar davon aus, dass mehr als 200 Millionen Menschen auf der Flucht vor den Folgen der globalen Erwärmung sein würden. Binnen- und zwischenstaatliche gewaltförmige Konflikte würden zunehmen – sei es, dass Flüchtlinge und Einheimische in afrikanischen Ländern um den Zugang zu Nahrung und Wasser stritten, sei es, dass Söldnerarmeen und Länder um den Zugang zu den knapper werdenden Ressourcen für die Bewältigung der Folgen des Klimawandels kämpften: Solche Folgen einer ungebremsten globalen Erwärmung wären unumkehrbar.

Daher ist der Klimawandel die zentrale ökologische, soziale und friedenspolitische Herausforderung des 21. Jahrhunderts – Gerechtigkeit, Frieden und Bewahrung der Schöpfung werden ohne Begrenzung des Klimawandels nicht möglich sein.

Wir müssen rasch handeln. Spätestens zwischen 2015 und 2020 muss der absolute weltweite Ausstoß von Treibhausgasen deutlich zu sinken beginnen. Nur dann kann es gelingen, die globale Erwärmung auf 2°C über dem vorindustriellen Niveau zu begrenzen. Nur wenn dieses von der UN-Klimakonferenz in Cancún im Dezember 2010 anerkannte Ziel erreicht wird, können die Folgen des Klimawandels gerade noch beherrschbar bleiben, obwohl auch eine Erwärmung um 2°C bereits negative Auswirkungen haben und einige Inseln und dicht besiedelte Küstenregionen unbewohnbar machen wird.

Doch da die Bekämpfung der globalen Erwärmung viel zu langsam vorankommt, äußerte die Internationale Energieagentur Ende

Mai 2011 bereits ernsthafte Zweifel, dass das 2°-Ziel überhaupt noch erreicht werden könne. Sie teilte mit, dass der Ausstoß an klimaschädlichen Treibhausgasen 2010 ein Rekordhoch erreicht habe und der globale Kohlendioxid-Ausstoß um insgesamt 1,6 Milliarden Tonnen gegenüber 2009 gestiegen sei. Dies sei der bisher höchste Anstieg seit Beginn der Messungen. Selbst wenn jetzt umfassendere Maßnahmen zur Absenkung der Treibhausgasemissionen als bisher beschlossen würden, wäre eine Erwärmung um mindestens 2,5 oder 3°C nicht mehr auszuschließen.

Wir müssen also entschiedener handeln, denn „eine zweite Chance wird es nicht geben", wie der Wissenschaftliche Beirat der Bundesregierung Globale Umweltveränderungen (WBGU) 2009 feststellte. Dies alles wissen wir. Wir verdrängen es aber, so der Beirat: „Bei den relevanten Entscheidungsträgern in Politik und Wirtschaft – ebenso wie in der breiten Öffentlichkeit – ist das Bewusstsein darüber, wie wenig Zeit tatsächlich noch bleibt, um einen gefährlichen Klimawandel zu verhindern, nur in Ausnahmefällen vorhanden. Die immensen Risiken der Erderwärmung scheinen weit entfernt und abstrakt zu bleiben" (WBGU 2009).

In der Tat scheint es so, dass Investoren, Produzenten und Konsumenten kurzfristige wirtschaftliche Interessen auch dann verfolgen, wenn dies zu Lasten des langfristigen Erfordernisses einer Begrenzung der globalen Erwärmung geht. Eine solche Haltung wird hierzulande dadurch begünstigt, dass die unmittelbaren Folgen einer ungebremsten Erderwärmung zunächst vor allem Länder des Südens und Schwellenländer wie China, nicht aber Mitteleuropa treffen würden. Hier wären es erst die nach 1980 Geborenen, die unmittelbar unter einem ungebremsten Klimawandel leiden würden. Noch scheint die Gefahr räumlich und zeitlich weit entfernt zu sein. Noch betonen Vertreter von Wirtschaft und Politik immer wieder, Klimaschutzmaßnahmen dürften nicht zu Lasten des Wirtschaftswachstums gehen.

II. Gleichzeitigkeit globaler Krisen:

Ein „weiter so" darf es nicht geben

Die Klimakrise erfordert rasches Handeln. Die Gleichzeitigkeit globaler Krisen verlangt umfassendes Handeln. Denn die globale Erwärmung spitzt sich in einer Zeit zu, die von weiteren (und zum Teil schon lange andauernden) Krisen geprägt wird. Diese Gleichzeitigkeit globaler Krisen ist ein Ausdruck dafür, dass das gesamte auf Wachstum und kurzfristige Renditen ausgerichtete Wirtschaftssystem nicht nachhaltig ist und daher umfassend umgebaut werden muss:

Der Kampf gegen den Hunger kommt nur viel zu langsam voran und musste mit den Hungerkrisen 2008/2009 und 2011 schwere Rückschläge hinnehmen. Weltweit hungern rund eine Milliarde Menschen. Steigende Nahrungsmittelpreise und der Aufkauf großer Landflächen, insbesondere in Afrika, durch Konzerne aus den USA, Europa und China, verschärfen die Situation. Wüsten breiten sich aus. Bereits ein Drittel der globalen Ackerflächen ist von einer teilweise beträchtlichen Verschlechterung der Bodenqualität betroffen.

Über eine Milliarde Menschen haben bereits heute keinen Zugang zu sauberem Wasser. In den nächsten zwei Jahrzehnten wird der Wassermangel deutlich zunehmen. Im südlichen Afrika, in Brasilien, Russland, Indien und China (BRIC-Länder) wird die Zahl der Menschen, die keinen ausreichenden Zugang zu sauberem Wasser haben, von knapp zwei Milliarden im Jahr 2005 auf knapp drei Milliarden in 2030 ansteigen und in den weiteren Entwicklungs- und Schwellenländern von 850 Millionen auf 1,3 Milliarden.

Der Verlust biologischer Vielfalt (Biodiversitätskrise) droht zur sechsten und endgültigen Auslöschung von Arten in der Erdgeschichte zu werden – mit weit reichenden Folgen für die gesamte Erde.

Der seit 2009 wieder steigende Ölpreis verschärft die Energiekrise vieler Entwicklungsländer – und mit dem absehbaren Rückgang der Ölförderung nach Erreichen der maximalen Fördermenge („Peak Oil") wird ihre Energiekrise weiter zunehmen. Ähnliches gilt für die Verknappung weiterer Rohstoffe.

In vielen Weltgegenden werden sich Umweltbelastungen verschärfen: Im Jahr 2000 starben in Südasien 174 von einer Million Menschen vorzeitig aufgrund von Feinstaubbelastungen, 2030 werden es 412 sein; in China wird ein Anstieg von 266 auf 872 erwartet (was über 1,1 Millionen vorzeitiger Todesfälle pro Jahr aufgrund von Feinstaubbelastungen entsprechen würde). In Europa hat die Hitzewelle von 2003 rund 70.000 Todesopfer gefordert – ihr folgten Hitzewellen im Jahr 2006 in Westeuropa, 2008 in Nordeuropa und 2010 in Russland.

Die globale Finanz- und Wirtschaftskrise 2008/2009 ist keineswegs überwunden. In vielen Ländern hat sie Menschen in die Armut gestürzt. Die gewaltige Auslandsverschuldung der USA, die dramatische Schuldenkrise mehrerer Euro-Länder, die anhaltende Vertrauenskrise im Bankensektor und die hektischen Börsen- und Währungseinbrüche im August 2011 sind bis heute nicht bewältigte Folgen der globalen Finanz- und Wirtschaftskrise.

In vielen reichen Ländern nehmen die Zahl armer Menschen und die Kluft zwischen Arm und Reich ebenso zu, wie die Einkommensunterschiede zwischen Regionen. Diese zunehmende soziale Spaltung wird in einigen Ländern bereits zur Bedrohung des sozialen Zusammenhaltes. Auch in Deutschland werden Reiche immer reicher, während zugleich die Armut zunimmt.

Diese Krisen sind – direkt oder indirekt und auf unterschiedliche Weise – mit dem Klimawandel verknüpft: Sei es, dass sie durch denselben verschärft werden, sei es, dass sie ihrerseits den Klimawandel antreiben, sei es, dass sie sich gegenseitig zuspitzen. Schon jetzt bewirkt der Klimawandel in China ein bedrohliches Vordringen der Wüsten und eine Verschärfung des Wassermangels – und umgekehrt verstärken der Verlust biologischer Vielfalt, die Ausbreitung von Wüsten und die Verschlechterung der Böden den Klimawandel. Die globale Erwärmung verschlimmert die Nahrungskrise und stürzt Menschen in Armut. Auch in den reichen Industrieländern sind Arme stärker als Wohlhabende und Reiche von Folgen des Klimawandels betroffen.

III. Jenseits von Wachstum:

Umfassender Umbau der Wirtschaft erforderlich

Da die Gleichzeitigkeit der globalen Krisen und der menschengemachte Klimawandel Folgen der weltweit vorherrschenden Investitions-, Produktions- und Konsumweisen und der globalen Wirtschaftsordnung sind, reichen Einzelmaßnahmen zur Überwindung der Krisen nicht aus. Notwendig ist eine Ausrichtung der gesamten Wirtschaft – national wie global – an den Leitzielen sozialer Gerechtigkeit und Klimagerechtigkeit:

„Klimagerechtigkeit verlangt nach sozialer Gerechtigkeit. Klimagerechtigkeit schließt die Verwirklichung des Rechtes auf Entwicklung ein [...]. Klimagerechtigkeit verlangt die Entwicklung [...] einer ‚Ökonomie des Genug', die getragen wird von einer Ethik der Selbstbeschränkung. Klimagerechtigkeit ist eine Bedingung für die Überwindung von Armut und die Überwindung von Armut ist eine Bedingung für Klimagerechtigkeit. Klimagerechtigkeit erfordert das Primat demokratischer Politik über die Wirtschaft", so der Budapester Aufruf für Klimagerechtigkeit, der bei einer Konsultation des Ökumenischen Rates der Kirchen und der Konferenz Europäischer Kirchen im November 2010 verabschiedet wurde.

Voraussetzungen für die Entwicklung einer ‚Ökonomie des Genug' sind:

- angesichts des Klimawandels der grundlegende Umbau fossiler Wirtschaftssysteme, die maßgeblich auf der Nutzung von Kohle, Öl und Gas beruhen: „Das Wirtschaftsmodell der vergangenen 250 Jahre mit seinen Regelwerken, Forschungslandschaften, Ausbildungssystemen, gesellschaftlichen Leitbildern sowie Außen-, Sicherheits-, Entwicklungs-, Verkehrs-, Wirtschafts- und Innovationspolitiken war nahezu alternativlos auf die Nutzung fossiler Energieträger zugeschnitten.

Dieses komplexe System muss nun grundlegend umgebaut und auf die Dekarbonisierung der Energiesysteme sowie radikale Energieeffizienzsteigerungen ausgerichtet werden" (WBGU 2011).

- angesichts des Scheiterns deregulierter Marktmechanismen, für das die globale Finanz- und Wirtschaftskrise 2008/2009 ein eindrückliches Beispiel war, angesichts der national und global zunehmenden Kluft zwischen Arm und Reich und angesichts der verheerenden ökologischen und sozialen Folgen einer grenzenlosen Kommerzialisierung der Natur und Ökonomisierung aller Lebensbereiche Regeln für eine nachhaltige Entwicklung nationaler Wirtschaften und der Weltwirtschaft.

Diesen Erfordernissen versuchen verschiedene Modelle einer Grünen Volkswirtschaft (Green Economy) Rechnung zu tragen, wie sie unter anderem vom Umweltprogramm der Vereinten Nationen, der Organisation für Wirtschaftliche Zusammenarbeit und Entwicklung (OECD) und der Europäischen Union sowie von verschiedenen Nichtregierungsorganisationen als Königswege zu nachhaltiger Entwicklung vorgelegt wurden. Sie haben alle den Anspruch, globale klimagerechte Entwicklung zu fördern und zugleich Armut und soziale Ausgrenzung zu bekämpfen und Frieden zu sichern. Sie zielen alle auf eine Überwindung der globalen Krisen mithilfe einer postfossilen und damit weitgehend kohlenstoffneutralen Wirtschaft. Sie setzen auf den raschen Ausbau erneuerbarer Energien, auf die schnelle Erhöhung der Energie- und allgemeinen Ressourceneffizienz (auch im Blick auf die Endlichkeit von Ressourcen), auf Kreislaufwirtschaft, auf neue Konsummuster, auf den Erhalt der biologischen Vielfalt und auf den Waldschutz.

Die meisten dieser Modelle vertrauen auf Grünes Wachstum (Green Growth). Dies tut zum Beispiel die OECD, die im Mai 2011 ihre Green Growth Strategy vorlegte. Mit ihr will sie eine Absenkung der Belastung der Luft mit CO2-Partikeln von derzeit 387 ppm (CO2-Partikel pro Million Teilchen der Erdatmosphäre) auf 350 ppm im Jahre 2050 erreichen. Auch in Europa hoffen Regierungen, Parteien, Gewerkschaften und manche Nichtregierungsorganisationen auf Grünes Wachstum, das durch eine rasche Energiewende, den Ausbau des Umweltsektors bei Stärkung einer global wettbewerbsfähigen Umweltindustrie und die weitere Entwicklung hin zu einer Dienstleistungsgesellschaft gestützt werden soll. Diese Modelle eines grünen Umbaus der Volkswirtschaften vertrauen darauf, dass der Ausbau der umwelt- und klimafreundlichen Wirtschaftsbereiche ausreicht, um gesamtwirtschaftliches Wachstum zu tragen. Folglich sehen sie keinen unüberwindbaren Zielkonflikt zwischen Wachstum des Bruttoinlandsproduktes (BIP) und drastischer Verringerung der Treibhausgase.

Doch gegen Modelle „Grünen Wachstums" kann geltend gemacht werden, dass alle bisherigen Anstrengungen zur Verringerung der Treibhausgasemissionen nicht verhindert haben, dass diese heute so hoch wie nie zuvor in der Geschichte der Menschheit sind. Bei einem globalen Wirtschaftswachstum von zwei bis drei Prozent müsste die CO2-Intensität der Wirtschaftsleistung (Emissionen pro Einheit BIP) weltweit mindestens doppelt so schnell sinken wie in der Vergangenheit, um den CO2-Ausstoß im Zeitraum 2010 bis 2050 so zu begrenzen, dass das 2°-Ziel noch mit einer Wahrscheinlichkeit von zwei Dritteln erreicht wird. „Dazu müsste eine absolute Entkopplung ökonomischer Aktivität von CO2-Emissionen erreicht werden, wobei aus heutiger Sicht unklar ist, ob dies machbar ist" (WBGU 2011).

Die bisherigen Entwicklungen in den Industrieländern legen eine skeptische Einschätzung nahe: Obgleich in den USA die CO2-Intensität der Wirtschaftsleistung von 1990 bis 2008 um rund 30 Prozent sank, stiegen die CO2-Emissionen aus der Verbrennung fossiler Energieträger wachstumsbedingt um über 16 Prozent. In der Europäischen Union gelang zwar eine absolute Entkopplung, denn die Emissionen gingen trotz Wirtschaftswachstum zurück – aber dieser Rückgang war erstens weitgehend der Stilllegung von Produktionsstätten in den ehemals kommunistischen Staaten mit hohen Emissionen zu danken. Zweitens betrug der Rückgang nur magere 2,3 Prozent, eine auch nur einigermaßen ausreichende Reduktion der Treibhausgase konnte also nicht erreicht werden.

Ein Blick auf dynamische Schwellenländer bestätigt diese Skepsis. Gelänge es zum Beispiel China, die CO2-Intensität seiner Volkswirtschaft bis 2050 auf ein Zehntel des heutigen Niveaus zu beschränken, würde China dennoch – ein mäßiges Wirtschaftswachstum vorausgesetzt – im Jahre 2050 etwa so viel Kohlendioxid wie heute ausstoßen. Da aber nicht nur China, sondern auch weitere Schwellenländer wie Indien, Südafrika und Brasilien auf rasches Wirtschaftswachstum zielen und die alten Industrieländer weiter Wachstum anstreben, ist es sehr fraglich, ob Grünes Wachstum der globalen Erwärmung ausreichend wehren kann.

Hinzu kommt, dass auch die angestrebte Entkopplung von Ressourcenverbrauch und Wirtschaftswachstum offenbar Grenzen hat. Oft genannt werden die Rebound-Effekte: Die durch Einsparungen von Energie und weiteren Ressourcen (aufgrund von Effizienzsteigerungen) ermöglichten Ausgabensenkungen werden teilweise zur Ausweitung des Konsums genutzt und dadurch CO2-Reduktionen zum Teil rückgängig gemacht. Führt die sinkende Energienachfrage zu sinkenden Energiekosten, können eingesparte Mittel für zusätzlichen Konsum eingesetzt werden. Ist der Markt ungesättigt – etwa in Entwicklungsländern – kann der Rebound-Effekt sogar bei über 100 Prozent liegen („backfiring").

Weiter ist der forcierte Umbau der Industrieländer hin zu bloßen Dienstleistungsgesellschaften, den Modelle „Grünen Wachstums" vorsehen, nur in Grenzen möglich. Vor allem stellt die Auslagerung von Produktionsbereichen in Drittländer, und damit die Verlagerung von Quellen für Treibhausgasemissionen, keinen Beitrag zur Bekämpfung der globalen Erwärmung dar.

Nicht zuletzt ist nach den globalen ökonomischen und sozialen Auswirkungen eines Grünen Wachstums der Industrieländer auf Entwicklungsländer zu fragen. So wird auch Grünes Wachstum nicht zu einer gerechteren Verteilung von Einkommen und Vermögen führen.

Insgesamt ist angesichts bisheriger Erfahrungen mit den sozialen Auswirkungen von Wirtschaftswachstum festzustellen: Wirtschaftswachstum alleine löst keine volkswirtschaftlichen Strukturprobleme, beseitigt keine Armut und schafft auch nicht „Wohlstand für alle", sondern tendiert zur Verschärfung sozialer Spaltungen.

Ob eine postfossile Wirtschaftsordnung überhaupt mit Wirtschaftswachstum (im Sinne eines Wachstums des BIP) vereinbar ist oder nicht, hängt unter anderem vom Stand der wirtschaftlichen Entwicklung eines Landes ab: Während in Afrika südlich der Sahara Armutsbekämpfung ohne Wachstum der Volkswirtschaften schwierig sein dürfte, ist der Zusammenhang von Wachstum und Entwicklung in Ländern wie China wesentlich komplizierter. Dort führte das Wachstum zu einer deutlichen Zunahme sozialer und regionaler Ungleichheiten. Und in Industrieländern wird vermutlich das Bruttoinlandsprodukt mehr oder weniger stagnieren und nur noch das Bruttoinlandsprodukt pro Kopf (aufgrund der demographischen Entwicklung) erkennbar wachsen.

Doch die Frage nach dem Verhältnis von Wirtschaftswachstum – genauer: von Wachstum des BIP – und postfossiler, sozial- und klimagerechter Wirtschaft ist nicht entscheidend. Denn weder ein Wachstum des BIP, noch eine Stagnation oder gar Schrumpfung desselben werden von sich aus zu einer sozial gerechten und klimagerechten Entwicklung beitragen. Handlungsleitend für Politik und Wirtschaft darf also nicht die Frage nach Wachstum, Stagnation oder Schrumpfung des BIP sein, sondern das Ziel der konkreten Gestaltung des Umbaues von Wirtschaft und Gesellschaft hin zu postfossilen, klimagerechten Ordnungen ohne Armut und soziale Ausgrenzung.

Damit diese Gestaltung, die mit tiefgreifenden Veränderungen einhergehen wird, auf eine möglichst breite Akzeptanz stößt und von einer breiten Basis getragen wird, sind ihre konkrete Form und der Weg dorthin im Rahmen eines ergebnisoffenen, gesellschaftlichen Suchprozesses zu finden. Für diese Einschätzung spricht der Blick zurück auf andere umfassende Umgestaltungen von Wirtschafts- und Sozialordnungen in der Geschichte der Menschheit, die nie auf der Grundlage eines Masterplanes systematisch gestaltet wurden: Planbar ist nicht die endgültige Gestalt der neuen Ordnung. Plan- und gestaltbar sind aber die nächsten Schritte hin zu diesem Ziel.

IV. Motor der Umgestaltung:

Verfassungsrang für Klimaschutz und rechtliche Festschreibung von Emissionszielen

Zu bestimmen sind also geeignete Leitplanken und Antriebsmechanismen für die Suche nach Wegen hin zu einer weltweit sozial und klimagerechten Wirtschafts- und Sozialordnung.

- Eine entscheidende Leitplanke ist das Recht aller Menschen auf Entwicklung, das ein „unveräußerliches Menschenrecht“ ist (Resolution 41/128 der Generalversammlung der Vereinten Nationen vom 4. Dezember 1986) und das durch menschenrechtliche Instrumente entfaltet wurde. Aus ihm folgt das Recht aller Menschen auf gleichberechtigte Nutzung der Atmosphäre und der natürlichen Ressourcen, die Gemeingüter der Menschheit sind. Daher haben alle Menschen und Gesellschaften auch ein Recht auf Zugang zu Energie. Da aber die durch Energienutzung entstehenden Emissionen abgebaut werden müssen, folgt daraus eine schrittweise globale Angleichung der Treibhausgasemissionen pro Kopf.

- Der zentrale Antriebsmechanismus ist die Notwendigkeit einer raschen weltweiten Verringerung der Treibhausgasemissionen. Bis 2050 sollten die globalen Treibhausgasemissionen um rund zwei Drittel gegenüber 1990, dem von der Klimarahmenkonvention der Vereinten Nationen vorgesehenen Basisjahr, reduziert sein. Aus diesem globalen Reduktionsziel folgt ein globales Emissionsbudget: In diesem Zeitraum dürfen weltweit insgesamt nur 1.100 Milliarden Tonnen CO_2 (aus der Verbrennung fossiler Energieträger) ausgestoßen werden. Hieraus lassen sich auf der Grundlage jeweiliger Bevölkerungszahlen (Anteile an der Weltbevölkerung) nationale Emissionsbudgets ableiten, die zum Beispiel vom Entwicklungsprogramm der Vereinten Nationen vorgeschlagen wurden.

Die auf der Grundlage des ursprünglich vorgeschlagenen Basisjahres 1990 errechneten Reduktionsziele können von den Industrieländern bereits nicht mehr erreicht werden. Daher schlug der Wissenschaftliche Beirat der Bundesregierung Globale Umweltveränderungen vor, 2010 als Ausgangsjahr zu nehmen. Nach seinen Berechnungen dürfen von 2010 bis 2050 weltweit nur 750 Milliarden Tonnen CO_2 emittiert werden, um noch das 2°-Ziel zu erreichen. Deutschland müsste seine Emissionen auf rund neun Milliarden Tonnen in vierzig Jahren begrenzen, was eine drastische Reduktion bedeuten würde. Im rechnerischen Jahresdurchschnitt wären danach für Deutschland nur noch 0,22 Milliarden Tonnen CO_2 erlaubt – doch im Jahre 2010 lagen die tatsächlichen Emissionen bei 0,82 Milliarden Tonnen und damit bei rund dem Vierfachen der anzustrebenden Menge.

Gehen wir von dem zulässigen Gesamtbudget von 750 Milliarden Tonnen CO_2 aus, dann hätte ein Mensch im Jahre 2010 durchschnittlich nur 2,7 Tonnen CO_2 emittieren dürfen – doch in Wirklichkeit betrug der Weltdurchschnitt 4,5 Tonnen pro Kopf. Spitzenreiter der Pro-Kopf-Emissionen waren Stadtstaaten und die arabischen Ölförderländer – angeführt von der winzigen britischen Exklave Gibraltar mit 152 Tonnen pro Kopf –, im oberen Mittelfeld lagen große Industrieländer wie die USA (17,7 Tonnen pro Kopf), und im Mittelfeld fanden sich Länder wie Deutschland (9,3 Tonnen pro Kopf) und Schwellenländer wie China (5,8 Tonnen pro Kopf). Die meisten armen Länder – vor allem in Afrika – hatten nur marginale CO_2-Emissionen pro Kopf aufzuweisen, sie hätten nach diesem Pro-Kopf-Ansatz das

Recht, ihre Emissionen bis 2050 auszuweiten (der Tschad – das Land mit den weltweit niedrigsten CO_2-Emissionen – von 0,03 Tonnen CO_2 pro Kopf auf eine Tonne).

Bereits diese Zahlen machen deutlich, wie dramatisch die Treibhausgasemissionen in Industrie- und manchen Schwellenländern verringert werden müssen. Noch dramatischer zeigt sich die Situation, wenn die Zielmarke am Ende des Reduktionszeitraumes, also im Jahre 2050, in den Blick genommen wird. Dann nämlich darf jeder Mensch nur noch eine Tonne CO_2 im Jahr in die Luft pusten. Für Deutschland heißt dies eine Reduzierung der Pro-Kopf-Emissionen auf ein Zehntel des Wertes von 2010. Hinzu kommt, dass auch noch weitere Quellen für langlebige Treibhausgase (und nicht nur die Verbrennung fossiler Energieträger) einbezogen werden müssten, wodurch sich zusätzliche Reduktionsverpflichtungen ergeben.

Diese hohen Reduktionsanforderungen an Industrieländer können voraussichtlich nur mit Hilfe eines weltweiten Handels mit Emissionsrechten umgesetzt werden. Allerdings müssen Fehler und Schwachstellen bisheriger Handelssysteme für Emissionsrechte vermieden werden. Dann kann dieser Handel zu einem wirksamen Instrumentarium für den Finanztransfer von Industrie- hin zu Entwicklungsländern werden, der den Entwicklungs- und Schwellenländern Mittel für die dort erforderlichen Maßnahmen zur Begrenzung der globalen Erwärmung und zur Anpassung an Folgen des Klimawandels zur Verfügung stellt. Grundsätzlich folgt ein Finanz- und Technologietransfer aus dem Gebot der Klimagerechtigkeit und ist auch deshalb notwendig, weil die Entwicklungsländer die durch den Klimawandel erforderlichen Investitionen nicht alleine finanzieren können.

Um ihrer historischen Verantwortung für das hohe Niveau der bisherigen Emissionen wenigstens zum Teil gerecht zu werden, sollten die Industrieländer zumindest dafür Ausgleichszahlungen an Entwicklungsländer leisten, dass sie im Zeitraum 1990 bis 2010 zu hohe (weil über dem zulässigen klimagerechten Pro-Kopf-Durchschnitt liegende) CO_2-Emissionen verursachten (obgleich sie durch den 1990 vorgelegten ersten Bericht des Weltklimarates über Ursachen, Formen und Folgen des Klimawandels informiert waren). Solche Ausgleichszahlungen wurden unter anderem von Entwicklungsländern gefordert. Manche Ansätze (wie das Greenhouse Development Rights Framework) regen an, die Reduktionsverpflichtungen nach Einkommen und historischen Emissionen zu gewichten.

Entscheidend für die Einhaltung von Emissionsbudgets ist die rechtliche Festschreibung: Das 2°C-Ziel muss völkerrechtlich und der Klimaschutz verfassungsrechtlich – in Deutschland etwa in Art. 20a Grundgesetz – verankert werden, und die Reduktionsziele sind in nationales und supranationales (etwa EU-) Recht zu überführen. Diesen Vorschlag legte der Wissenschaftliche Beirat der Bundesregierung Globale Umweltveränderungen 2009 vor. Würde er umgesetzt, wäre die Verfolgung der Reduktionsziele durch die Rechtsordnung vorgeschrieben, mit der Konsequenz, dass ein vorrangiges Ziel nationaler Wirtschaftspolitik nicht mehr Wirtschaftswachstum, sondern das dann rechtlich gebotene Streben nach Kohlenstoffneutralität sein müsste.

Eine rechtliche Verankerung der Reduktionsziele würde eine weit reichende Umgestaltung sowohl bisheriger Investitions-, Konsum- und Produktionsweisen, und damit nationaler Wirtschaften, als auch der Weltwirtschaft erforderlich machen, die weit über eine Energiewende hinaus ginge (dieselbe aber einschlösse). Ein solcher Umbau würde viele Dimensionen aufweisen, die in Industrie-, Schwellen- und Entwicklungsländern je nach Wirtschaftsniveau unterschiedlich gestaltet werden müssten. Einige mögliche Elemente von Umgestaltungen in Industrieländern seien zur Andeutung der Dimensionen genannt:

- Vorrangig ist eine verbindliche, rechtlich festgelegte Mengenbegrenzung der Emissionen, die mithilfe des Handels mit Emissionsrechten zu einer so hohen Bepreisung von CO2 führen würde, dass Unternehmen und Konsumenten treibhausgasintensive Produktionen und Produkte so weit wie möglich ersetzen beziehungsweise meiden würden. Hierbei müssten auch bisher nicht erfasste Emissionsquellen einbezogen werden.

- Zunächst in der Europäischen Union und dann weltweit, könnten Einspeisevergütungen für erneuerbare Energien harmonisiert werden, um weitere Anreize zur Beschleunigung der Energiewende zu schaffen.

- Die rasche Beendigung der Subventionierung klimaschädlicher Produkte und eine Besteuerung von Produkten und Dienstleistungen nach ihrer Emissionsintensität bei steuerlicher Entlastung von Arbeit könnten dazu beitragen, klimaschädliche Produkte und Dienstleistungen unattraktiv und die Schaffung von Arbeitsplätzen lohnender zu machen.

- Eine Umverteilung von Einkommen und Vermögen wäre eine Voraussetzung für die soziale Abfederung des Umbaues.

- Für die Gestaltung der Arbeitsgesellschaft als Teil einer postfossilen Wirtschaftsordnung liegen zahlreiche Vorschläge vor. Hierzu gehören unter anderem neue Arbeitszeitmodelle, die Erwerbsarbeit, Qualifizierungsarbeit, Familienarbeit und Gemeinwesenarbeit in neuer Weise verknüpfen, und Vorschläge zur Schaffung von wohnortnahen Arbeitsplätzen zur Verringerung der Zahl der Fernpendler.

- Geeignete Instrumente könnten klimagerechtes individuelles Verhalten fördern – von der Mobilität bis hin zum Konsum. Eine Möglichkeit wäre, dass Produkte und Dienstleistungen die Emissionen ausweisen würden, die bei Herstellung, Lagerung und Verkauf beziehungsweise bei ihrer Erbringung anfielen. Einen anderen Vorschlag hatte das britische Umweltministerium 2006 aufgegriffen mit seiner Ankündigung, eine Carbon Credit Card einführen zu wollen, danach wären Produkte zusätzlich zum Marktpreis auch mit CO2-Punkten zu bezahlen gewesen, die den Verbraucherinnen und Verbrauchern in jährlich abnehmender Menge zugeteilt worden wären.

- Neu im gesellschaftlichen Diskurs ausgehandelt werden müsste, was lokal, was regional und was global produziert und gehandelt werden sollte, wobei einer klimafreundlichen lokalen Produktion – etwa mithilfe steuerlicher Instrumente – Vorrang einzuräumen wäre.

- Eine strengere Regulierung der globalen Finanzmärkte könnte dazu beitragen, das Risiko globaler Finanzkrisen zu verringern und darüber hinaus Mittel zur Finanzierung von Umbaumaßnahmen freisetzen.

- National und international müsste der Umbau institutionell gesichert und unterstützt werden. Dafür liegen eine Reihe von – zum Teil kontrovers diskutierten – Vorschlägen auf dem Tisch, die zum Beispiel die Schaffung von Klimaschutzministerien und die Einrichtung eines Weltklimarates nach dem Vorbild des Weltsicherheitsrates oder alternativ die Stärkung bestehender Institutionen der Vereinten Nationen einschließen.

Aufgrund ihrer historischen Verantwortung für die Treibhausgasemissionen sind die Industrieländer in besonderer Weiseverpflichtet, bei der Durchführung solcher Maßnahmen eine Vorreiterrolle zu übernehmen. Sie verfügen über alle finanziellen, technologischen und politischen Voraussetzungen für den Umbau. Zögern sie, werden die Schwellenländer mit rasch wachsenden Volkswirtschaften kaum bereit sein, ihre Treibhausgasemissionen ausreichend zu reduzieren. Dann aber wäre es gänzlich unmöglich, die globale Erwärmung so zu begrenzen, dass eine weltweite Katastrophe ausbliebe.

Die konsequente und vorrangige Verfolgung der rechtsverbindlichen Reduktionsziele, und damit die strikte Bewirtschaftung der nationalen Emissionsbudgets, könnte also zu einer sehr weit reichenden Veränderung der bisherigen Investitions-, Konsum- und Produktionsweisen und der Weltwirtschaft führen, einer Veränderung, die zunehmend mit dem Begriff Große Transformation umschrieben wird. Mitunter wird sie auch als dritte Große Transformation bezeichnet – nach der sehr langen neolithischen Transformation (10.000 bis 5.000 v. Chr.), während der aus Jägern und Sammlern sesshafte Bauern wurden, und nach der langen industriellen Revolution (zweite Hälfte des 18. und 19. Jahrhundert). Doch für die neue Große Transformation hat die Welt nur vier Jahrzehnte Zeit.

Konkrete Gestaltungsoptionen für diese Große Transformation sind in ergebnisoffenen gesellschaftlichen Suchprozessen zu finden – auf lokaler, nationaler, regionaler und globaler Ebene: Ihre Leitplanken sind das Recht auf Entwicklung, soziale Gerechtigkeit und Klimagerechtigkeit. Antriebsmotor ist die rechtsverbindliche Verpflichtung zur schrittweisen Umsetzung der Reduktionsziele. Auf diese Weise kann der Suchprozess flexibel, innovativ und intelligent notwendige wirtschaftspolitische Prozesse hin zu einer postfossilen und kohlenstoffneutralen Wirtschaft steuern – ohne jede Ausrichtung an einem Wachstumsziel und jenseits aller Debatten über Möglichkeiten und Grenzen des Wachstums.

V. Konfliktreiche Umgestaltungen:

Suchprozesse demokratisch gestalten

Eine demokratische und partizipative Gestaltung der Suchprozesse ist anspruchsvoll, denn sie soll national soziale Gerechtigkeit und global das Recht auf Entwicklung durchsetzen. Dies ist angesichts der Tatsache, dass die komplexen Umgestaltungen im Sinne der Großen Transformation mit der Verschärfung von Ziel- und Interessenkonflikten einher gehen werden, keine leichte Aufgabe. Bereits jetzt sind künftige Konfliktlinien in Industrieländern erkennbar:

- Noch ist das Sozialsystem fast aller Industrieländer in starkem Maße auf Wirtschaftswachstum angewiesen. Das Wachstum nahm Verteilungskämpfen die Schärfe. Wirtschaftliche Stagnation oder gar Schrumpfung würde aber in den Industrieländern bei den gegenwärtigen Rahmenbedingungen zu Belastungen der Arbeitsmärkte und der Sozialsysteme führen, wodurch die Intensivierung von Verteilungskämpfen unvermeidbar würde. Daher müssten die Systeme sozialer Sicherheit und Arbeitsmärkte so gestaltet werden, dass sie unabhängig von herkömmlichem wirtschaftlichem Wachstum werden. Ein solcher Umbau ist sozialpolitisch und rechtlich außerordentlich anspruchsvoll und hat mit Interessen- und Zielkonflikten zu rechnen.

- Erforderliche Produktkonversionen könnten zumindest lokal oder regional für eine bestimmte Zeit zu einem Anstieg der Arbeitslosigkeit führen. Dies gilt für Zentren der Automobilproduktion, da nicht davon ausgegangen werden kann, dass beispielsweise bei einem Rückgang der Automobilproduktion unmittelbar und ortsgleich Ersatzarbeitsplätze geschaffen würden.

- Bei zunehmenden Auseinandersetzungen über die Verteilung von Anpassungskosten ist auch damit zu rechnen, dass mit der Wachstumsfrage nicht nur klimapolitisch motivierte Interessenspolitik betrieben wird. Schon rechtfertigen zum Beispiel prinzipielle Gegner des Leistungsniveaus der deutschen Sozialsysteme ihre Kritik an demselben mit dem Hinweis auf die Grenzen des Wachstums: Der im Laufe des 20. Jahrhunderts in europäischen Industrieländern entstandene Sozialstaat sei „ein Produkt jener Zeit, mit der er erblühte und mit der er jetzt welkt“ (Meinhard Miegel, 2010).

- Es besteht die Gefahr, dass sozial Ausgegrenzte, die bereits jetzt fast keine Diskurs- und Verhandlungsmacht haben, gänzlich von der Gestaltung der Suchprozesse ausgeschlossen werden. Dies würde ihre Situation weiter verschärfen, da die Große

Transformation für sozial Benachteiligte oder gar Ausgegrenzte nicht nur Chancen, sondern auch deutliche Risiken birgt.

Die umfassenden Umgestaltungen der Wirtschafts- und Sozialordnungen der Industrieländer werden also zu Anpassungskosten – oder, greifen wir den Begriff der Großen Transformation auf, zu Transformationskosten – führen. Diese sind auch – zum Teil anders geformt – für Schwellen- und Entwicklungsländer zu erwarten. Auch dort werden Wohlhabende, Reiche und Einflussreiche versuchen, Kosten der Veränderungen auf Bevölkerungsgruppen mit geringerer Verhandlungsmacht abzuwälzen.

Die Kosten für die Neugestaltung der Weltwirtschaft werden vor allem die Industrieländer und einige wenige Schwellenländer zu tragen haben. Doch diese Anpassungs- oder Transformationskosten sind weit geringer als jene Kosten, die bei einem „weiter so" entstehen würden: Eine nicht ausreichend begrenzte globale Erwärmung würde mit hoher Wahrscheinlichkeit zu wesentlich schärferen und zum Teil bewaffneten Konflikten und zu wesentlich höheren Anpassungskosten als die Große Transformation führen. Dagegen können friedlich ausgetragene Wert- und Verteilungskonflikte sozialen Wandel und kulturelle Innovation fördern.

Allerdings ist die demokratische und partizipative Gestaltung der Suchprozesse für Konkretionen der Großen Transformation eine große Aufgabe.

- Sie erfordert demokratisch legitimierte globale, regionale, nationale und lokale überstaatliche und staatliche Akteure, die mit ausreichenden Ressourcen, Mandaten und Kompetenzen auszustatten sind. Auf globaler Ebene sind institutionelle Rahmenbedingungen und Verfahren für die Gestaltung der Suchprozesse zu entwickeln und zentrale Leitplanken völkerrechtlich zu verankern, was unter anderem eine Reform der Vereinten Nationen erfordert. Auf nationaler Ebene muss der Staat über ausreichende rechtliche Kompetenzen und finanzielle Ressourcen verfügen. Staatliche Institutionen sollten eingerichtet werden, die zur Kohärenz der Suchprozesse beitragen können. Märkte müssen wirksam reguliert werden.

- Demokratische Ordnungen tendieren zu einer Ausrichtung an kurzfristigen Zielen, denn Wahlzyklen prägen Zeithorizonte: Verfolgen Politikerinnen und Politiker langfristige Zielvorgaben auf Kosten kurzfristiger Interessen, wird dies von Wählerinnen und Wählern kaum honoriert. Parlamentarische Initiativen überschreiten nur selten die Grenzen von Legislaturperioden. Herausforderungen mit mittleren oder langen Zeithorizonten werden so tendenziell von „der Politik" verdrängt. Daher sind demokratische Ordnungen so weiter zu entwickeln, dass die Verfolgung langfristiger Zielvorgaben gefördert wird.

- Es muss gewährleistet werden, dass die Suchprozesse nicht durch die Interessenvertretungspolitik mächtiger Akteure dominiert werden. Dies gilt für alle Ebenen – lokal, national, regional und global. Hier besteht großer Handlungsbedarf, wie Erfahrungen mit Lobbypolitik auf nationaler und internationaler Ebene zeigen. Global dürfen Industrieländer Aushandlungsprozesse nicht beherrschen.

- Die gestaltende Teilhabe sozial Ausgegrenzter an gesellschaftlichen Suchprozessen muss gesichert werden. Daher sind eine Partizipationskultur zu entwickeln und demokratische Institutionen und Verfahren so zu reformieren, dass Partizipationsmöglichkeiten nicht in enger Abhängigkeit von sozialen Positionen vergeben werden.

- Die Mediengesellschaft fördert unzulässige Vereinfachungen komplexer Zusammenhänge und belohnt ausdifferenzierte Positionen kaum. Sie verführt politisch Verantwortliche (und nicht nur sie) zu Vereinfachungen selbst dort, wo diese gefährlich sind.

- Die Große Transformation erfordert beträchtliche kulturelle Anstrengungen, denn sie kann nur gelingen, wenn sich Gesellschaften über zentrale Werte verständigen und eine inhaltliche Einigung darüber erreichen, was sie unter sozialer Gerechtigkeit und Solidarität verstehen. Die dafür erforderlichen Bildungs- und Kommunikationskonzepte müssen auch über die UN-Dekade „Bildung für nachhaltige Entwicklung" (2005-2014) hinaus weiter entwickelt und gestärkt werden. In den reichen Industrieländern ist Verständnis dafür zu wecken, dass es auch im eigenen Interesse liegt, für einen gewissen Zeitraum zugunsten von Menschen in anderen Weltgegenden oder zugunsten von Nachgeborenen Positions- und Wohlfahrtsverluste hinzunehmen, um gemeinsam die Große Transformation möglich zu machen. Die Vision eines einfacheren Guten Lebens (Buen Vivir), die Perspektiven auf einen neu definierten „Wohlstand ohne Wachstum" (Tim Jackson) eröffnet, kann ebenso dazu beitragen, wie die Erinnerung der Kirchen an eine zu erneuernde Schöpfungsspiritualität.

- Die Suchprozesse sind auf aktive zivilgesellschaftliche Teilhabe angewiesen. Eine Voraussetzung hierfür ist die Stärkung zivilgesellschaftlicher Organisationen. Sie befinden sich aber oft in einem unfruchtbaren Konkurrenzkampf um knapper werdende Finanzierungsmöglichkeiten. Dieser Konkurrenzkampf wirkt einer systematischen Zusammenarbeit entgegen, die eine Bedingung dafür ist, dass zivilgesellschaftliche Organisationen maßgebliche Beiträge zur Gestaltung der Suchprozesse und zur Vermittlung von Transformationsbildung einbringen können.

Insgesamt entsprechen die Erfordernisse an die Gestaltung der Suchprozesse dem multiplen Charakter der anstehenden umfassenden Veränderungen im Sinne einer Großen Transformation: Sie ist ein umfassender wirtschaftlicher, sozialer, politischer und kultureller Veränderungsprozess, der unter engen zeitlichen Vorgaben gestaltet werden muss. Ihre Ziele sind wirtschaftliche, soziale und politische Ordnungen, die sozial gerecht und klimagerecht, nachhaltig und damit lebensdienlich sind.

VI. Der kirchliche Auftrag:

Ermutigung zur Verwirklichung von sozialer Gerechtigkeit und Klimagerechtigkeit

Die gesellschaftlichen Suchprozesse zur Gestaltung der Großen Transformation müssen sich auf zentrale Werte gründen. Erforderlich sind daher gesellschaftliche Diskurse über die Fragen, wie wir leben, wie wir unser Gemeinwesen organisieren und wie wir die Welt gestalten wollen. Kirchen ermutigen zu solchen ethischen Suchbewegungen, denn sie wissen, dass die christliche Botschaft in vielfältiger Weise ethische Orientierung dazu bietet.

Ein solche Orientierung ist der Auftrag zur Bewahrung der Schöpfung, der in der Bibel mehrfach ausgesprochen wird (etwa in Genesis 2,15: „Gott der Herr nahm den Menschen und setzte ihn in den Garten Eden, dass er ihn bebaute und bewahrte"). Ein weiterer Kompass ist die Zusammenfassung aller ethischen Orientierungen, die das Neue Testament auf der Basis der Schriften der Hebräischen Bibel an zwei Stellen anbietet: Nur zweimal unterstreicht die Bibel Gebote mit dem Hinweis: „Das ist das Gesetz und die Propheten". Die eine Stelle ist das Doppelgebot der Liebe, das auffordert, Gott und den Nächsten zu lieben (Matthäus 22,37-40). Die andere Stelle ist die so genannte Goldene Regel der Bergpredigt: „Alles, was ihr wollt, dass euch die Leute tun sollen, das tut ihnen auch" (Matthäus 7,12).

Kirchen machen Mut, im Vertrauen auf Gott den Umbau ohne Zögern anzugehen: Die Zusage Gottes, dass er die Erde als bewohnbaren Lebensraum bewahren will (vgl. Genesis 8,22), gibt Glaubenden Mut und Freiheit, Visionen eines guten Lebens jenseits von Wachstumsglauben und Konsumismus, hin zu mehr Nachhaltigkeit und Einfachheit zu entwickeln und sich auch angesichts scheinbar unüberwindbarer Hindernisse für die Bewahrung der Schöpfung einzusetzen.

Die Gewissheiten, dass die Menschen sich und die Welt nicht selbst erlösen müssen, sondern in Jesus Christus bereits erlöst sind, und dass Gott gnädig ist und den Menschen, die bereit zur Umkehr sind, ihre Schuld vergibt, befreien von einem ängstlichen Kreisen um die eigene Existenzsicherung beziehungsweise von einem Resignieren angesichts eigener Unzulänglichkeit, hin zur Übernahme von Verantwortung für die Welt.

Zugleich unterstreichen Kirchen, dass die Auseinandersetzung mit dem Klimawandel im Kern eine Diskussion der Frage nach dem guten Leben ist und dass der Entstehung ökologischer und sozialer Probleme letztlich lebensfeindliche Ideologien zugrunde liegen. Das wichtigste christliche Symbol gegen Ökonomismus, Ökonomisierung und Wachstumsvergötzung ist der sabbattheologisch gedeutete Sonntagsschutz (vgl. Exodus 20,8ff.), der für eine Begrenzung des Ökonomischen im Interesse des Menschen steht, sowie gegen eine Haltung des „immer mehr", welche die Endlichkeit des Menschen und der gesamten Schöpfung leugnet.

Mit Nachdruck treten Kirchen für entschiedeneres politisches Handeln ein, denn die gefährliche Diskrepanz zwischen Problemerkenntnis und politischer Zurückhaltung muss überwunden werden.

Damit aber Kirchen glaubwürdig das ethisch Geforderte benennen und Vorbilder für die Gestaltung der Suchprozesse sein können, müssen sie sich selbst ändern: In diesem Sinne sollten Kirchen ein Vorbild für ehrliche Selbstkritik sein, weil sie einerseits um die Sündhaftigkeit und Erlösungsbedürftigkeit des Menschen und andererseits um die befreiende göttliche Gnade wissen, durch die immer wieder ein Neuanfang möglich ist.

- Kirchen und kirchliche Wohlfahrtsverbände haben sich zu fragen, inwieweit sie bisher der Problematik mit Gleichgültigkeit bezüglich der Folgen für andere Menschen begegnet sind, inwieweit sie bisher Teil des Problems anstatt Teil der Lösung gewesen sind und inwieweit sie sich bisher selbst an einzelnen Stellen von Ideologien wie Ökonomismus, Ökonomisierung und Wachstumsvergötzung leiten ließen. Daher ist zu prüfen, ob und in welchem Maße auch Kirchen und kirchliche Wohlfahrtsverbände wirtschaftliches Handeln vom Mittel zum Selbstzweck machen und ihr Vertrauen auf materielle Güter oder auf ein Streben nach „immer mehr", anstatt auf wirkliche Qualität setzen.

- Kirchen und kirchliche Wohlfahrtsverbände müssen ihre Auseinandersetzung mit dem Klimawandel qualifizieren. Denn im Blick sowohl auf die Tragweite, als auch auf die Zusammenhänge ökologischer und sozialer Aspekte, als auch auf ideologische Hintergründe der vorliegenden Problematik, besteht in Kirchen und kirchlichen Wohlfahrtsverbänden noch ein erheblicher Informationsbedarf. Dies gilt unbeschadet der Tatsache, dass sich einige kirchliche Werke und Institutionen umfassende Expertise erarbeitet haben, die sich auch in kirchlichen Stellungnahmen zum Klimawandel niederschlug. Allerdings ist diese Expertise noch lange nicht überall in den Kirchen und kirchlichen Wohlfahrtsverbänden angekommen und noch viel weniger handlungsleitend geworden.

- Kirchen und kirchliche Wohlfahrtsverbände müssen ihre gelegentliche Tendenz zur Neutralität in politisch und sozial brisanten Auseinandersetzungen verlassen und zu Anwältinnen des christlichen Leitgedankens der unbedingten Würde aller Menschen werden, dessen Grund in der Gottebenbildlichkeit des Menschen (vgl. Genesis 1,26ff.) liegt. Dies erfordert die Bereitschaft der Kirchen, Risiken einzugehen und sich auch dann einzumischen, wenn sie dadurch angreifbar werden.

- Kirchen und kirchliche Wohlfahrtsverbände müssen – auch institutionelle – Konsequenzen aus der Einsicht ziehen, dass die Klimafrage eine soziale und die soziale Frage (auch) eine Klimafrage ist. Diese Einsicht muss sich in konkreten Schritten niederschlagen, zu denen auch gehört, binnenkirchliche soziale, ökologische, friedens- und entwicklungspolitische Diskurse stärker zu vernetzen und Alternativen zu Ideologien von Wachstum und Ökonomisierung zu entwickeln.

Vor diesem Hintergrund sollten Kirchen und ihre Gemeinden, Organisationen, Werke, Dienste und Gruppen einen praxisbezogenen Konsultationsprozess über kirchliche Gestaltungsoptionen der anstehenden Suchprozesse starten. Denn Kirchen müssen in all ihren Sozialgestalten und auf allen Ebenen lernen, wie sie zum Gelingen der Großen Transformation beitragen können. Ein Beitrag sollte eine Initiative zur Verankerung des Klimaschutzes im Grundgesetz und zur weiteren rechtlichen Absicherung der konsequenten Verfolgung rigider Reduktionsziele sein. Nicht zuletzt sollten sich Kirchen stärker in gesellschaftliche Bündnisse für die Gestaltung der Großen Transformation einbringen.

Dass diese große Transformation gelingt, ist durchaus möglich. Anlass zu Hoffnungslosigkeit oder gar Panik besteht nicht. Denn zum ersten Mal in der Geschichte hat die Menschheit die wissensmäßigen, technologischen und finanziellen Ressourcen, die zur Bewältigung großer Herausforderungen notwendig sind. Noch ist Zeit, die globale Erwärmung zu begrenzen und die weiteren globalen Krisen zu überwinden. Doch die Zeit drängt.

Wir sollten tun, was wir wissen – und was wir können. Dabei dürfen wir der göttlichen Verheißung vertrauen: „Solange die Erde steht, soll nicht aufhören Saat und Ernte, Frost und Hitze, Sommer und Winter, Tag und Nacht“ (Genesis 8,22).

Der Kirchliche Diskussionsbeitrag wurde von der Herausgeberkonferenz für das Jahrbuch Gerechtigkeit V am 24. Oktober 2011 verabschiedet.

DIE HERAUSGEBER

Abteilung Mission und Ökumene der Evangelischen Landeskirche in Baden • Akademisches Zentrum Rabanus Maurus, Haus am Dom, Bistum Limburg • Arbeitsgemeinschaft Mennonitischer Gemeinden in Deutschland • Bischöfliches Hilfswerk Misereor • Brot für die Welt • Caritasverband für die Diözese Limburg e.V. • Diakonisches Werk Baden • Diakonisches Werk Bayern • Diakonisches Werk Evangelischer Kirchen in Mitteldeutschland • Diakonisches Werk in Hessen und Nassau • Diakonisches Werk in Kurhessen Waldeck • Diakonisches Werk im Rheinland • Diakonisches Werk in Württemberg • Evangelische Kirche in Hessen und Nassau • Evangelische Kirche im Rheinland • Evangelische Kirche von Westfalen • Evangelisch-Lutherische Kirche in Bayern • Evangelisch-methodistische Kirche in Deutschland • Evangelisches Missionswerk Südwestdeutschland (EMS) • Gossner Haus Mainz – Arbeitswelt und Gerechtigkeit e.V. • Gossner Mission Berlin • Kairos Europa e.V. • Katholische Sozialakademie Österreichs • Kirchlicher Dienst in der Arbeitswelt • Ökumenischer Trägerkreis Armut/Reichtum - Gerechtigkeit • Oswald von Nell-Breuning-Institut für Wirtschafts- und Gesellschaftsethik • Kommission Globalisierung und soziale Gerechtigkeit von Pax Christi • Plädoyer für eine ökumenische Zukunft • Vereinte Evangelische Mission • Werkstatt Ökonomie e.V.

Cornelia Füllkrug-Weitzel

Globale Krisen und globale Transformation(en): Eine Zeitansage

Hungerkrise, Klimakrise, Finanzkrise, damit eng verbunden eine weltweite Zunahme inner- und zwischenstaatlicher Konflikte um knapper werdende Ressourcen wie Land, Wasser und Rohstoffe sowie vielerorts die Infragestellung geltender politischer, wirtschaftlicher und kultureller Deutungs- und Herrschaftssysteme: Das neue Jahrtausend hat stürmisch begonnen, und vieles deutet darauf hin, dass sich die Menschheit tatsächlich an einem Scheideweg befindet. Denn diese Krisen treffen nicht zufällig zusammen. Sie sind im Gegenteil eng und ursächlich miteinander verschränkt.

Sie führen uns vor Augen, wie begrenzt unser Planet und wie perspektivlos unser Entwicklungsmodell ist. Dieses Modell, dessen Ursprünge ins Europa zu Beginn der Industrialisierung zurückreichen, hat sich seither global ausgebreitet und prägt heute weltweit nahezu jedes Land.

Die Zauberformel des Modells: Schaffung von Wohlstand durch wirtschaftliches Wachstum, basierend auf der Verbrennung fossiler Energieträger und der exzessiven Nutzung natürlicher Rohstoffe. Nur: Was in den früh industrialisierten Staaten für einige hundert Millionen Menschen noch funktionierte, ist für die heute lebenden sieben Milliarden angesichts der Begrenztheit der Ressourcen schlichtweg nicht verallgemeinerbar. Das gilt für die begrenzte Belastbarkeit der Atmosphäre mit Treibhausgasen ebenso, wie für die Endlichkeit der Ackerflächen und die Bodenfruchtbarkeit, nicht zu sprechen von nur begrenzt verfügbaren Ressourcen wie Erdöl und anderen Rohstoffen. Das Aufeinandertreffen von unbegrenzten Wachstumsansprüchen und begrenzten Ressourcen führt zu Konflikten, Krisen und Kriegen, und lässt nur eine Schlussfolgerung zu: Die Weltgesellschaft, wie jedes einzelne Land und letztlich wir alle, brauchen dringend eine große Transformation. Sie muss das überkommene Leitbild einer nichtnachhaltigen Entwicklung ablösen durch eine oder mehrere neue Visionen nachhaltiger Entwicklung.

Visionen nachhaltiger Entwicklung nötig

Wie könnten diese Visionen aussehen?

Zunächst muss Entwicklung inklusiv sein, das heißt, allen Menschen die Perspektive auf ein Leben in Würde und auf gesellschaftliche, politische und wirtschaftliche Teilhabe eröffnen. Niemand darf ausgegrenzt werden. Das gilt auch für künftige Generationen.

Sodann muss nachhaltige Entwicklung ökologische Grenzen und Gesetze anerkennen, und die Schöpfung und unsere Mitwelt bewahren. Das impliziert unter anderem, dass wir Abstand davon nehmen, alles über den Markt und die Anwendung wirtschaftlicher Gesetze regeln zu wollen. Die Gemeingüter der Erde haben Werte, die sich nicht angemessen über Marktpreise ausdrücken lassen. Biodiversität, Wasser, Sauerstoff, die Ozonschicht sind für das Überleben der Menschheit zentral und müssen als Gemeingüter verstanden werden, die niemandem gehören. Ich begreife sie als Gottes Geschenk an alle Geschöpfe. Sie gilt es darum zu schützen und schonenden Gebrauch davon zu machen, zum gerechten Nutzen für alle. Sie müssen der ökonomischen Inwertsetzung entzogen bleiben, beziehungsweise wieder entzogen werden. Eigentlich alle Religionen und Kulturen, am vitalsten derzeit aber die der „globalisierungsfernen" indigenen Völker, kennen und befürworten den Gedanken der Unverfügbarkeit der geschenkten Grundlagen des Lebens. Aber solange, beziehungsweise gerade da die Marktinteressen verabsolutiert – und das heißt »vergottet« – werden, werden gleichzeitig alle religiösen und kulturellen Werte als unmodern und irrelevant verunglimpft, die sich diesen Marktinteressen widersetzen.

Eine Wiederentdeckung und Achtung der Werte, die der Profitgier und vollständigen Unterwerfung alles Lebenden unter die Marktinteressen widerstehen, ist dringend notwendig. Eine Ethik der Selbstbegrenzung, der Anerkennung des Unverfügbaren und des Teilens, wird zur Überlebensfrage.

Schließlich führt kein Weg daran vorbei, eine neue industrielle Revolution, den Metabolismus unseres Wirtschaftsmodells, einzuleiten und mit aller Konsequenz zu verfolgen. Er muss über technologische Innovation und Wissensfortschritt hinführen zu einer Wirtschafts- und Lebensweise, die Wohlstand schafft, der auf einem Höchstmaß an Ressourcen- und Energieeffizienz sowie dem Einsatz erneuerbarer und kohlenstofffreier Energien basiert. Nur wenn es gelingt, den Ressourcenverbrauch nicht nur relativ, sondern auch absolut zu entkoppeln von wirtschaftlichen Wohlfahrtsgewinnen, und wenn die Wirtschaft radikal de-karbonisiert wird – also immer weniger und perspektivisch gar keine Treibhausgase mehr emittiert – schaffen wir die Transformation hin zu einem neuen Leitbild nachhaltiger Entwicklung.

Die drei Prinzipien können kurz gefasst werden als das Recht auf Entwicklung, die Akzeptanz der Grenzen des Wachstums sowie die technologische Effizienzrevolution des kommenden Solarzeitalters. Sie werden häufig getrennt voneinander, mitunter auch als konkurrierend diskutiert. Tatsächlich sind sie keine Gegensätze, sondern ergänzen sich. Gemeinsam formen sie die drei Stützpfeiler nachhaltiger Entwicklung. Gemeinsam bilden sie die Handlungsfelder der globalen Transformation in den Sphären des Sozialen, der Natur sowie der Technik.

Die nationale und internationale Politik ist gefordert, die nötigen Rahmenbedingungen für nachhaltige Entwicklung herzustellen. Das gilt für sektorale Politiken wie die Biodiversitäts-, Energie-, Klima-, Wirtschafts- und Entwicklungspolitik ebenso, wie für den Überbau einer Nachhaltigkeitspolitik. Ziel ist die Transformation hin zu Kohlenstoffarmut und Klimaresilienz. All das muss schnell geschehen, sonst drohen sich die Risiken zu vervielfachen. Bis 2020 muss der Scheitelpunkt der globalen Emissionen erreicht sein, danach rasch absinken und in den Industrieländern nach 2030 negativ werden. Der neue Sonderbericht des Internationalen Klimarates (IPCC) zu Extremwetterereignissen und die neuesten Prognosen der Klimawissenschaft legen das dringend nahe. Nach 2030 wird es darum gehen, der Atmosphäre Kohlenstoff zu entziehen, etwa durch massive Aufforstung.

Wird die globale Transformation gelingen?

Wird die globale Transformation – deren Komponenten in anderen Beiträgen in diesem Buch ausführlich beschrieben werden – gelingen? Bislang hat die Politik beim Kampf gegen den Klimawandel Fortschritte nur im Schneckentempo erzielt. Siebzehn Weltklimagipfel sind vergangen, und noch immer ist ein völkerrechtlich bindendes Klimaabkommen mit ausreichend ambitionierten Emissionsobergrenzen und einer gerechten Lastenverteilung nicht absehbar. So gehen die Treibhausgasemissionen auch nicht zurück, sondern steigen weiter an – und zwar im Jahr 2010 schneller als je zuvor – trotz globaler Finanzkrise! Zwar liegen die Emissionen der klassischen Industrieländer noch leicht über denen der Schwellen- und Entwicklungsländer, jedoch wächst der Ausstoß klimaschädlicher Gase vor allem in China und Indien so rasant an, dass sich dieses Verhältnis bald umkehren wird – zumal unter Berücksichtigung der Emissionen, die durch Entwaldung verursacht werden.

Eine Begrenzung der globalen Erwärmung auf zwei Grad sei nur noch „eine nette Utopie", urteilte die Internationale Energieagentur angesichts der aktuellen Zahlen. Vier Grad Erwärmung bis zum Ende des Jahrhunderts seien wahrscheinlich, perspektivisch sogar sechs Grad. Die Folgen wären beispiellos und würden noch in diesem Jahrhundert die Existenzgrundlagen von hunderten Millionen Menschen bedrohen. „Jeder, der bei Verstand ist, würde versuchen, ein solches Risiko drastisch zu reduzieren", warnt der Ökonom Nicholas Stern.

Der wachstumszentrierte, ressourcen- und kohlenstoffintensive Entwicklungsweg der Industrieländer ist definitiv kein zukunftsfähiges Modell mehr, auch wenn es noch immer von nahezu allen anderen Ländern unhinterfragt nachgeahmt wird – allen voran von China und den anderen Schwellenländern. Nicht „Einholen und Überholen" – der alte Slogan der sowjetischen Wirtschaftspolitik – darf die Maßgabe sein, sondern vielmehr die globale Transformation in eine Weltgesellschaft, die dem Wachstumswahn abschwört, die Grenzen des Ressourcenverbrauchs und die Lebensrechte der belebten Mitwelt auf einem endlichen Planeten anerkennt, unseren ökologischen Fußabdruck auf ein entsprechendes Maß reduziert und weltweit angleicht sowie Wohlstand ohne Wachstum schafft.

Die UN-Konferenz über nachhaltige Entwicklung Rio+20 ist Anlass und Chance, mit dem Blick nach vorne in einen globalen Transformationsprozess einzutreten, der einen Weg aus der Zivilisationskrise eröffnet, deren sich immer mehr Menschen bewusst werden. Der Ressourcenverbrauch muss deutlich reduziert, die Energieerzeugung dekarbonisiert, die Natur teilweise der wirtschaftlichen Verwertung entzogen, die Ökonomisierung aller Lebensbereiche zurückgedrängt und Verteilungsgerechtigkeit hergestellt werden. Nur dann ist der

Wachstumswahn zu überwinden, der die Welt verzehrt. Dafür bedarf es einer handlungsleitenden Ethik des rechten Maßes, politischer Vision, technologischer Innovation und sozialer Gerechtigkeit.

Selbst wenn die Konferenzergebnisse von Rio+20 hinter dem zurück bleiben sollten, was nötig wäre, wird das Thema globale Transformation im Jahr 2012 die Debatte mitbestimmen. Es wird deutlicher werden, dass in einer globalisierten Welt nur gemeinsam umgesteuert werden kann. Das bedarf aber vieler Vorreiter, unter den Ländern wie in den Gesellschaften. Hier stehen wir in der Verantwortung. Die globale Transformation Richtung Zukunftsfähigkeit ist eine Aufgabe, der wir uns auf allen Ebenen stellen müssen und stellen werden: in der Programmarbeit ebenso wie im Dialog mit unseren Partnern, der Politik und der Gesellschaft – und nicht zuletzt auch durch gelebte tägliche Praxis der Nachhaltigkeit im eigenen Haushalt und in der eigenen Mobilität.

Agenten des Wandels

Veränderung braucht Treiber – Agenten des Wandels. In der Sphäre des Politischen sind das Parteien und Länder, die nicht Status quo- und Klientel-orientiert sind und nur die eigenen Interessen im Blick haben, sondern bereit sind, über den Tellerrand zu blicken und gemeinwohlorientiert zu denken. Das schließt das Wohl der kommenden Generationen ein. Deutschland spielt hier spätestens seit der Energiewende eine katalytische Rolle. Entscheidend wird aber sein, wie sich die Weltmacht von morgen, China, aufstellt. Wird sie einer „Allianz der Willigen" beitreten? Oder dem Beispiel der USA folgen und klimapolitisch blockieren, weil es dem alten Entwicklungsparadigma zutiefst verhaftet ist?

Die Klimakrise ist vermutlich das erste weltpolitische Konfliktfeld, das nicht mehr von einer Weltmacht bzw. einem Staatenblock allein gelöst werden kann. Die Klimapolitik ist auch kein Nord-Süd-Konflikt, denn die Konfliktlinien liegen nicht zwischen Nord und Süd, sondern verlaufen innerhalb der Blöcke. Es führt deshalb kein Weg daran vorbei, neue Allianzen zu schmieden, zwischen klimapolitisch ambitionierten Ländern und Regionen wie Europa, Südkorea und Mexiko einerseits, und den besonders verletzbaren – weil zuerst unter dem Klimawandel leidenden – Ländern wie den Inselstaaten, den am wenigsten entwickelten Ländern (LDCs) und Subsahara-Afrika andererseits. Nur gemeinsam kann eine „Allianz der Willigen" den nötigen Druck aufbauen, um zögerliche Schwellenländer wie Südafrika, China, Indien und Brasilien an Bord zu holen. Erst damit entstünde ein Hebel, der genügend Kraft entwickelt, um notorische Blockierer wie die ölexportierenden Länder, Russland, Kanada und vor allem die USA unter das gemeinsame Dach eines globalen, ambitionierten, fairen und völkerrechtlich verbindlichen Klimaregimes zu zwingen.

Transformationen produzieren Gewinner und Verlierer: Wer dynamisch voranschreitet und sich innovativ zeigt, wird gewinnen, wer verharrt und die Zeichen der Zeit verpasst, wird verlieren. Das gilt für die Politik wie für die Wirtschaft. Hier bietet der Übergang vom fossilnuklearen ins Solarzeitalter enorme Chancen: Erneuerbare Energien, die Umstellung auf neue Formen der Mobilität, die Mobilisierung von Effizienzpotentialen in Industrie und Haushalten oder der Umbau der Städte – der Umbruch wird großflächig sein, Arbeitsplätze schaffen und Unternehmen prosperieren lassen. Aber nur, wenn sie sich der Herausforderung stellen und zu den Pionieren zählen. Diese Akteure gilt es zu gewinnen, um die globale Transformation mit Nachdruck voranzutreiben.

Die globale Transformation hat neben einer politischen und wirtschaftlichen vor allem eine soziale und zutiefst ethische Dimension. Es geht um nicht mehr und nicht weniger als die Zukunftschancen heutiger und vor allem künftiger Generationen sowie das Überleben unserer belebten Mitwelt. In einer endlichen Welt wird die Frage nach dem Zugang zu Ressourcen und sozialer Teilhabe entweder basierend auf Gleichberechtigung und in Solidarität miteinander entschieden, oder nach dem „Recht des Stärkeren" und um den Preis der Marginalisierung und Exklusion der Armen und Schwachen. Je mehr sich die eingangs erwähnten Krisen zuspitzen, desto manifester wird dieser Gegensatz werden. Als Kirchen sind wir gefordert, hier klar Partei zu ergreifen, für Maßhalten statt Maßlosigkeit einzutreten, dem Wachstumsimperativ einen Wohlfahrts-Imperativ entgegen zu setzen, Solidarität mit den Armen einzufordern und zu praktizieren sowie die Bewahrung der Schöpfung und die Lebenschancen nachfolgender Generationen entschieden zu verteidigen.

Jürgen Scheffran

Klimawandel und Ressourcenkonflikte

Wenn Menschen und Staaten von den Folgen des Klimawandels massiv getroffen werden: Welche Auswirkungen hat dies für den Zusammenhalt und die Stabilität der betroffenen Gesellschaften? Wird es zu mehr Konflikten zwischen Staaten oder gesellschaftlichen Gruppen kommen oder werden sie zusammenarbeiten, um die globalen Herausforderungen gemeinsam anzugehen?

Konfliktpotenziale des Klimawandels

Während die Klimapolitik kaum Fortschritte macht, gibt es eine Diskussion über die möglichen Sicherheitsrisiken und Konfliktpotenziale des Klimawandels. Seit der Veröffentlichung des vierten Sachstandsberichts des Intergovernmental Panel on Climate Change (IPCC) im Jahr 2007 gab es eine Reihe von empirischen und theoretischen Untersuchungen, um die Zusammenhänge zwischen Klimawandel, Sicherheitsrisiken und Gewaltkonflikten besser zu verstehen (siehe die Literaturhinweise [1]). Entscheidend ist dabei die Frage, wie Mensch und Gesellschaft auf den Klimawandel reagieren.

Wenn die globale Erwärmung zur Beeinträchtigung natürlicher Ressourcen führt, die für die Existenz und die Bedürfnisbefriedigung von Menschen von elementarer Bedeutung sind, so zwingt dies die betroffenen Menschen dazu, zu handeln und ihre Lebensumstände zu ändern bzw. anzupassen.

Das Spektrum möglicher Handlungen reicht von Flucht oder Gewalteinsatz bis zur Zusammenarbeit mit anderen Betroffenen. Umgekehrt können Konflikte die Verfügbarkeit und Nutzung natürlicher Ressourcen beeinträchtigen, was zu einem Teufelskreis mit sich gegenseitig verstärkenden Rückkopplungen führen kann. Verschiedene Konfliktfelder sind im Kontext des Klimawandels möglich, die ein unterschiedliches Ausmaß an Konfliktintensität aufweisen.

In der Anfangsphase der Klimadebatte stand der Streit um die naturwissenschaftlichen Grundlagen des Klimawandels im Vordergrund, der mit der Veröffentlichung von E-Mails britischer Klimaforscher 2009 neue Nahrung erhielt. Am anderen Ende des Spektrums stehen durch Klimafolgen ausgelöste oder verstärkte Gewaltkonflikte, bei denen die Lebensgrundlagen der Menschen auf dem Spiel stehen. Im Zwischenbereich mittlerer Konfliktintensität gibt es Konflikte um die Frage, wie Klimawandel verhindert und was dagegen getan werden kann.

Die Fundamentalopposition der Republikaner in den USA und das Scheitern des Klimagipfels in Kopenhagen 2009 zeigen, welche Widerstände es gegen konkrete klimapolitische Maßnahmen gibt. Dass diese selbst zum Konfliktgegenstand werden können, zeigt sich an der Auseinandersetzung um den Einsatz der Kernenergie zur Vermeidung von Treibhausgas-Emissionen oder an der Debatte um die Folgen der

Bioenergie für Landnutzung, Ernährung und Ökosysteme. Besonders konfliktträchtig erscheinen ingenieurtechnische Eingriffe in das Klimasystem (Geoengineering oder Climate Engineering), um die Wirkung von CO2-Emissionen abzuschwächen. Beispiele sind das Entfernen von CO2 aus der Atmosphäre und die unterirdische Speicherung oder die Beeinflussung des Strahlungshaushalts der Erde durch das Ausbringen von Aerosolen.

Wenn der Klimawandel bereits eingetreten ist, können Konflikte darüber ausgetragen werden, wie Schäden begrenzt und welche Gegenmaßnahmen ergriffen werden können, wer sie finanziert und wem geholfen werden soll. Beispiele betreffen etwa den Bau von Deichen und das Katastrophenmanagement. Damit verbunden sind Fragen, wie die Kosten und Risiken des Klimawandels oder des Klimaschutzes verteilt werden und wie Verteilungs- und Gerechtigkeitsfragen gelöst werden. Diese strittigen Themen bestimmen bereits die internationalen Klimaverhandlungen. Angesichts der verschiedenen Konfliktfelder wäre es angemessen, Konfliktlösungskonzepte in die Klimaverhandlungen zu integrieren, statt auf eine globale Harmonie zu vertrauen.

Sicherheitsrisiken und Konfliktkonstellationen

Seit dem Jahr 2007 gibt es eine wachsende Zahl von Studien über den Zusammenhang von Klimawandel und Sicherheit. Eine Studie von ehemaligen Generälen und Admirälen der USA im April 2007 bezeichnet den Klimawandel als einen Bedrohungsvervielfacher, der ohnehin schon bestehende Probleme weiter verschärft und multipliziert, so dass Sicherheitsrisiken die Folge sind. In besonders fragilen Regionen könne dies zum Scheitern von Staaten führen und die Voraussetzungen für Terrorismus schüren.

Eine entsprechende Sichtweise wird auch in einem Bericht von EU-Hochkommissar Javier Solana für die europäische Kommission vertreten. Klimawandel gilt hier ebenfalls als Bedrohungsvervielfacher, der Staaten in ihrer Problemlösungsfähigkeit überfordert.

US-Präsident Obama äußerte in seiner Nobelpreisrede von 2009, dass es kaum wissenschaftlichen Disput darüber gebe, dass der Klimawandel mehr Dürren, Hungersnöte und Flüchtlinge zur Folge habe, was in den nächsten Jahrzehnten Konflikte antreiben könne. Allerdings gibt es in der Wissenschaft darüber durchaus unterschiedliche Ansichten.

Die bislang ausführlichste Untersuchung zu den Sicherheitsrisiken des Klimawandels wurde 2007 vom wissenschaftlichen Beirat der Bundesregierung Globale Umweltveränderungen (WBGU) durchgeführt. Zu den ohnehin schon bestehenden Konfliktfeldern in der Welt komme der Klimawandel noch hinzu und könne sie in negativer Weise verstärken. Dies gelte besonders in den Weltregionen, in denen heute schon Konflikte besonders virulent sind.

Bei einigen dieser Konflikte sind Umweltveränderungen und natürliche Ressourcen relevante Konfliktfaktoren. Eine Studie von Adelphi Research in Berlin identifizierte 73 Konflikte für den Zeitraum 1980 bis 2005, in denen Wasser, Landnutzung und Ernährung, Fischerei und Biodiversität jeweils Konfliktfaktoren waren. In Afrika etwa geht es bei vielen Konflikten um Wasser und nutzbares Land als knappe Ressource, während in Latein- und Zentralamerika Biodiversität und ebenfalls Land als Ressource im Brennpunkt stehen. Meist geht es dabei nicht um Kriege zwischen Staaten, sondern um Bürgerkriege, in denen substaatliche Gruppen Hauptakteure sind.

Ausgehend von dieser Analyse früherer Konflikte hat der WBGU vier verschiedene Konfliktkonstellationen identifiziert: Wasserkrisen, Bedrohung der Ernährungssicherheit, Stürme und Überschwemmungen, umweltbedingte Migration.

In vielen Erdteilen sind Wasserressourcen knapp, und mehr als eine Milliarde Menschen verfügen über zu wenig Trinkwasser. Durch den Klimawandel würde die Wasserkrise weiter verschärft, Dürrezonen könnten sich ausbreiten. Fast eine Milliarde Menschen leiden an Ernährungsproblemen, und die Zahl würde mit dem Klimawandel weiter wachsen. Ein besonderes Risiko ist die Zunahme von Sturm- und Flutkatastrophen, die zahlreiche Menschen das Leben kosten. Wenn

Menschen aufgrund von dramatischen Umweltveränderungen und Katastrophen in andere Regionen flüchten, kann es dort zu Konflikten mit der heimischen Bevölkerung kommen.

Eine Weltkarte des WBGU zeigt mögliche Klima-Brennpunkte in verschiedenen Regionen, die wahrscheinlich von diesen Konfliktkonstellationen betroffen sein werden. In einigen dieser Brennpunkte können zwei oder mehr Konfliktfelder zusammen treffen und sich verstärken, so in großen Teilen Afrikas, wo Konflikte um Wasser, Land und Migration erwartet werden. In Südasien können Stürme und Flutkatastrophen zusammen mit Ernährungsproblemen und Umweltmigration als Konflikfaktoren wirken. Besonders betroffen wäre Bangladesch, das bei einem Meeresspiegelanstieg große Landesteile verlieren würde.

Weniger klar ist, inwieweit diese Risiken, die die Sicherheit von Menschen unmittelbar berühren, auch tatsächlich zu Konflikten führen. Eine Ende 2009 erschienene Untersuchung von Wissenschaftlern in den USA leitet aus der statistischen Analyse von Daten zu Temperatur, Niederschlägen und Konflikthäufigkeit für den Zeitraum 1980 bis 2002 ab, dass aufgrund der Erwärmung in Afrika südlich der Sahara bis 2030 rund 50 Prozent mehr bewaffnete Konflikte auftreten könnten. Eine kritische Betrachtung der Daten zeigt allerdings, dass das Ergebnis ganz anders ausfällt, wenn die Datenbasis bis 2008 verlängert worden wäre. Aufsehen erregte eine Veröffentlichung in der Fachzeitschrift Nature im August 2011, die belegt, dass in Jahren des El Niño in der südlichen Hemisphäre statistisch signifikant mehr bewaffnete Konflikte auftraten.

Auch wenn menschliche Gesellschaften empfindlich gegenüber Klimaschwankungen sind, wurden die kausalen Zusammenhänge bislang nicht verstanden. Die Folgen könnten dann dramatisch werden, wenn kritische Umkipppunkte im Klimasystem erreicht werden. Ein abrupter Klimawandel würde auch die Fähigkeit der stärksten Staaten und Gesellschaften überfordern, die Probleme zu bewältigen.

Regionale Brennpunkte und Ressourcenkonflikte

Neben der Untersuchung einer großen Zahl von Ereignissen kann die Analyse einzelner Fälle dazu beitragen, die verschiedenen Kausalfaktoren von Konflikten und ihre komplexe Wechselwirkung in den Blick zu nehmen. Ein Beispiel sind Landnutzungskonflikte in Afrika aufgrund von klimabedingten Niederschlagsänderungen, die die Bodenqualität beeinträchtigen und zu einer Zunahme von Dürren führen. Dies verschärft in Teilen Afrikas den Konflikt zwischen Hirtenvölkern und Bauern, zum Beispiel in Darfur im Sudan.

Ein Bericht des Umweltprogramms der Vereinten Nationen sieht in Darfur ein tragisches Beispiel für den Zusammenbruch einer Gesellschaft, wenn die Umwelt sich stark ändert. Wie stark der Einfluß von Klimaänderungen in Darfur ist, bleibt allerdings umstritten, denn hier kommen viele andere Faktoren zusammen, und es ist schwer, die Bedeutung des Umweltfaktors zu isolieren.

Gleiches zeigt sich auch bei Wasserkonflikten in Nahost. Einige Klimamodelle sagen voraus, dass die Wasserversorgung der Flüsse Jordan, Euphrat und Nil durch die Klimaveränderung beeinträchtigt wird, was wiederum die dortige Konfliktlage zwischen den Staaten verstärken könnte. Das betrifft insbesondere den Krieg zwischen Israel und den arabischen Nachbarn. Die israelischen Siedler haben einen deutlich höheren Wasserverbrauch als die Palästinenser, was durch die militärische Stärke Israels abgesichert wird.

Beim Nil beansprucht Ägypten historische Wasserrechte und verfügt über mehr Machtmittel, um seine Ansprüche gegenüber Staaten am Oberlauf des Nils durchzusetzen, die einen wachsenden Wasserverbrauch haben. Angesichts eines hohen Wirtschaftswachstums und eines starken Bevölkerungswachstums in der Region, nimmt die Wassernachfrage deutlich zu.

Wenn der Klimawandel hinzukommt, könnte es einerseits die bestehende Konfliktlage verschärfen, andererseits aber auch den Druck erhöhen, im Rahmen der Nile Basin Initiative zu einer kooperativen Lösung zu kommen.

In einigen Regionen ist eine große Zahl von Menschen Katastrophenrisiken ausgesetzt. So ist als Folge des Temperaturanstiegs mit heftigeren und häufigeren Stürmen zu rechnen, vor allem in Küstenregionen in Südasien, Ostasien, Zentral- und Südamerika. Bangladesch war in der Vergangenheit häufig von tropischen Zyklonen betroffen, deren Auswirkungen weit ins Land hineinreichten. Dabei kamen Hunderttausende von Menschen ums Leben, andere flohen ins Landesinnere oder in Nachbarstaaten, wo sie zur Verstärkung der dortigen Konfliktlagen beigetragen haben.

Solche Risiken werden bei einem Anstieg des Meeresspiegels noch an Bedeutung gewinnen. Viele große Städte der Erde liegen an Meeresküsten, oftmals gleichzeitig in den Mündungsgebieten großer Flüsse. Käme es zu einem Anstieg des Meeresspiegels um einen Meter bis Ende des Jahrhunderts, so wären davon Millionen Menschen betroffen. Notwendige Schutzmaßnahmen verursachen gewaltige Kosten und sind von ärmeren Ländern kaum alleine aufzubringen.

Bei Betrachtung der Weltkarte des WBGU zu Klimakonflikten fällt auf, dass die Industrieländer weitgehend ausgespart sind, da sie über mehr Mittel verfügen, die Probleme zu bewältigen. Die Differenzen zwischen den USA, Kanada, Russland und nordeuropäischen Staaten hinsichtlich der Verfügung über die Ressourcen der Arktis zeigen jedoch, dass hier ebenfalls ein relevantes Konfliktpotential vorliegt, auch wenn ein Krieg zwischen den beteiligten Staaten unwahrscheinlich ist. In Europa kostete die Hitzewelle des Jahres 2003 mehr als 50.000 Menschen das Leben, mehrere Überschwemmungen von Flüssen trafen die Anwohner unvorbereitet. Die europäischen Anrainerstaaten des Mittelmeeres wären von Wassermangel betroffen.

Vor allem der Wirbelsturm Katrina zeigte, dass auch Industriestaaten für solche Katastrophen schlecht gewappnet sind. Das mächtigste Land der Erde stand den Folgen des tropischen Wirbelsturms an der Golfküste der USA hilflos gegenüber. Als New Orleans überflutet wurde, verloren etwa 1.800 Menschen ihr Leben, über eine Millionen Menschen mussten fluchtartig und unter chaotischen Umständen die Stadt verlassen. Bei Eintreffen des Sturms galt die Devise „Rette sich, wer kann", viele schafften es jedoch nicht mehr und nahmen im Sportstadium der Stadt Zuflucht, unter unwürdigen Bedingungen. Die Behörden verloren die Kontrolle, die Polizei konnte die Ordnung nicht aufrecht erhalten und musste durch die Nationalgarde unterstützt werden. Einige Menschen sind bis heute nicht in die Stadt zurückgekehrt.

Angesichts der Massenflucht aus New Orleans erhielt die Diskussion über Klimaflüchtlinge neue Nahrung. Schon in den neunziger Jahren hatte Norman Myers eine große Zahl von Umweltflüchtlingen vorausgesagt, die bis Mitte dieses Jahrhunderts auf 100 Millionen und mehr Menschen ansteigen könne.

Auch wenn diese Zahlen viel zitiert wurden, basieren sie mehr auf groben Schätzungen, als auf zuverlässigen Daten. Wie stark der Anteil des Klimawandels an der Migration tatsächlich ist, lässt sich nur schwer nachprüfen angesichts einer Vielzahl möglicher Fluchtgründe, die auch zur Ursache von Konflikten werden können. Statt Menschen in Not als eine Bedrohung anzusehen, gegen die Abwehrmaßnahmen ergriffen werden müssen, ist es angemessener, sie mit Hilfsmaßnahmen zu unterstützen und ihre Abwehrkräfte zu stärken. Am wirksamsten ist es, die Ursachen zu vermeiden, die die natürlichen Lebensgrundlagen von Menschen untergraben und sie zur Flucht zwingen. Oftmals werden zugewanderte Menschen in die Gesellschaften der Zielländer integriert und bilden Migrationsnetzwerke, die zur Problemlösung beitragen können.

Klimagerechtigkeit und nachhaltige Friedenssicherung

Die Beispiele zeigen, dass die Klimaproblematik in vielfacher Weise die Ungerechtigkeit in der Welt verstärkt. Die These, dass im Angesicht des Klimawandels alle Menschen in einem Boot sitzen, wird somit fraglich. Wohin sich das Boot bewegt, hängt vom Verhalten der Insassen ab, ihrem Verständnis der Probleme, ihren Fähigkeiten und Kräften das Boot zu lenken und zu rudern, aber auch ihren Interessen und der Verwundbarkeit gegenüber den Gefahren. Um das Boot in sicheren Gewässern zu halten, ans rettende Ufer zu steuern oder gar umzukehren, bedarf es einer erheblichen gemeinsamen Kraftanstrengung. Erfolgt das Handeln unkoordiniert oder gar gegeneinander gerichtet, droht das Boot zu kentern oder zu zerschellen.

Statt weiter auf dem konfliktreichen Pfad der Ausbeutung von Mensch und Natur voranzuschreiten, muss die Menschheit auf den Pfad der friedlichen und nachhaltigen Ressourcennutzung wechseln.

Um eine solche Transformation zu erreichen, bedarf es konkreter Strategien, die auf eine Risikovermeidung, Emissionsminderung, verbesserte Ressourceneffizienz, Schutz und Bewahrung natürlicher Ressourcen, auf nachhaltige Entwicklung von Wohlstand und verbesserte Anpassungsfähigkeit an Umweltveränderungen zielen. Die Partizipation der Bevölkerung ist wesentlich, um die gesellschaftliche Akzeptanz zu verbessern und mehr Menschen in den Prozess der Problemlösung einzubinden.

Um Klimagerechtigkeit zu schaffen, müssen die Hauptverursacher am meisten zur Problemlösung beitragen und die Hauptbetroffenen den größten Schutzanspruch haben. Dazu ist ein fairer Transfer von Ressourcen, Technologien, Know How und Investitionen zwischen Industrie- und Entwicklungsländern zu schaffen. Internationale Konfliktlösung und Kooperation in der Klimapolitik sind wesentliche Elemente einer nachhaltigen Friedenssicherung als Teil globaler Governance-Strukturen.

Richard Brand, Thomas Hirsch

Was heisst Klimagerechtigkeit?

Vom Prinzip zur politischen Praxis

„Klimagerechtigkeit" wird im klimapolitischen Diskurs seit Jahren häufig als Leitbegriff verwendet, aber selten präzise definiert. Er findet sich als auch nicht in den Verhandlungstexten für die Klimarahmenkonvention der Vereinten Nationen. Das macht seine Handhabung schwierig – und oft beliebig.

Mit „Klimagerechtigkeit" wird mitunter sehr Verschiedenes gemeint. Bei der Weltklimakonferenz 2012 in Durban drängten vor allem afrikanische Staaten sowie weitere Entwicklungs- und Schwellenländer darauf, „Klimagerechtigkeit" zu einem der zentralen Begriffe der Klimadebatten zu machen.

Klimagerechtigkeit – eine kurze Definition

„Klimagerechtigkeit" bedeutet, jedem Menschen auf der Erde, unabhängig von nationaler Zugehörigkeit, Alter, Geschlecht, Rasse und Religion, gleiche Nutzungsrechte an der Atmosphäre zuzugestehen, wobei die Gesamtbelastung der Atmosphäre mit Treibhausgasen so zu begrenzen ist, dass die mittlere globale Erwärmung auf maximal 2° Celsius beschränkt bleibt, nach Möglichkeit aber 1,5° Celsius nicht übersteigt.

„Klimagerechtigkeit" bedeutet ferner, gemeinsam Verantwortung dafür zu übernehmen, dass Schäden durch die menschengemachte Erwärmung nach Möglichkeit vermieden, im Eintrittsfall aber ausgeglichen werden.

Bei Klimaschutz, Anpassung und Entschädigung gilt das in der UN-Klimarahmenkonvention verabschiedete Prinzip der „gemeinsamen aber differenzierten Verantwortung", welches sowohl die Verantwortung für die Problemverursachung als auch die gegenwärtige (wirtschaftliche) Leistungsfähigkeit der Länder berücksichtigt.

Klimagerechtigkeit – drei Handlungsoptionen

Klimagerechtigkeit als Teilen von Lasten („Burden Sharing")

Im Lichte der obigen Definition wird rasch klar, dass die Konkretisierung von Klimagerechtigkeit kontextabhängig ist. Die Bundesregierung sieht sich dem Ziel verpflichtet, langfristig darauf hinzuarbeiten, dass im Jahr 2050 alle Menschen einen gerechten Anteil an der Nutzung der Atmosphäre von dann ein bis zwei Tonnen Emissionen pro Jahr haben. Die heute extrem ungleiche Verteilung der nationalen Pro-Kopf-Emissionen von deutlich weniger als einer Tonne (unter anderem in der Mehrzahl der afrikanischen Staaten), über nahe bei 20 Tonnen (unter anderem in den USA, Australien, Kanada) bis hin zu deutlich über 20 Tonnen (unter anderem in einigen ölexportierenden arabischen Staaten) müsste in der Zukunft gleicher werden. Daraus folgen unterschiedliche Verantwortlichkeiten der verschiedenen Länder, je nachdem, ob sie noch Emissionsspielraum nach oben haben oder aber in unterschiedlich ausgeprägter Form Emissionen reduzieren müssen.

Zwar hält die Bundesregierung den Budgetansatz ihres Wissenschaftlichen Beirates „Globale Umweltveränderungen" für interessant, lehnt ihn aber als zu akademisch und damit nicht politikfähig ab. Dieser Ansatz sieht vor, das bis 2050 verbleibende globale Emissionsbudget nach Maßgabe gleicher Pro-Kopf-Emissionsrechte, und damit entsprechend der Bevölkerungszahlen der Länder (demographisches Referenzjahr ist 2010), zu verteilen und so in ebenso verpflichtende wie objektiv überprüfbare nationale Emissionsbudgets herunter zu brechen. Der Budgetansatz ist also eine logische Ableitung aus dem anerkannten Prinzip gleicher Pro-Kopf-Rechte.

Ein Grund für die Ablehnung des Budgetansatzes durch die Bundesregierung liegt sicherlich darin, dass dessen Umsetzung insbesondere für die reifen Industrieländer zur Folge hätte, dass sie sehr viel schneller ihre Emissionen reduzieren müssten, als sie dies gegenwärtig planen. Für Deutschland würde dies bei dem Basisjahr 1990 für das globale Emissionsbudget bedeuten, dass das verbleibende Kohlenstoffbudget bereits 2011 erschöpft gewesen wäre. Bei einem Referenzjahr 2010 würde das Budget in einem „Business-as-usual"-Szenario hingegen noch bis 2020 reichen.

Im Falle Chinas, Brasiliens oder Burkina Fasos beträgt die Abweichung in der Reichweite bei den beiden unterschiedlichen Referenzjahren 1990 und 2010 hingegen nur wenige Jahre: China 26 zu 24, Brasilien 55 zu 46 und Burkina Faso 2810 zu 2892.[2]

Gemeinhin plädieren viele Staaten für 1990 als Referenzjahr und begründen das damit, dass spätestens seit 1990 die Problematik der globalen Erwärmung, verursacht durch zu hohe anthropogene Treibhausgasemissionen, bekannt gewesen ist. Der lateinamerikanische Staatenbund ALBA (Bolivarianische Allianz für die Völker unseres

Amerika) sowie eine Reihe afrikanischer Staaten gehen bei der Ermittlung des gerechten Referenzjahres jedoch noch sehr viel weiter und plädieren für den Beginn der Industrialisierung (1850/70). Begründet wird das mit dem markanten Anstieg anthropogener Emissionen im 19. Jahrhundert infolge der industriellen Nutzung fossiler Energieträger.

Gemäß dieser Lesart sind die Kohlenstoffbudgets der entsprechenden Länder längst erschöpft, und tragen mithin eine Kohlenstoffschuld beziehungsweise eine ökologische Schuld gegenüber den Entwicklungsländern. Für diese Schuld wird eine monetäre Kompensation verlangt, die sich auf mehrere hundert Milliarden US-Dollar beläuft. Auch dieser Ansatz leitet seine Forderung aus dem Prinzip der Klimagerechtigkeit ab.

Allen diesen Ansätzen ist gemein, dass sie sich bei der Definition der „gemeinsamen aber unterschiedlichen Verantwortung" allein auf die Dimension des Burden Sharing (wer trägt welche Lasten der notwendigen Emissionsminderung sowie der notwendigen Anpassung) beziehen. Bei globalen Klimaverhandlungen ist die Kontroverse um gerechtes „Burden Sharing" ein Hauptgrund für die Blockade zwischen den alten Industrieländern einerseits, und der Gruppe der Entwicklungs- und Schwellenländer anderseits.

Klimagerechtigkeit als Teilen von Risiken („Risk Sharing")

Sind eine eindimensional auf das Teilen von Lasten (Burden Sharing) begrenzte Betrachtung von Klimagerechtigkeit und die Ableitung entsprechender politischer Forderungen angemessen? Christoph Bals (Germanwatch) argumentiert zu Recht dagegen und plädiert für die Einbeziehung einer weiteren Dimension, nämlich des Teilens von Risiken („Risk Sharing").

Dem liegt die Analyse zugrunde, dass einzelne Länder (und Bevölkerungsgruppen in diesen Ländern) durch negative Folgen des Klimawandels unterschiedlich verletzbar sind. Aus der Kombination von geographisch bedingter spezifischer Risikoexposition gegenüber klimabedingten Extremereignissen (sudden onset change) – wie etwa Dürren, Überschwemmungen, tropische Wirbelstürme – und weniger offensichtlichen, aber langfristig nicht minder riskanten, schleichenden Veränderungen (slow onset change) – wie Versalzung, Meeresspiegelanstieg, agroklimatische Veränderungen – sowie der spezifischen Resilienz (Widerstandsfähigkeit) von Individuen, Bevölkerungsgruppen und Ländern, ergeben sich sehr unterschiedliche Risikoprofile.

Der Weltrisikobericht 2011, erstellt von der Universität der Vereinten Nationen (UN University – Institute for Environment and Human Security) im Auftrag von „Brot für die Welt", medico international, Misereor, terres des hommes und der Welthungerhilfe, zeigt die unterschiedliche Vulnerabilität von Ländern mithilfe eines Index auf. In der Gruppe der extrem risikoträchtigen Staaten, mit einem Index von über 70 Prozent, rangieren 13 Länder (Afghanistan, Haiti und elf afrikanische Länder), die alle zur Gruppe der am wenigsten entwickelten Länder (Least Developed Countries, LDCs) zählen. In der Gruppe der sehr risikoträchtigen Staaten, mit einem Index von 60 bis 70 Prozent, rangieren weitere 25 afrikanische, acht asiatische und zwei ozeanische Staaten. Keines dieser Länder ist ein Industrieland, lediglich eines – Indien – ein Schwellenland.

Für Risikoländer sind klimapolitisch zwei Dinge entscheidend: erstens finanzielle und technologische Unterstützung bei der Bewältigung nicht mehr vermeidbarer Klimafolgen (präventives Katastrophen- und Risikomanagement, Anpassung an langfristige Folgen etwa in der Landwirtschaft, Wasserversorgung, Infrastruktur sowie Kompensation von nicht vermeidbaren Verlusten, etwa bei klimabedingter Migration).

Zweitens ist schnelles Handeln aller Emittenten erforderlich, um ein Absenken der Emissionen so bald wie möglich zu erreichen. Nur so kann eine weitere Risikoerhöhung vermieden werden. Mit anderen Worten: für diese Gruppe ist weniger entscheidend, wie das verbleibende Kohlenstoffbudget zwischen den großen Emittenten –

Industrie- und Schwellenländer – aufgeteilt wird. Nicht das Burden Sharing, wohl aber eine insgesamt schnellstmögliche globale Emissionsreduktion und finanzielle Unterstützung, sind für sie verhandlungsrelevant, um das eigene Risiko zu begrenzen, beziehungsweise ein gerechtes internationales Teilen von Risiken (Risk Sharing) zu erwirken.

Beim Risk Sharing liegt mithin die Linie der Interessensgegensätze tendenziell zwischen den Hauptemittenten (den Industrie- und Schwellenländern) einerseits, und den verletzbarsten Ländern (Subsahara-Afrika, den kleinen Inselstaaten [Alliance of Small Islands States], den (sub)tropischen Hochgebirgsländern und den armen Ländern mit niedrig liegenden Küsten) andererseits. Entsprechend verschiebt sich aus dieser Perspektive auch die Gewichtung dessen, was klimagerecht ist.

Klimagerechtigkeit als Frage des Teilens von Chancen („Opportunity Sharing")

Die Klimakrise birgt neben vielen Risiken auch Chancen – wie bei allen Veränderungen wird es Gewinner und Verlierer geben. Das gilt für Staaten ebenso wie für gesellschaftliche Gruppen, Industriezweige und Unternehmen innerhalb von Staaten. Entsprechend unterschiedlich wird von Modernisierungsgewinnern und -verlierern die Frage beantwortet werden, was eine klimagerechte Politik ist. Daher schlägt Christoph Bals als dritte Dimension von Klimagerechtigkeit das Teilen von Chancen (Opportunity Sharing) vor.

Die Herausforderung besteht darin, die Transformation von der Ära des stark ressourcenverbrauchenden und kohlenstoffintensiven Wachstums in eine Ära des ressourceneffizienten und kohlenstoffarmen Wirtschaftens global schnell zu vollziehen. Daher haben energie- und ressourceneffiziente Ökonomien einen Startvorteil und werden deshalb tendenziell eher zu ambitionierten Rahmenbedingungen bereit sein als Staaten, die Wettbewerbsnachteile befürchten, weil sie weniger kohlenstoffeffizient sind.

Trotz aller Schwierigkeit eines Vergleichs auf Basis der Kenngröße Kohlenstoffintensität (CO_2-Emissionen pro Einheit Bruttoinlandsprodukt) wird doch deutlich, dass es erhebliche Unterschiede und klare Tendenzen gibt: die globale mittlere Kohlenstoffintensität liegt bei 0,47 Tonnen pro 1.000 US-Dollar BIP. Unter den Industrie- und Schwellenländern sehr effizient sind Brasilien (0,21t), die EU15 (0,28t) und Deutschland (0,32t). Im Mittelfeld liegen Vietnam (0,45t), Indien (0,47t), die USA (0,47t) und Indonesien (0,49t). Vergleichsweise ineffizient sind die (Kohle-)Staaten Australien (0,58t), Südafrika (0,83t) und China (0,95t). Die meisten der am wenigsten entwickelten Länder (LDCs) liegen bei unter 0,15t.[3]

Klimagerecht wäre aus dieser Perspektive, Anreize zu setzen, damit Chancen genutzt werden. Ohne die Förderung von Pionieren des Wandels („Agents of Change"), wird die erforderliche Innovations- und Investitionsbereitschaft für eine Dekarbonisierung nicht mobilisiert werden können. Selbstverständlich muss zugleich aber auch darüber nachgedacht werden, wie innovationswillige, aber aus eigener Kraft nur begrenzt innovationsfähige, Akteure durch Technologie-, Wissens- und Finanztransfers gefördert werden können. Hier bieten sich Partnerschaften zwischen Nord und Süd an.

Beim Opportunity Sharing liegt mithin die Linie der Interessensgegensätze tendenziell zwischen effizienten und innovationswilligen Dekarbonisierungsgewinnern einerseits, und den potentiellen Verlierern (aufgrund struktureller Zwänge und/oder politischen Desinteresses) andererseits, wobei diese Grenzen sehr fließend sind und vermutlich auch weniger zwischen Staaten, als vielmehr innerhalb von Staaten, verlaufen. Einzig die Länder, deren Wohlstand maßgeblich auf der Ausbeutung von fossilen Energieträgern beruht, und die bisher wenig unternehmen, zu diversifizieren, sind vermutlich mehrheitlich auf der Verliererseite und können so zu den potentiell größten Blockierern in der internationalen Klimapolitik überhaupt werden, so sie ihr Entwicklungsmodell nicht ändern.

Ausblick

Klimagerechtigkeit hat viele Dimensionen und verdient es, differenziert betrachtet, analysiert und für den politischen Prozess handhabbar gemacht zu werden. Einzig eine mehrdimensionale Betrachtung wird dem gerecht, wohingegen monokausale Reduktionen zu Vereinfachungen – und in der politischen Praxis häufig auch zu interessengeleiteten Instrumentalisierungen – führen können.

Insbesondere eine Reduktion auf die Frage des Burden Sharing bei der Emissionsminderung wird der Komplexität der Problematik nicht gerecht – und das gilt in besonderer Weise hinsichtlich der Interessen der besonders verletzbaren Länder. Dennoch ist diese Betrachtung unter den Delegationen internationaler Klimaverhandlungen weit verbreitet – und wird von vielen zivilgesellschaftlichen Akteuren übernommen.

Bei den Klimaverhandlungen dominiert seit langem ein „Step-by-Step-Approach", der bisher eher zu Blockaden statt zu Dynamik geführt hat. Schwellenländer verweisen auf das Prinzip der gemeinsamen aber differenzierten Verantwortung, die den Industrieländern Pflichten zur Reduktion auferlegt. Das Nicht-Handeln vieler Länder (USA, Kanada) oder die viel zu geringen Reduktionen (EU, Japan) werden von Schwellenländern als Argument benutzt, eigene freiwillige Aktionen eher verhalten anzugehen. Viele Industrieländer binden die Bereitschaft zu eigenem ambitionierterem Verhalten an mehr Zusagen und Entgegenkommen seitens großer Emittenten bei den Schwellenländern (China, Indonesien, Indien, Brasilien, Südafrika).

In der Praxis haben der „Step-by-Step-Approach" und die einseitige Fokussierung auf Burden Sharing zur Legitimation des Nicht-Handelns von Staaten und Staatengruppen geführt. Leidtragende dieser Strategien, welche bis zum kompletten Scheitern von Verhandlungen führen könnten, wären ausgerechnet die schutzbedürftigsten Bevölkerungsgruppen und Länder.

Eine differenzierte Betrachtung und Verwendung von „Klimagerechtigkeit" bietet die Chance, ambitionierte Klimapolitik glaubwürdig und gemeinsam mit Partnerländern zu betreiben, die zwar einer anderen Ländergruppe angehören, aber über die Motivlage eines gemeinsamen Verständnisses von Klimagerechtigkeit eine genügend große Schnittmenge an Interessen haben, um zusammen progressive Politik zu machen. Natürliche Partner eines solchen Bündnisses wären erstens Länder, die im Prinzip willig sind, einen fairen Anteil beim Burden Sharing einzubringen – und zwar sowohl finanziell wie auch bei der Emissionsminderung, zweitens Länder, die ein hohes Risiko tragen und schnelle Verhandlungserfolge verbunden mit einem baldigen Absenken der Emissionen („peak year") fordern und drittens Länder und Akteure, die im Bereich Erneuerbare Energien, Energieeffizienz, Umwelt- und Anpassungstechnologie innovationsstark und chancenorientiert sind.

Eine solche Koalition hätte das Potential, blockübergreifend eine gemeinsame Vorreiterrolle in der internationalen Klimapolitik einzunehmen, Stillstand zu überwinden, Wandel einzuleiten und eine Klimapolitik durchzusetzen, die Fortschritte im Sinne aller drei Dimensionen bringt. Die Möglichkeit, neue Dynamik zu schaffen und festgefahrene Fronten aufzuweichen, lohnt den Versuch, eine Klimadiplomatie im Sinne zukunftsfähiger Bündnisse zu betreiben – auf Regierungsebene, unter Parlamentariern und in der internationalen Zivilgesellschaft.

Joachim H. Spangenberg

Klima, Technik, „grünes Wachstum“: Ent-Täuschungen und Aussichten

Seit der Aufklärung hat die Vorstellung einer besseren Zukunft, besonders für künftige Generationen („die Kinder sollen es einmal besser haben als wir“), die Menschen beflügelt: das war der allgemein geteilte Kern der Fortschrittsidee im (kolonial globalisierten) europäischen Kulturraum.

„Die Zukunft ist auch nicht mehr, was sie mal war ....“

Fortschritt, das war die Verbesserung der materiellen Situation, der Lebenschancen, bessere Arbeit und (seit dem späten 19. Jahrhundert) ein gesundes Umwelterleben. Das zentrale Mittel zum Zweck war nur in zweiter Linie die Technik, der Ersatz schwerer körperlicher Arbeit durch Mechanisierung und später Automation, in erster Linie aber eine Änderung der gesellschaftlichen Organisation: von der Handwerksproduktion zur arbeitsteiligen Massenproduktion, vom Feudalstaat zur Republik, vom Dreiklassen- zum allgemeinen Wahlrecht, einschließlich des Frauenwahlrechts, von ökonomischen Klassenspaltungen zum Wohlstand für alle (der Umweg über die Volksgemeinschaft war im Plan eigentlich nicht vorgesehen). Zukunft war synonym mit Fortschritt, versprach ein besseres Leben.

Der Fortschrittsoptimismus, die Zukunftsgewissheit der Arbeiterbewegung („mit uns zieht die neue Zeit!"), wurde im Ersten Weltkrieg zuerst im nationalen Rausch erschüttert und dann im Grabenkrieg zermürbt; nach Faschismus und Krieg (dessen Ende die wenigsten Deutschen als Befreiung erlebten) lag der Optimismus in Scherben und war nicht mehr zu kitten, nicht nur in Deutschland sondern in ganz Europa. Aufbau war das Gebot der Stunde, ausreichende Versorgung nach Krieg und Krisen, und demgemäß hieß Fortschritt nicht mehr Diktatur des Proletariats, sondern Wiederaufbau und Wohlstandsschaffung, kurz: Wachstum (auch dort, wo die Diktatur über das Proletariat zur Gesellschaftsordnung wurde).

Wachstum war insofern eine zeitgemäße Re-Interpretation des Fortschrittsparadigmas, die das Denken und Handeln von Politik, Wirtschaft und Bevölkerung in kürzester Zeit eroberte: es war eine Idee, deren Zeit gekommen war. Das gilt ähnlich für die europäische Agrarpolitik: nach den Mangelerfahrungen der Kriegs- und Nachkriegsjahre war eine Politik, die die Produktion steigerte und den Selbstversorgungsgrad erhöhte, ebenfalls ein Gebot der Zeit.

Aber die Zeiten ändern sich. Für die Agrarpolitik ist es einfach zu erkennen, dass ihre Zeit abgelaufen war, als die Selbstversorgung 100 Prozent erreichte – der verpasste Ausstieg wurde zum politischen Albtraum und zum wirtschaftlichen wie ökologischen Fiasko. Wie aber steht es mit dem Wirtschaftswachstum? Ist es – runderneuert als „Green Growth" – eine positive Zukunftsvision? Oder muss der Begriff des Fortschritts völlig neu gefüllt werden: war sein Zweck bereits in den 1970er Jahren mit einer seitdem nie wieder erreichten Lebensqualität erfüllt und gilt es jetzt, einen verspäteten Ausstieg sozialverträglich zu gestalten? Eine neue Richtung, Green Growth, kann zwar auf Zeit einige der Symptome lindern, ändert aber nichts an diesen strukturellen Fragen.

Die Bevölkerung scheint das zu spüren. Regelmäßig bestätigt sie in Umfragen, dass der Glaube an eine bessere Zukunft erodiert, dass Lebensziele nicht realisiert werden konnten und Eltern erwarten, dass es ihren Kindern auf Dauer schlechter gehen wird als ihnen selbst (in den USA, dem traditionellen Land des Optimismus, noch mehr als in Deutschland). Die Zukunft ist nicht mehr, was sie mal war, ein Land voller Träume und Hoffnungen; sie ist düster geworden.

Unser Wohlstand
ist der absehbare Missstand nachfolgender Generationen.
Elmar Altvater

Zwischen Skylla und Charybdis

Wachstum braucht Ressourcen, Quellen wie die für Öl und Senken, in denen wir die sich akkumulierenden Abfälle unseres Wirtschaftens schadlos deponieren können (Flüsse für Abwasser, die Atmosphäre für Abgase wie CO_2), und beide Ressourcen gehen zu Neige: wir sind ihren Grenzen auf Sichtweite nahe gekommen. Selbst die sonst überoptimistische Internationale Energie-Agentur IEA geht davon aus, dass vor Mitte des Jahrhunderts der Höhepunkt der Ölförderung überschritten ist – nur die EU in ihrer Ressourcenstrategie setzt darauf, dass Mangel nicht vorkommen und mit mehr Investitionen genügend Ressourcen zur Verfügung stehen werden (bei Ökonomen als Adelman-Hypothese bekannt).

Ähnliches gilt für Metalle und Mineralien; auch hier werden Zahlenspiele betrieben, und das nicht erst seit gestern. So wurde die „statische Lebensdauer" der Aluminiumreserven Anfang der 1990er Jahre mit etwa 240 Jahren angegeben, obwohl der Verbrauch zuvor exponentiell gewachsen war und bei Fortsetzung dieser Dynamik die Lebensdauer nur rund 40 Jahre betragen hätte. Zu dieser Zeit hatten die meisten metallischen Rohstoffe einen jährlichen Verbrauchszuwachs von 2 bis 6 Prozent, das entspricht einer Verdoppelung der Durchsätze in 35 bis 12 Jahren.[4]

Selbst die grundsätzlich erneuerbaren Ressourcen wie Biomasse nutzen wir in einer Weise, die ihre Regenerationsfähigkeit übersteigt.[5] Gleichzeitig überlasten wir die Senken – der Klimawandel (ein Euphemismus der in Huxley's Neusprach einen prominenten Platz beanspruchen könnte) sei hier nur als prominentestes Beispiel genannt.[6]

Die gängige Antwort auf die Frage nach einem Weg zwischen beiden Bedrohungen hindurch lautet „Ressourceneffizienz und Recycling", aber keinesfalls Konsumbegrenzung oder die Infragestellung unseres seit den Tagen imperialer Kolonialreiche etablierten parasitären sozio-ökonomischen Modells. Das ist eine interessengeleitete Realitätsverkennung: die Ressourceneffizienz stößt an Grenzen, wenn man – wie die Bundesregierung – die CO2-Emissionen um bis zu 95 Prozent verringern will: wir müssten aus jeder Einheit Material und Energie 20 bis 30 mal so viel Wohlstand produzieren wie heute (je nach angestrebter Wachstumsrate), und das überfordert trotz positiver Einzelbeispiele Physiker und Ingenieure.

Ähnliche Illusionen werden mit der Hoffnung auf umfassendes Recycling („Kreislaufgesellschaft") geschürt, wie die Tabelle auf der folgenden Seite veranschaulicht. Tatsächlich reichen die natürlichen Ressourcen (Material, Wasser, Landoberfläche) des Planeten Erde bei weitem nicht aus, um den im Westen gewohnten Lebensstil der ganzen Weltbevölkerung zugänglich zu machen. Eine nachholende Entwicklung ist nicht möglich, wohl aber eine konvergente Entwicklung auf niedrigem Verbrauchsniveau.

Die Gestaltung der Re-Substitution von fossilen zu solaren und geothermischen Energiequellen, als Grundvoraussetzung für ein Leben im (begrenzten) Umweltraum, ist nicht in erster Linie Umwelt-, sondern vor allem Wirtschaftsstruktur- und Gesellschaftspolitik.

Ressourcenverbrauch, Nutzung und Grenzen				
Ressource	Massenanteil	Verweildauer	Recyclingpotenzial	Grenzen
fossile Energieträger	20%	kurz	minimal (unter 10% des Öls gehen in die chemische Industrie)	„peak oil", „peak gas"
Biomasse	30%	meist kurz	gering, insbesondere da biologisch abbaubar, ein Recycling-Handicap	limitiert durch verfügbares Land und Flächenproduktivität. Bester Knappheitsindikator: HANPP; Bezug auf Biodiversität
Metalle und Industriemineralien	5%	unterschiedlich	grundsätzlich gut	sehr unterschiedliche Knappheitsbedingungen, Peaks zwischen 2024 und 2068 (lt. Valero 2009)
mineralische Baustoffe	40%	lang	grundsätzlich hoch, aber erst nach langer Zeit, und weit weniger als neu verbaut wird	nicht global durch Knappheit limitiert, aber regionale Engpässe

Da in der Vergangenheit die Produktivität der Energiewirtschaft in MW/Arbeitstag ständig gestiegen ist, würde die Umstellung, zum Beispiel auf Biomasse als Ausgangssubstrat, eine Reduzierung der Energieverfügbarkeit (in diesem Fall um einen Faktor 100) bedeuten, was massive Strukturveränderungen von Wirtschaft (Produktion und Arbeit) und Gesellschaft, einschließlich einer teilweisen Rücknahme der Urbanisierung zur Folge hätte. Otto Ulrich weist auf diesen Schwachpunkt gängiger „Alternativszenarien" hin:

„Man geht davon aus, dass die im fossilen Industrialismus eingeübte entfernungs- und warenintensive Lebensweise auf solarer Basis fortsetzbar sei. Das wird nicht gelingen, weil Öl eine einzigartige Energiequelle ist. Die Energiedichte, die Gewinnung und Speicherung, der Transport und die Umwandlung waren beim Öl unvergleichlich viel günstiger als sie es bei den entsprechenden solaren Techniken sind. [Zudem müssen] diese Anlagen und die dazugehörigen Infrastrukturen [...] in Zukunft solar reproduzierbar sein, was im Falle großer Energiemengen [...] viel zu viele Flächen beansprucht und die Lebensräume [...] einschränkt. [...] Die zukunftsfähige Gesellschaft wird eine Niedrigenergiegesellschaft sein müssen."[7]

Der technische Optimismus gehört zur Ökonomie ebenso sehr
wie der Glaube zur Theologie
Wolfgang Sachs

Täuschungen und Ent-Täuschungen

Technikvertrauen als Erlösungsglaube

Wir leiden unter einer technizistischen Verengung der Fortschrittsvorstellungen und einer monetären Verengung der Fortschrittsziele. Natürlich ist in Zeiten von Ressourcenmangel, der die den Ökonomen geläufige relative Knappheit übersteigt und für deren Bewältigung sie weder theoretisch noch praktisch gerüstet sind, eine andere Technik als die der Verschwendungsgesellschaft notwendig: der hohe und steigende Verbrauch an natürlichen Ressourcen im westlich geprägten Modell der Wohlstandsschaffung ist die entscheidende Ursache für die Degradation der Ökosysteme und den Verlust an essenziellen Ökosystem-Leistungen. Diese sind nicht nur kostenlos und durch Technik nicht ersetzbar, sondern auch grundlegend für die Erhaltung unserer Zivilisation (kaum für das Überleben der Menschheit: die ist anpassungsfähig) und ihrer Errungenschaften wie Demokratie, Menschenrechte und die (potenzielle) Überwindung von Hunger und Elend. Technik ist jedoch geronnener Ausdruck gesellschaftlicher Verhältnisse, und unsere heutige Technik ist teils Überbleibsel des Industrialismus des frühen 20. Jahrhunderts, teils der Überflussgesellschaft des späten 20. Jahrhunderts. Eine andere Technik könnte mit sehr viel weniger Ressourcen Wohlstand schaffen,[8] aber sie wäre nicht ausreichend, um den absehbaren Mangel an Quellen und Senken zu bewältigen.[9]

Es ist also beides notwendig: die Ausschöpfung der Potenziale für eine weitgehende Umgestaltung der technischen Basis unseres Lebens und Wirtschaftens, und die Umstellung unserer Lebens- und Konsummuster. Eine Marktwirtschaft mit ihren inhärenten Wachstumstendenzen kann diese Umstellung nicht aus eigener Kraft schaffen – die Wirtschaft braucht einen aktiv politisch gestalteten Rahmen, der dem (technischen) Fortschritt eine Richtung und ressourcenleichten Lebensstilen eine Chance gibt.

Zivilgesellschaft als Lückenbüsser

Dazu ist es erforderlich, Fortschritt wieder als sozialen Prozess zu verstehen: Gesellschaft ist, bietet und fordert mehr als die Ansammlung a-sozialer Individuen der politisch wirkmächtigen ökonomischen Theorie. Gesellschaftliche Kohäsion entsteht durch Partizipation und erlebte Gerechtigkeit (einschließlich der Umwelt- und der Geschlechtergerechtigkeit), und ohne Kohäsion ist eine Selbstreproduktion der Gesellschaft, ihre Weiterentwicklung in immer neuen „Häutungen", nicht möglich.

Partizipation bedeutet die Teilhabe an gesellschaftlichen Prozessen, nicht nur formale Demokratie, sondern zum Beispiel auch die reale Möglichkeit, Erwerbs- wie Nichterwerbsarbeit auszuüben (dabei zählt auch die Qualität der Arbeit), sich zu organisieren, an Bildung und Kultur beteiligt zu sein usw.. Das sind die individuellen wie sozialen Rahmenbedingungen für eine soziale Demokratie, für einen aktiven (nicht ‚aktivierenden') Sozialstaat.

Zivilgesellschaft ist ein Komplement zu, aber niemals ein Ersatz für sozialstaatliches Handeln. Die Aufforderung, Leistungen für die Gesellschaft zu erbringen, damit der Staat sich seiner Verantwortung (und der Kosten) entledigen kann, wird zu Recht als Verrat an den Prinzipien freiwilliger gesellschaftlicher Selbstorganisation verstanden und führt meist nicht zu dauerhaften Lösungen. Die sukzessive Zerstörung der sozialen Sicherungssysteme sowie als Voraussetzung dazu die gezielt geschürte Erosion des Vertrauens in die eigene Abgesichertheit, bedeuten nicht weniger als die Verabschiedung der classe politique von der sozialen Nachhaltigkeit des gesellschaftlichen Institutionensystems. Die De-Kommodifizierung der Arbeitskraft soll rückgängig, der Markt als dominierender gesellschaftlicher Regulationsmechanismus unangreifbar gemacht werden.

Rente als Staatsraison

Die Privatisierung der Altersvorsorge ist ein entscheidender Schritt auf diesem Weg: bei einer zunehmenden Zahl von Rentenempfangenden wird es sich in Zukunft keine Regierung, gleich welcher Couleur, leisten können, nicht eine Politik zu verfolgen, die hohe und sichere Renten zum Ziel hat. Da aber beide, die private wie die öffentliche Rente, aus dem Wirtschaftsergebnis des Auszahlungsjahres bezahlt werden müssen (die privaten Sparbeiträge werden ja nicht im Schrank weggeschlossen, sondern – oft spekulativ – investiert), unterscheiden sie sich nur in der Form der Umverteilung. Diese erfolgt bei der öffentlichen Rente aus den Löhnen und Gehältern, bei der privaten dagegen aus den Unternehmensgewinnen.

Folglich muss das Ziel einer Regierung bei öffentlichem Rentensystem Vollbeschäftigung und hohe Löhne sein, bei einem privaten System dagegen maximale Unternehmensgewinne: dann sprudeln jeweils die Quellen der Rentenzahlung. Private Rentensysteme heizen also nicht nur die Spekulation an, sie zwingen jede Regierung zu einer politischen Privilegierung des Kapitals gegenüber der Arbeit. Das ist der Kern der Rentenreformen, aber ist das die versprochene Generationengerechtigkeit?

Militäreinsätze - das stahlgewordene Versagen der Politik

Eine unabdingbare Bedingung für Nachhaltigkeit, eine conditio sine qua non, ist die Friedensfähigkeit, nicht die Fähigkeit, die Freiheit Deutschlands am Hindukusch zu verteidigen. Das impliziert auch die Fähigkeit zum Knappheitsmanagement, das Leben in Grenzen, statt durch imperiales Ausgreifen (räumlich, zeitlich, konzeptionell/sozial) die ultimative Nicht-Nachhaltigkeit, Krieg, zu provozieren.[10] Notwendig ist ein Prozess sozio-kulturellen Wandels, eine präventive Anpassung an und die Koevolution mit sich ändernden Umweltbedingungen, eine friedensfähige Kultur von Kompromiss, Ausgleich und Solidarität im Inneren, statt Machtprojektion und Kanonenbootpolitik unseligen Angedenkens (zur Zeit am Horn von Afrika).

Mit der immer weiter vorangetriebenen Sammlung von Handlungswissen steigt noch stärker das Nichtwissen über die Folgen solcher Handlungen

Welches Wissen schafft Wissenschaft?

Wir brauchen ein neues Wissenschaftsverständnis. Auf breiter Front gehört die naive Gläubigkeit gegenüber Fakten und ihren scheinbar unumstößlichen Deutungen durch sich als wissenschaftlich legitimierende Autoritäten in Welt und Wirtschaft, Staat und Gesellschaft, einem zu überwindenden, vordemokratischen Wissenschaftsverständnis an: in der Wissensgesellschaft gibt es kein Wissensmonopol der Wissenschaft mehr.

Naturwissenschaft ist seit der Aufklärung die Methode, die Funktion von selektiv herausgegriffenen Ausschnitten der Natur zu beobachten (deskriptiv wie experimentell), um sie auf feste Regeln und Gesetze zu reduzieren. Eine solche Produktion von Herrschaftswissen über die Natur mit dem Zweck, Teile des natürlichen Prozesses in steuerbare Formen zu bringen, ist für die menschliche Zukunft nach wie vor unverzichtbar. Sie ist aber teils fehlgeleitet (instrumentelles Herrschaftswissen über eine dem Menschen als äußerlich verstandene Natur), teils in Zeiten der Nachhaltigkeit zu wenig (kein transdisziplinäres Problemverständnis und Lösungsverhalten): die Optimierung von Einzelfaktoren im Sinne einer Wertsteigerung durch bessere Verwertbarkeit muss durch die Entwicklung des Wissenschaftssystems, hin zu einer nachhaltigen Entwicklung, überwunden werden. Geo-Engineering, als eine Form der Technik gewordenen menschlichen Hybris, repräsentiert die zu überwindende Weltsicht im Extrem. Ökologischer Landbau / ecological engineering als Versuch, die Kräfte der Natur nicht zu unterdrücken, sondern in Dienst zu stellen, kann exemplarisch für den neuen Ansatz stehen.

Fazit

Das Umsteuern auf eine nachhaltige Entwicklung kann nicht durch kosmetische Operationen gelingen, es geht um die heute nicht zukunftsfähige Kernsubstanz unseres Entwicklungsmodells. Dazu ist auch ein Ausstieg aus der Wachstumsdynamik notwendig, denn im (ziellosen) Wachstumsdenken gibt es keine eingebauten Stoppmechanismen, die dafür sorgen könnten, Grenzen einzuhalten, wie es das Nachhaltigkeitskonzept verlangt. Es fehlen die jedem natürlichen System immanenten negativen Rückkoppelungen, die ein Überschießen verhindern.

Was wir brauchen, sind Gestaltungsziele für eine sozial wie ökologisch zukunftsfähige Gesellschaft, und Politikerinnen und Politiker, die sich trauen, auch unbequeme Wahrheiten auszusprechen, Veränderungen einzuleiten statt Scheinlösungen zu suchen, die niemandem wehtun und nur das zu ändern, was geändert werden muss, damit sich substanziell nichts ändert. Keiner kann die Zukunft, wie sie war, wieder herstellen – wir müssen uns eine neue erfinden, realistisch, aber voller Inspirationskraft.

Tilman Santarius

Gerechtigkeit und Grenzen

Für eine Transformation zu einer wachstumsbefriedeten Gesellschaft

„Ein einziger Taler, der im Jahre null zu sechs Prozent Zinsen auf ein Bankkonto gelegt worden wäre, würde bis zum gegenwärtigen Tage mit allen Zinseszinsen eine Geldsumme ergeben, die dem Gegenwert mehrerer Goldkugeln vom Umfang unseres Erdenballs entspräche – vorausgesetzt, dass diese Bank heute noch existierte" – rechnet uns Tyrannia Vamperl in Michael Endes Kinderbuch mit dem bezeichnenden Titel „Der satanarchäolügenialkolhöllische Wunschpunsch" vor.

Was in Kinderbüchern noch offen als Widerspruch entlarvt wird, gilt im größten Teil der Gesellschaft heute als gottgegebener Glaubenssatz. Alles könne immer und stetig wachsen: unser Einkommen, unser Guthaben auf dem Bankkonto, die volkswirtschaftliche Leistung des ganzen Landes, unsere materiellen Besitztümer, ...

Wachstum sei ein Naturgesetz des Lebens, Endlichkeit der Ressourcen und Tod hingegen etwas, was erst danach komme, wird uns in der Konsumgesellschaft von heute suggeriert. Ist das – um mit Michael Ende zu sprechen – ein Wunschpunsch, gar eine teuflische Lüge, oder schlicht die Genialität der modernen Industriegesellschaft?

Episode Wachstumsgesellschaft

Ein Blick in die Geschichte zeigt, dass Vorstellungen von stetem Wirtschaftswachstum historisch gesehen ziemlich jungen Datums sind. Jahrtausendelang ist das Wirtschaftswachstum im Schnitt nur um 0,05 Prozent pro Jahr gewachsen, was im Wesentlichen auf die schleichende Bevölkerungszunahme zurückgeführt werden kann. Wertvorstellungen und Mentalitäten, ob im Abend- oder im Morgenland, waren keineswegs auf Wachstum getrimmt. Persönliche Biographien ließen wenig materielle Wachstumsträume zu. Wenn überhaupt, dann waren Wachstumsvorstellungen die längste Zeit der menschlichen Geschichte Ausdruck eines generationenübergreifenden Projekts. Selbst noch in den Anfängen des Kapitalismus, wie Max Weber gezeigt hat, dienten Fleiß, Arbeitsamkeit und Gewinnstreben nicht etwa dazu, das individuelle Geldvermögen immer weiter zu mehren; vielmehr galten sie als konsequente Tugendübungen zur Bewährung des Gnadenstands, waren letztlich Ausdruck des Dienens Gottes auf Erden und nicht der individuellen Nutzenmaximierung.[11]

Erst seit die Errungenschaften der fossil betriebenen Industriemoderne im 20. Jahrhundert die Breite der Bevölkerung erreichten, begann sich die Vorstellung in den Köpfen einzunisten, dass Wirtschaftswachstum und Geldvermehrung ein Schlüssel zur persönlichen wie auch zur gesellschaftlichen Glückseligkeit seien. 1967 wurde mit dem Stabilitäts- und Wachstumsgesetz in Deutschland das Wirtschaftswachstum gar zum Staatsziel erklärt. Seither führen Politiker aller Couleur das Wirtschaftswachstum als magisches Allheilmittel für alle möglichen Zwecke ins Feld – besonders auch für die Gerechtigkeit. Wirtschaftswachstum sei, so heißt es etwa, notwendig für gesellschaftliche Umverteilung und Abdämpfung sozialer Ungleichheiten; für die Bekämpfung der Arbeitslosigkeit und die Sicherung der Renten, um kostenlose Bildung für alle garantieren oder die Kinderbetreuung für mehr Geschlechtergerechtigkeit ausbauen zu können.

Unzweifelhaft hat sich die materielle Situation nahezu aller Bürgerinnen und Bürger in den Industrieländern in den Jahrzehnten des fossil-betriebenen Wachstums, namentlich seit dem Zweiten Weltkrieg, dramatisch verbessert. Doch ist die Gesellschaft gerechter geworden? Die soziale Ungleichheit jedenfalls hat in den letzten Jahrzehnten zugenommen.[12] Die Zahl der Hungernden weltweit, wie auch die relative Armut in den Industrieländern, ebenfalls.

Relevant ist zudem die Frage, ob Wachstum als Strategie für Gerechtigkeit in den nächsten Jahrzehnten überhaupt noch zur Disposition stehen wird. Der Club of Rome hat mit seinem Report „Die Grenzen des Wachstums" diese Annahme schon 1972 in Zweifel gezogen. Und heute spricht mehr denn je für die Prognose, dass es nicht ewig so weitergehen kann wie bisher. Vielmehr zeichnet sich ab, das die Wachstumsjahrzehnte im Licht der Geschichte höchstens wie ein kurzer Funken eines großen Feuerwerks erscheinen, das die fossile Industriemoderne mithilfe von Kohle, Öl und Gas entfacht hat, und das vermutlich nur noch von überschaubarer Dauer sein wird, bevor ihm die geistigen wie natürlichen Ressourcen ausgehen und es wieder erlischt. Insofern tut gut daran, wer Wirtschaftswachstum nicht länger als conditio sine qua non für Gerechtigkeit begreift, sondern nach Gestaltungsoptionen für die Politik jenseits von Konjunkturpolitik sucht.

Unfaires Wachstum

Das bisherige Wirtschaftswachstum hat die Tragefähigkeit unseres Planeten nicht nur an ihre Leistungsgrenze gebracht, sondern diese bereits längst überschritten. Der ‚ökologische Fußabdruck' der menschlichen Zivilisation, sprich: die Summe des in Fläche umgerechneten Verbrauchs von Ressourcen, Energie und Fläche, sowie des Mülls und der Emissionen, übersteigt die Biokapazität der Erde mittlerweile um das 1,5fache.[13] Nachrichten von der Überfischung der Meere, der Erosion fruchtbarer Böden, dem Vollpumpen der Atmosphäre mit klimaschädlichen Treibhausgasen – dies alles sind Symptome eines Wirtschaftswachstums, das bereits zu weit gegangen ist.

Dabei greift zu kurz, wer meint, an der Überforderung der planetarischen Regenerationsfähigkeit würde nur unsere ,Umwelt' leiden. Tatsächlich leidet die Mitwelt. Besonders ärmere Menschen im globalen Süden wie Norden, die zur Sicherung ihres Lebensunterhalts auf die Funktionsfähigkeit der Natur angewiesen sind, bekommen die ökologischen Folgen weiteren Wachstums zu spüren. Sei es, dass fossil getriebenes Wachstum in den Schwellenländern den Klimawandel weiter anheizt, der zu Wetterextremen mit Ernteeinbußen für die gut 1,5 Milliarden Kleinbauern auf der Erde beiträgt, die direkt von der Landwirtschaft leben; sei es, dass der Schwenk der Industrieländer Richtung Agrartreibstoffe, um den Klimawandel zu dämpfen, zu einem Verlust von Anbauflächen für den Lebensunterhalt ebenfalls dieser Kleinbauern führt, weil auf ihrem Land nun Energiefrüchte für den Export angebaut werden. Auf einem Planeten, der bereits über die Maßen beansprucht wird, gleicht weiteres Wachstum einem Nullsummenspiel: was die einen als Gewinnsteigerung verzeichnen, erleiden die anderen als Schadensmehrung.[14]

Im Fall von Deutschlands Wirtschaftswachstum gibt es ein weiteres Argument, warum Wachstum nicht gerechtigkeitsfähig ist. Seit Jahrzehnten schon wird die deutsche Wirtschaft in hohem Maße durch florierende Exporte angefeuert, und jedes Jahr exportiert Deutschland mehr, als es importiert. Jeder Arbeitsplatz, der in Deutschland am Exportüberschuss hängt, bedeutet in den Zielländern der Exporte einen Arbeitsplatz weniger. Was hierzulande produziert und dann verschifft wird, könnte ja auch dort zu Arbeitsplatzangeboten und Wertschöpfung führen. Mit seinem exportgetriebenen Wirtschaftswachstum hat sich Deutschland jahrelang am Ausland bereichert.

Schlimmer noch, gefährdet Deutschlands exportgetriebenes Wachstum zudem die weltwirtschaftliche Stabilität. Denn was bei uns als Exportüberschuss gefeiert wird, kann sich bei unseren Partnerländern als Defizit in der Handelsbilanz niederschlagen. Griechenland, Spanien und andere EU-Länder, die jetzt von der Krise bedroht werden, verzeichnen gegenüber Deutschland eine negative Handelsbilanz. Auch viele der ärmsten Länder auf der Welt haben mit Handelsbilanzdefiziten zu kämpfen, können lebenswichtige Importe wie Medikamente oder Treibstoffe nicht mehr bezahlen, weil ihnen die Devisen fehlen. Insgesamt hat die politische Strategie, deutsches Wirtschaftswachstum durch Exportsteigerungen anzufeuern, zu einer unfairen Umverteilung von Wohlstand aus ärmeren Ländern nach Deutschland geführt.

Mythos Entkoppelung

Ein Weiter-Wie-Bisher-Wachstum ist weder mit Ökologie noch mit Gerechtigkeit vereinbar. Doch welche Lehren sind nun zu ziehen? Denn leider gilt auch: eine Stagnation oder gar Schrumpfung der Wirtschaft führt jedenfalls im gegenwärtigen, auf Wachstum ausgelegten System zu Problemen – von steigender Arbeitslosigkeit bis hin zu ausbleibenden Staatseinnahmen für Kranken-, Pflege- und Rentenversicherungen. Wirtschaftswachstum ist nicht nachhaltig, Wirtschaftsschrumpfung ist nicht stabil, lässt sich das Dilemma auf den Punkt bringen. Derzeit ist viel von „qualitativem Wachstum“ oder auch „sozialem Wachstum“ oder „green growth“ die Rede – Strategien, um an einem weiteren Anwachsen des Volkseinkommens und den bestehenden ökonomischen Rahmenbedingungen festhalten und zugleich Umweltschutz und Gerechtigkeit ins Werk setzen zu können.

Das wichtigste Argument, mit dem soziales oder grünes Wachstum gerechtigkeits- und ökologieverträglich gestaltet werden soll, lautet Entkoppelung. Hinter der Entkoppelung steckt die Idee, dass ein weiteres Wachstum an Volkseinkommen möglich ist, wenn zugleich die sozialen und ökologischen Schäden zurückgehen. In der Sprache der Ökonomie heißt das: das Bruttoinlandsprodukt steigt weiter an, der Ressourcenverbrauch und auch die soziale Ungleichheit nehmen ab. Und sicher, ein Wachstum an Solarzellen auf dem Dach, ein Wachstum an Aufträgen für das lokale Handwerk und den Mittelstand, ein Wachstum an Sozialleistungen, das erscheint zunächst sinnvoll und verlockend – und auch ökologie- und gerechtigkeitsverträglich.

Doch stellt sich bei genauerem Hinsehen die Hypothese von der Entkoppelung als bloßer Wunsch heraus, der weder theoretisch plausibel ist, noch in der Vergangenheit jemals funktioniert hätte. Bisher gilt: wo immer Menschen aufgrund von Lohnsteigerungen nominale oder aufgrund von Energieeffizienzmaßnahmen reale Einkommenszuwächse verzeichnen, stecken sie dieses in erhöhte Konsumausgaben oder tragen das Geld zur Bank, die es wiederum investiert.[15] Warum sonst hat sich in den Industrieländern die Energieeffizienz zwischen 1970 und 1991 zwar um stolze 30 Prozent verbessert, während im gleichen Zeitraum aber der Energieverbrauch um weitere 20 Prozent anwuchs?[16]

Es ist eine Milch-Mädchen-Rechnung zu glauben, ein weiteres Wachstum an Geldeinkommen würde dazu führen, dass der Konsum und folglich auch die Emissionen und der Ressourcenverbrauch zurückgehen. Das Gegenteil wird der Fall sein: ein Mehr an Volkseinkommen zieht ein Mehr an Konsum nach sich.

Um dies zu verhindern, müsste sicher gestellt werden, dass jegliche Zuwächse des Bruttoinlandsprodukts auf Investitionen in Umweltschutzmaßnahmen, beziehungsweise den Umbau von Energie- und Infrastruktursystemen zurückgehen und sich weder in nominal noch real höheren Lohneinkommen oder Unternehmensprofiten niederschlagen. Dies jedoch scheint eine grundfeste Änderung der wirtschaftlichen Rahmenbedingungen zu erfordern und wird nicht mit einigen Subventionen hier oder einem moderaten Anstieg der Ökosteuern dort erzielt werden können.

Grosse Transformation zu einer wachstumsbefriedeten Gesellschaft

Kenneth Boulding hat uns den schönen Satz hinterlassen: „Jeder, der glaubt, exponentielles Wachstum in einer endlichen Welt könne für immer weiter gehen, ist entweder ein Verrückter, oder ein Ökonom." Es ist nicht nur phantasielos, sondern nachgerade gefährlich, dass viele Experten unserer Zeit – ob Wirtschaftsweise, Unternehmenschefs oder Politiker in Bundestag und Ministerien – Wirtschaftswachstum im bestehenden System nach wie vor für wünschenswert erachten. Und dass es in der wissenschaftlichen Zunft der Ökonomen bisher kaum alternative Theorien gibt, wie eine Wirtschaft ohne Wachstum gestaltet werden kann. Denn natürlich braucht es weiterhin Umverteilung, um Arbeitslosigkeit und Armut zu bekämpfen, wie auch eine groß angelegte Investitionsoffensive in Windparks, Photovoltaik und öffentliche Verkehrsmittel, um den Übergang in eine gerechtigkeitsfähige Zukunft zu schaffen. Aber wer die Grenzen unseres Planeten wirklich anerkennt, der wird einräumen, dass dies – jedenfalls in den Industrieländern – ohne weiteres Wachstum gelingen muss.

Deswegen ist die Herausforderung der „Großen Transformation", die die heutigen nicht-nachhaltigen Produktions- und Lebensweisen in nachhaltigere Bahnen lenken möchte, auch so viel größer, als sprichwörtlich Solarzellen auf Dächer zu schrauben. Was in den nächsten Jahrzehnten erfolgen muss, ist beileibe nicht nur eine technische Revolution, sondern auch eine kulturelle, politische und institutionelle Evolution. Die – unter anderem – dazu führt, dass die Warenströme der deutschen Wirtschaft in Teilen deglobalisiert werden; dass die Politik sinkende Obergrenzen für den Netto-Energieverbrauch der Gesellschaft setzt; dass Menschen stetige materielle Wachstumswünsche aufgeben und lernen, Zufriedenheit und Wohlstand wieder aus einem Weniger und nicht aus einem Immer-Mehr zu ziehen.

Viele Fragen, wie dies ins Werk gesetzt werden kann, sind heute noch offen. Für sie müssen Antworten gefunden werden, die sich einer kurzfristigen Politik entziehen. Fast vierzig Jahre nach ihrer Entstehung hat die Umweltbewegung nach wie vor weit größere Aufgaben vor sich, als das Waldsterben anzuprangern und die Flüsse von Schadstoffen zu befreien: die Rahmenbedingungen für eine neue Ökonomie und Lebensweise zu denken, kleinteilig zu praktizieren, und – mit ähnlich viel Geduld und Chuzpe, wie es vier Jahrzehnte Arbeit an der Energie- oder Agrarwende erfordert haben – auf die große politische Agenda zu hieven.

Michael Müller

Die grosse Transformation – dritter Teil

Der Widerspruch zwischen Wissen und Handeln[17]

Richtig ernst nehmen wir die sich zuspitzenden Krisen offenbar nicht. Zwar sind die Fakten – schwere wirtschaftliche Erschütterungen, soziale Polarisierung zwischen Arm und Reich, Klimawandel oder Verteilungskonflikte um knappe Ressourcen – erdrückend. Dennoch passiert wenig. Wie ist zu erklären, dass keine wirklichen Konsequenzen gezogen werden?

Dabei wissen wir sogar, wie die Alternative aussehen kann, denn die internationale Staatengemeinschaft hat schon vor 20 Jahren auf dem UN-Erdgipfel in Rio de Janeiro empfohlen, die Idee der Nachhaltigkeit zur politischen Leitlinie in Politik, Wirtschaft und Gesellschaft zu machen. Doch wir jagen den Krisen weiterhin atemlos hinterher, ohne zu tragfähigen Lösungen zu kommen.

Der Widerspruch zwischen Wissen und Handeln wird größer, auch, weil wir die sozialen, ökonomischen und ökologischen Herausforderungen als Einzelereignisse sehen, nicht aber in einen gesellschaftlichen Zusammenhang einordnen. Der Umgang ähnelt der Bundesligakonferenzschaltung im Radio: Tor in Bremen, Tor in Mainz, Tor in Dortmund! Was zählt, ist das Ereignis, nicht mehr das Spiel. Die Wirklichkeit wird zerlegt, nicht mehr in Zusammenhängen gesehen.

Zudem wurde in den letzten Jahrzehnten ein ökonomisches Einheitsdenken durchgesetzt, in dem die Befindlichkeit der Märkte wichtiger ist, als eine handfeste Analyse gesellschaftlicher und wirtschaftlicher Machtverhältnisse. Deshalb erkennen wir nicht, was die entscheidende Ursache für die Krisen unserer Zeit ist: Wir erreichen die Grenzen des Wachstums. Das ist ein tiefer Einschnitt, denn Wachstum war die Lösung für die täglichen Probleme und die Heilsbotschaft für eine gute Zukunft. Wachstum war der Kitt für den sozialen Zusammenhalt und der Motor für die Modernisierung der Gesellschaft.

Das große Triebwerk, das den westlichen Ländern Sicherheit und Wohlstand gebracht hat, gerät ins Stottern. Wachstum kann nicht mehr die Grundlage für Fortschritt sein. Um es mit Erich Kästner zu sagen: „Es geht auf keinen Fall so weiter, wenn es so weitergeht." Es greift sogar zu kurz, von „Krise" zu reden. Tatsächlich erleben wir einen Epochenbruch, eine radikale Veränderung der Welt. Das Modell der europäischen Moderne gerät an seine Grenzen.

Doch offenkundig sind wir nicht fähig, diese Zusammenhänge zu erkennen, obwohl es seit den siebziger Jahren deutliche Hinweise auf die Grenzen des Wachstums gibt. Schon damals wurde die Tragweite des beginnenden Umbruchs nicht verstanden – weder im Osten noch im Westen. Heute werden die Gefahren real und können nicht länger verdrängt werden. Die ökologischen Grenzen sind bereits erreicht, und die ökonomischen Grenzen werden immer deutlicher sichtbar. Dadurch geraten wir auch an die Grenzen der wachstumsabhängigen Sozialsysteme. Die Nachfolgestudie von Dennis Meadows Forscherteam an den Club of Rome kam bereits 2004 zu dem bedrückenden Ergebnis, dass es für eine Wende hin zu einer nachhaltigen Entwicklung wahrscheinlich zu spät sei. Offenkundig trennt ein tiefes Meer Wissen und Handeln, wie vier Beispiele belegen:

[1] Immer mehr Klimaforscher bezweifeln, ob das Zwei-Grad-Ziel überhaupt noch zu erreichen ist. Auf eine solche Begrenzung der globalen Erwärmung hatten sich die Vereinten Nationen 2010 im mexikanischen Cancun verständigt. Dabei hätte ein solcher Anstieg schon katastrophale Folgen für die ärmsten Länder der Erde, die überwiegend in ökologisch sensiblen Regionen liegen und nicht über die finanziellen und technischen Mittel verfügen, sich gegen den Klimawandel nur halbwegs schützen zu können.

[2] Welche Konsequenzen müssen wir aus dem Peak-Oil, dem Höhepunkt der wirtschaftlichen Ölförderung, ziehen, der wahrscheinlich 2004 erreicht wurde? Energieforscher errechnen eine Reserve von 42 Jahren, bis der letzte Tropfen Öl verbraucht sei. Weit früher wird die Knappheit erhebliche Verteilungskonflikte auslösen. Durch Tiefseebohrungen und die Nutzung von Teersanden vergrößern sich die ökologischen Risiken. Auch hier treffen die Folgen zuerst die ärmsten Länder.

[3] Was bedeutet es, dass der ökologische Fußabdruck, den die Menschheit hinterlässt, bereits so tief ist, dass im August das biologische Regenerationspotenzial eines Jahres verbraucht ist? Die Verursacher der Naturzerstörung sind höchst ungleich verteilt, die Folgen gehen in erster Linie zu Lasten der Armen.

[4] Unser Land ist stolz auf ein hohes ökologisches Bewusstsein. Doch allein in den drei Städten Berlin, Hamburg und München ist der ökologische Fußabdruck so groß, dass er die gesamte Biomasse eines Jahres verbraucht, die in unserem Land produziert wird. Um ökologisch verträglich zu sein, müsste Deutschland statt 357.000 Quadratkilometer rund 4,4 Millionen Quadratkilometer groß sein. Dennoch werden immer mehr „Vorstadtpanzer" zugelassen. Audi, BMW und Mercedes machen dicke Geschäfte mit den SUVs.

Durch die nachholende Entwicklung der bevölkerungsreichen Schwellenländer spitzen sich die Gefahren rasant zu. So liegt der durchschnittliche Kohlendioxid-Ausstoß eines Chinesen bei 6 Tonnen pro

Jahr, ein Amerikaner kommt dagegen auf 20 Tonnen des klimaschädlichen CO_2. Dennoch ist das Reich der Mitte mit seinen 1,3 Milliarden Einwohnern bereits der größte CO_2-Emittent der Welt, obwohl der Nachholbedarf noch immer sehr hoch ist, denn in China leben rund 500 Millionen Menschen am Rande oder unterhalb des Existenzminimums. Quantität schlägt in eine neue Qualität des Naturverbrauchs um, die Auszehrung der Ökosysteme übersteigt deutlich ihre Regenerationsfähigkeit. Dennoch sind die Industriestaaten nicht nur wegen ihrer hohen Pro-Kopf-Werte, sondern auch wegen ihrer Altlasten noch lange Zeit die Hauptverursacher der Naturzerstörung. Sie haben eine besondere Verantwortung für den sozialökologischen Umbau, national wie global.

Ein Epochenbruch

Der Nobelpreisträger Ilya Prigione beschrieb treffend, dass der alte Bund zerbrochen ist: der Glaube an Wachstum, der in den letzten 150 Jahren als Grundlage und Voraussetzung des Fortschritts verstanden wurde. Die Ideen der europäischen Moderne, die durch die französische Revolution epochal wurden, haben die Entwicklung der Welt geprägt, aber vor 200 und mehr Jahren konnten sich die damaligen Ideengeber die heutige Welt mit ihrer hohen Bevölkerungszahl, ihrem gewaltigen Naturverbrauch oder ihren enormen technischen und ökonomischen Möglichkeiten nicht vorstellen. Insofern geht es um eine grundlegende Umgestaltung, ohne die großen Errungenschaften der Moderne wie Freiheit, Gleichheit und Gerechtigkeit aufzugeben.

Wir erleben – um die Theorie von Karl Polanyi aus dem Jahr 1944 aufzugreifen – den dritten Teil der Großen Transformation. Am Anfang standen die industrielle Revolution und die Verselbständigung der Ökonomie durch die Herausbildung der Marktgesellschaft. Diese „Entbettung" führte in die großen Katastrophen des letzten Jahrhunderts, bis sich die „Gegenbewegung", die Idee des Wohlfahrtstaates, in der westlichen Welt durchsetzen konnte. Das war der zweite Teil der

Großen Transformation. Mit Hilfe des wirtschaftlichen Wachstums kam es in den westlichen Staaten zu einem ungleichen Interessensausgleich zwischen Kapital und Arbeit. Die Gesellschaften wurden zusammengehalten, Wohlstand für alle. So konnten die Privilegien des Kapitals halbwegs sozial gebändigt werden.

Der erneute Umbruch begann in den siebziger Jahren, ausgelöst durch die inflationären Folgen des Vietnamkrieges, das Ende der Weltwirtschaft von Bretton Woods, die Ölpreissteigerungen und die anhaltende Deflation der britischen und amerikanischen Wirtschaft. Die neoliberale Ideologie, die von der britischen Regierungschefin Margret Thatcher und dem amerikanischen Präsidenten Ronald Reagan durchgesetzt wurde, bahnte dem Finanzkapitalismus den Weg. Mit der Liberalisierung und Deregulierung kam es zu einer erneuten Entbettung der Ökonomie aus sozialen und gesellschaftlichen Zusammenhängen. Gelddealer übernahmen das Kommando, die Politik ließ sich in Geiselhaft nehmen. Heute geht es um den dritten Teil der Großen Transformation. Er muss die Grenzen des Wachstums beachten und global ausgerichtet sein.

Die Menschheit leidet nicht nur am Altersrheuma eines maroden Finanzsystems, sondern auch an den Geburtsschmerzen einer völlig neuen Ordnung, die bisher von Finanzgier, Substanzverzehr und Machtinteressen geprägt wird. Es bleibt nur die Alternative, den Prozess sozialökologisch zu gestalten oder die Folgen in aller Härte zu spüren. Bisher können sich die meisten Menschen nicht oder nur schwer vorstellen, wie eine Alternative zur Wachstumsgesellschaft aussehen kann. Es gibt kaum Erfahrungen mit wachstumslosen Perioden. Und die Erfahrungen aus früheren Epochen oder anderen Teilen der Welt sind weder attraktiv noch übertragbar. Deshalb dominieren noch immer überholte Denkweisen. Natürlich, wenn es etwas interessantes Neues wie Grünes Wachstum (green growth) gibt, wird es mitgenommen – nicht als Alternative, sondern als zusätzliches Geschäftsfeld.

Von daher ist es bei aller Kritik an der Wachstumsabhängigkeit eine berechtigte Frage, wie eine Postwachstumsgesellschaft aussehen kann, die Wohlstand, Beschäftigung, soziale Sicherheit und Demokratie ermöglicht. Der Transformationsprozess muss neuen Fortschritt mit sozialer Sicherheit und Demokratie verbinden. Das ist eine große Herausforderung, zumal die Transformation in der Globalisierung eng mit der Neuordnung der Welt verbunden ist. Doch nicht nur in Deutschland und Europa, auch weltweit, fehlen der Mut und die Bereitschaft, die sozialökologische Transformation unter den Bedingungen offener Märkte und großer Ungleichheit voranzutreiben. Die Superstaaten USA oder China wollen das nicht, die große Mehrzahl der Nationalstaaten kann das nicht, weil ihnen die Stärke fehlt.

Deshalb hat Wachstum noch immer einen zentralen Stellenwert, ist ein Ziel an sich, das die Politik zwingt, sich kurzfristigen wirtschaftlichen Interessen unterzuordnen. Doch es ist mehr und mehr eine Party auf Kosten der Zukunft, der Natur und der Armen. Die spannende Frage heißt: Was wird aus Europa, wenn sein Modell nicht erneuert wird? Die Europäische Union, die bei der Selbstbehauptung Europas vorangehen müsste, ist uneinig, zerstritten und kaum handlungsfähig. Eine Politik zur Stärkung Europas und eine Weltinnenpolitik, die im Rahmen der Vereinten Nationen eine faire und gerechte, eine nachhaltige Weltordnung verwirklicht, sind nicht in Sicht.

Trotz des großen Handlungsdrucks werden nicht einmal erste Schritte gemacht. Die Re-Regulierung der Kapitalmärkte ist unabdingbar, aber sie kommt nicht voran. Die Macht der großen Finanzinstitute und Rating-Agenturen ist ungebrochen. Sie spielen sich als Herren der Welt auf. Unter ihrem Regime der Kurzfristigkeit soll alles privatisiert und dereguliert werden, um es dem freien Spiel der Märkte zu übertragen. Das Geschäftsmodell ist, bestimmt von kurzfristigen Verwertungszwängen, der möglichst billige Einsatz von Arbeit und Ressourcen durch die Externalisierung der Folgekosten.

Finanzgier sollte die Wachstumsraten in die Höhe treiben. Das Ergebnis dieses wirtschaftlichen Experiments ist katastrophal: spekulative Blasen wurden produziert, soziale Ungleichheit verschärft und ökologische Krisen ausgelöst. Zur Legitimation des Finanzkapitalismus jubelte die Internationale des Kapitals den Neoliberalismus zur Ideologie hoch. Soziale und ökologische Ziele spielen keine Rolle.

Ohne mehr Gleichheit kein Umbau

Die Welt steuert auf den Crash zu. Die ökologische Modernisierung könnte zumindest Zeit verschaffen und den Einstieg in den Umbau ermöglichen. Doch sie kommt nur mühsam voran, weil sie nicht als gesellschaftspolitische Reformstrategie und als Chance einer Stärkung Europas verstanden wird. Dafür muss es zu einem Bündnis sozialer und ökologischer Reformkräfte kommen, um die notwendige Breitenwirkung zu erreichen.

Die zentrale Herausforderung in den nächsten Jahren wird die Rückkehr und Zuspitzung der sozialen Frage sein, die ökologische Frage gehört dazu und muss hier eingeordnet werden – national wie international. Das ist der Kern der Nachhaltigkeit. Sie verbindet die ökologische Modernisierung mit mehr Gleichheit, Gerechtigkeit und Armutsbekämpfung. Und umgekehrt ist die Armutsbekämpfung eine wichtige Voraussetzung für den Schutz der natürlichen Lebensgrundlagen.

John Rawls, dessen Gerechtigkeitstheorie allerdings die ökologischen Fragen ausgeblendet hat, sieht Fairness und Gerechtigkeit durch das Vorenthalten angemessener Freiheitsspielräume und Entfaltungschancen verletzt. Dieses Verständnis von Gerechtigkeit, das sich auf die ökologischen Herausforderungen übertragen lässt, findet sich in den UN-Programmen. Dort werden die nachhaltigen Entfaltungschancen der Menschen als wichtigstes Prinzip herausgestellt. Sie beziehen den Schutz der natürlichen Lebensgrundlagen mit ein, in den USA vertreten durch die Bewegung „Environmental Justice" (Umweltgerechtigkeit).

Dahinter steht ein Verständnis von Gerechtigkeit, das weit über bisherige Strategien hinausgeht. In den letzten Jahrzehnten wurden die Verteilungskonflikte durch Wachstum entschärft. Dadurch gelang es, die westlichen Gesellschaften gleichsam wie einen Fahrstuhl nach oben zu heben. Das ist vorbei. Die sozialen Unterschiede nehmen nicht nur zwischen Nord und Süd zu, sondern auch in den Industriegesellschaften. Zudem muss Gerechtigkeit nicht nur die Einkommens- und

Vermögensfragen beachten, sondern auch die Lebenschancen künftiger Generationen einbeziehen. Auf Dauer ist das nur möglich, wenn es zu einem nachhaltigen Entwicklungspfad kommt.

Die ökologische Modernisierung muss deshalb eng mit dem sozialen Umbau verbunden werden, wie es die Leitidee der Nachhaltigkeit vorsieht. Dieses große Gestaltungsprojekt bezieht die Demokratisierung der Wirtschaft und die Erweiterung von Gerechtigkeit und Solidarität mit ein. Mehr Verteilungsgerechtigkeit muss die Auszehrung der Zukunft verhindern. Es geht um Maßstäbe und Prinzipien, die auf Dauer mehr Gerechtigkeit möglich machen, national, europäisch und global.

Der Umbau ist nicht nur eine technisch-ökonomische Herausforderung, sondern vor allem eine soziale und kulturelle Aufgabe. Bei der ökologischen Modernisierung geht es nicht nur um eine Steigerung der Effizienz, sondern auch um Suffizienz und Umbau. Maßhalten ist eine schwierige Aufgabe, nicht nur, weil sich die Ungleichheit verstärkt, sondern weil immer wieder der Verdacht geäußert wird, dass ökologische Ziele die Ungleichheit verfestigen sollen. Deshalb müssen die Industriestaaten sich ehrgeizige Minderungsziele vorgeben, finanzielle und technische Partnerschaften mit Entwicklungs- und Schwellenländern eingehen, neue Entwicklungspfade möglich machen und die Europäische Union zur Nachhaltigkeitsunion umbauen.

Global muss es bei den Vereinten Nationen zu einer Stärkung der Nachhaltigkeitsinstitutionen und zu einer Neuordnung der Weltwirtschaft kommen. Dazu zählen die Vorschläge von John Maynard Keynes für ein globales Energie- und Rohstoffregime, die in der Havanna-Charta beschrieben sind. Ebenso müssen die Empfehlungen im Gutachten des wissenschaftlichen Beirats „Globale Umweltveränderungen" (WBGU) für eine „Armutsbekämpfung durch Umweltpolitik" aufgegriffen werden.

Wir sind an einer Weichenstellung, an der es um die Erneuerung der europäischen Moderne geht. Andernfalls drohen Gewalt, Ungleichheit und Krisen – national, europäisch und global.

Brigitte Bertelmann

Wirtschaftswachstum ist kein Allheilmittel mehr

Seit vor fast vierzig Jahren der Club of Rome die Studie „Die Grenzen des Wachstums" von Dennis Meadows veröffentlichte, ist eine lange Reihe von theoretischen und empirischen Arbeiten erschienen, die sich kritisch mit dem Dogma des kontinuierlichen Wirtschaftswachstums auseinandergesetzt haben. Sie weisen auf die Endlichkeit natürlicher Ressourcen, auf die Zerstörung der natürlichen Lebensgrundlagen, die Gefährdung von Klima und Artenvielfalt ebenso wie auf die Bedrohung des sozialen Friedens hin. Obwohl das Wort Nachhaltigkeit inzwischen in kaum einer Rede von Politikern und in keinem CSR Report von Unternehmen fehlt und in den Wirtschaftsteilen der Zeitungen eine starke Rolle spielt, ändert sich am Wachstumsziel von Politik und Wirtschaft nichts.

Größer als die Angst vor Naturkatastrophen oder einem weiteren nuklearen Supergau scheint die Angst davor zu sein, dass das wachstumsbasierte Wirtschaftssystem kollabiert. Wachstum wird als der einzige wirkliche Garant für Wohlstand und ein gutes Leben betrachtet. Das gilt sowohl für die Erhaltung des Wohlstands in den wohlhabenden westlichen Ländern, als auch für die Steigerung des Wohlstands, oder doch zumindest das Überwinden der Armut, in den Schwellen- und Entwicklungsländern.

Im Rahmen von Akademietagungen und Kongressen wurde diskutiert, ob es Wohlstand ohne Wachstum geben könne und wie eine Gesellschaft und ihre Wirtschaft aussehen könnten, die sich vom Leitbild des ressourcenintensiven Wachstums verabschieden, ohne das Ziel eines guten Lebens für möglichst viele Menschen aufzugeben. Nicht nur in Deutschland werden Leitbilder und Entwicklungspfade hin zu einer Post-Wachstumsgesellschaft entworfen. In Frankreich gibt es eine De-Croissance Bewegung, in England bekam die Frage nach „prosperity without growth" zum Beispiel durch den Stern-Report einen kräftigen Schub. Selbst in den USA gibt es Ansätze zu einer kritischen Auseinandersetzung mit dem Wachstumsziel.

Das Wachstumsziel macht Politik

„Ich will, dass wir alles versuchen, jetzt schnell und entschlossen die Voraussetzungen für neues und stärkeres Wachstum zu schaffen." [18] Das war einer der zentralen Sätze in der Regierungserklärung von Bundeskanzlerin Angela Merkel zu Beginn der laufenden Legislaturperiode. Diesem Satz voraus gegangen war die Auflistung der Probleme, vor die sich die Koalition aus CDU und FDP gestellt sah und ein kurzer Hinweis auf ebenfalls erwogene, aber als untauglich erkannte Alternativen zur Lösung dieser Probleme.

Sie fuhr fort: „Wachstum zu schaffen, das ist das Ziel unserer Regierung. ...Ohne Wachstum keine Investitionen, ohne Wachstum keine Arbeitsplätze, ohne Wachstum keine Gelder für die Bildung, ohne

Wachstum keine Hilfe für die Schwachen. Und umgekehrt: Mit Wachstum Investitionen, Arbeitsplätze, Gelder für die Bildung, Hilfe für die Schwachen und – am wichtigsten – Vertrauen bei den Menschen. Das ist meine Überzeugung ....“

Diese Überzeugung beruhte auf den früheren Erfolgen der deutschen Wirtschaftspolitik, die über Jahre auf Exportüberschüsse gesetzt und sich bis 2009 mit dem Titel „Exportweltmeister“ geschmückt hatte. Die wachsenden Leistungsbilanzungleichgewichte waren neben „deregulierten und liberalisierten Finanzmärkten, falschen Anreizen, Herdenverhalten der wirtschaftlichen Akteure“ einer der entscheidenden Auslöser der Wirtschaftskrise.[19] Sie wurden allerdings, im Gegensatz zu den Faktoren der zunehmenden Finanzmarktorientierung der Wirtschaftspolitik, kaum beachtet und bis heute kaum in die Re-Regulierungsansätze von Politik einbezogen.

Im Gegenteil: Aus ihrer ungebrochenen Überzeugung heraus, dass allein mit Wirtschaftswachstum die anstehenden Probleme zu lösen seien, begann die neue Bundesregierung 2009 ihre Arbeit mit einem „Wachstumsbeschleunigungsgesetz“.[20] Es umfasste eine Mischung aus Steuersenkungen für private Haushalte und Unternehmen, die Senkung des Mehrwertsteuersatzes für Hotelübernachtungen, Forschungsförderung für kleine und mittlere Unternehmen sowie die steuerliche Entlastung bei Erbschaften für Geschwister und Geschwisterkinder.

Im Rahmen mehrerer Konjunkturprogramme wurden die Förderung von Bildungseinrichtungen sowie von Verkehrs-Infrastrukturmaßnahmen von Kommunen und Ländern durch den Bund beschlossen. Gezielt zur Stabilisierung der Automobilindustrie wurde die so genannte Umweltprämie für das Verschrotten von mehr als neun Jahre alten PKWs beim Kauf eines Neuwagens eingeführt. Zur Bekämpfung der drohenden Arbeitslosigkeit wurde in Kooperation mit den Tarifpartnern eine deutliche Verlängerung und Ausweitung des Kurzarbeitergeldes umgesetzt.

Diese Maßnahmen waren vor allem darauf ausgerichtet, kurzfristig einen massiven Einbruch der Beschäftigung und der Binnennachfrage zu verhindern. Durch die konjunkturellen Einbrüche als Folge der Finanz- und Wirtschaftskrise in wichtigen Handelspartnerländern und die deshalb stark reduzierte Nachfrage nach deutschen Exportgütern, zeigte sich die überproportionale Exportabhängigkeit der deutschen Wirtschaft.

Die Arbeitslosigkeit blieb in Deutschland, im Vergleich zu den USA und europäischen Nachbarländern, tatsächlich deutlich niedriger als zunächst befürchtet. Durch das Festhalten an erfahrenen, qualifizierten Beschäftigten, das durch die erweiterte Kurzarbeitergeldregelung ermöglicht wurde, konnten die deutschen Unternehmen außerdem sehr schnell auf die Verbesserung der Auftragseingänge reagieren. Dies war ein maßgeblicher Faktor für das überproportionale deutsche Wirtschaftswachstum in 2010 und 2011.

Insgesamt wurde das Wachstumsprogramm als Erfolg bewertet. Grundsätzliche strukturelle Konsequenzen als Reaktion auf die Risiken, die mit einer hohen Exportabhängigkeit und den weiter bestehenden Leistungsbilanzungleichgewichten verbunden sind, wurden nicht gezogen.

Der Erfolg der deutschen, exportorientierten Wirtschaftspolitik mit einem hohen Leistungsbilanzüberschuss setzt voraus, dass es Länder mit einem Leistungsbilanzdefizit gibt, die durch schuldenfinanzierte Konsumnachfrage diesen Überschuss weiterhin ermöglichen. Da rund 60 Prozent des deutschen Exports in andere EU-Länder geht und ca. 40 Prozent in Länder des Euroraums, in denen – nicht zuletzt auf deutschen und internationalen Druck hin – die Überschuldung reduziert werden soll, entsteht hier ein offensichtlicher Zielkonflikt und logischer Widerspruch in der Ausrichtung der Politik.[21]

Durch die erfolgreiche Abwehr der befürchteten Massenarbeitslosigkeit war auch das Problem der seit den achtziger Jahren wachsenden Einkommens- und Vermögensungleichheit zulasten der Arbeitnehmereinkommen in den Hintergrund gedrängt worden. Dies zeigte sich in Untersuchungen der Europäischen Kommission sowie in OECD-Studien nicht nur für Deutschland. Die wachsende Dominanz der Finanzmärkte und die mit der Globalisierung einhergehende Deregulierung führten in den westlichen Industrieländern zu sinkenden Arbeitseinkommensquoten und zu stagnierenden, teilweise sinkenden Realeinkommen, insbesondere bei den unteren und mittleren Einkommensgruppen.

Die Umverteilung zulasten der unteren Arbeitseinkommen wiederum steht einer Stärkung der Binnennachfrage und damit einer Reduktion der Exportabhängigkeit der Wirtschaft entgegen. Dabei hatte sich in der Krise gezeigt, dass gerade die Stärkung der Konsumbereitschaft und Konsumfähigkeit der privaten Haushalte, wie auch die Investitionsfähigkeit insbesondere der Kommunen, mit ihren positiven Multiplikatoreffekten für die regionale Wirtschaft, zu einer Stabilisierung der Wirtschaft insgesamt wesentlich beigetragen haben.

Die Adjektive des Wachstums

Vor dem Ausbruch der Finanz- und Wirtschaftskrise hatte es bereits eine breite Debatte um eine Abkehr von der kapitalgetriebenen und maßgeblich auf kurzfristige, betriebswirtschaftliche Erfolge ausgerichteten Wachstumspolitik gegeben. Wachstum sollte „qualitativ, nachhaltig oder grün werden". Seit 2007 haben SPD und CDU neue Grundsatzprogramme erarbeitet, die einen deutlich kritischeren Blick auf Wachstum beinhalten, als er sich bisher tatsächlich in der Politik niederschlägt.[22]

Mit der Einrichtung der Enquete-Kommission „Wachstum, Wohlstand, Lebensqualität" hat die Bundesregierung der wachsenden Erkenntnis Rechnung getragen, dass weder das Bruttoinlandsprodukt (BIP) ein ausreichender Indikator für gesellschaftlichen Wohlstand, noch das Wachstum des BIP eine sinnvolle Zielgröße für politisches und wirtschaftliches Handeln sein und bleiben kann. Die Kommission soll „den Stellenwert von Wachstum in Wirtschaft und Gesellschaft ermitteln, einen ganzheitlichen Wohlstands- und Fortschrittsindikator entwickeln und die Möglichkeiten und Grenzen der Entkopplung von Wachstum, Ressourcenverbrauch und technischem Fortschritt ausloten".[23] Entscheidend ist hier vor allem, dass das Wachstum des BIP an sich nicht mehr das primäre Ziel ist, mit dessen Erreichung sich alle andere Probleme „wie von selbst" lösen, sondern dass es um „ganzheitlichen Wohlstand" und damit um ein gutes Leben für möglichst viele Menschen geht.

Alle politischen Parteien gehen nach wie vor davon aus, dass Wirtschaftswachstum für eine nachhaltige Entwicklung und zur Lösung der globalen Probleme, zum Beispiel der Bekämpfung des Klimawandels und der wachsenden Armut, unabdingbar ist. Das gilt auch für den „Green Growth-Ansatz", beziehungsweise den neuen grünen Gesellschaftsvertrag, den Bündnis 90/Die Grünen in ihrem Wahlprogramm zur Bundestagswahl 2009 beschlossen hatten.[24]

Der entsprechende Entwurf geht zwar davon aus, dass ökologische, wirtschaftliche und soziale Probleme nur im Zusammenhang nachhaltig gelöst werden können, setzt aber darauf, dass mit technischem Fortschritt und Investitionen in effiziente, erneuerbare Energietechnologie eine Entkopplung von Wachstum und Ressourcenverbrauch möglich ist. Dieser Ansatz wird auch von der Europäischen Kommission[25] und inzwischen in vielen anderen Ländern weltweit verfolgt. In der Praxis sind aber die notwendige Entkopplung und ein deutlicher absoluter Rückgang von Ressourcenverbrauch und Ausstoß von Treibhausgasen bisher nicht annähernd erreicht worden.

Im Kern setzt die „neue, grüne Wachstumspolitik" auf die Produktion und den massenhaften Konsum von neuen „umwelt- bzw. klimafreundlichen" Produkten. Dies halten namhafte Wissenschaftler allerdings für einen Irrweg. Sie verweisen dabei vor allem auf die regelmäßig auftretenden Rebound-Effekte, die dazu führen, dass Gewinne an Energieeffizienz und damit einhergehende Kostensenkungen durch eine absolute Steigerung des Verbrauchs überkompensiert werden.

Tim Jackson plädiert für eine Dematerialisierung von Wirtschaftsleistungen und eine Fokussierung auf Dienstleistungen, wie zum Beispiel die Bereitstellung von „Energie- und Mobilitätsdienstleistungen" anstelle von Produkten.[26]

Tim Jackson[27], ebenso wie Angelika Zahrndt und Irmi Seidel[28] und die Herausgeber der Studie „Zukunftsfähiges Deutschland in einer globalisierten Welt“[29], stellen die Notwendigkeit eines ordnungspolitischen und gesellschaftlichen Wandels in den Mittelpunkt und fordern zu einer konsequenten Auseinandersetzung mit dem Zusammenhang von Wohlstand und Wachstum heraus, die über ergänzende Indikatoren zum BIP deutlich hinausgeht.

Ausnahmslos stellen die Autorinnen und Autoren fest, dass dies eine neue Auseinandersetzung auch mit Verteilungs- und Gerechtigkeitsfragen sowie mit dem Verständnis von fairem Wettbewerb und eine Abkehr vom primär kapitalgetriebenen Wirtschaften umfassen muss.

Anspruchsvoller Paradigmenwechsel

Die politischen und gesellschaftlichen Herausforderungen, die mit einer grundsätzlichen, strukturellen Reform der wachstumsorientierten Wirtschaftspolitik verbunden sind, können gar nicht überschätzt werden. Insbesondere die Gestaltung der relativ langen Übergangs- oder Transformationsphasen, stellt hohe Anforderungen an die Stabilität von Gesellschaften und an die grenzüberschreitende Solidarität zwischen wohlhabenden und armen Ländern.

Die Einsicht, dass in einer globalisierten Welt mittel- und langfristig nur gemeinsames Handeln zu einer nachhaltigen Lösung der Probleme führt, bewahrt noch nicht davor, dass einzelne Länder mit Blick auf gegenwärtige Wettbewerbsvorteile aufgrund ökonomischer oder politischer Macht setzen und versuchen, diese zu erhalten oder auszubauen. Aufgrund der sich dadurch notwendigerweise verstärkenden Ungleichgewichte und der durch die globalen Krisen offenbar gewordenen Verflechtungen und Abhängigkeiten, kann dies aber keine dauerhafte und wohl auch keine friedliche Lösung sein.

Die Voraussetzungen für den erforderlichen Richtungs- und Paradigmenwechsel sind vielfach beschrieben worden. Entscheidend dafür sind finanziell und politisch handlungsfähige Staaten, die für eine Regulierung und Kontrolle der Finanzmärkte sorgen sowie für eine transparente Steuerpolitik, die Steueroasen und Schattenwirtschaft verhindert und den Staaten die erforderlichen Einnahmen für die Erfüllung der öffentlichen Aufgaben und den Schutz öffentlicher Güter, beziehungsweise die Verhinderung einer Übernutzung von Gemeingütern[30], zur Verfügung stellt.

Weiter müssen durch internationale Vereinbarungen Strukturen und Institutionen geschaffen werden, die den Verbrauch natürlicher Ressourcen und die Emission von Schadstoffen wirksam regulieren und kontrollieren. Dazu gehört vor allem eine Erweiterung der Erfassung von negativen externen Effekten auf das Natur- und Sozialkapital der Erde. Allein die zulasten des Naturkapitals abgewälzten Kosten wurden in einer Studie im Auftrag der UNEP Finance Initiative des Umweltprogramms der Vereinten Nationen für 2008 auf 6,6 Billionen US-Dollar beziffert, was rund elf Prozent des Weltsozialprodukts entsprach.[31]

Bei Fortsetzung der gegenwärtigen Politik wird bis 2050 von externalisierten Kosten zulasten der Natur in Höhe von 18 Prozent des Weltsozialprodukts ausgegangen.[32] Gerhard Scherhorn und andere schlagen daher vor, das Verschweigen von Externalisierungen in die durch das Gesetz gegen unlauteren Wettbewerb (UWG) verbotenen Handlungen aufzunehmen und eine entsprechende Formulierung auch der „Schwarzen Liste" der EU-Richtlinie 2005/29 über unlautere Geschäftspraktiken im Binnenmarktverkehr hinzuzufügen.[33]

Dies sind nur wenige Beispiele, die aber als exemplarisch für eine zukunftsfähige, gemeinsame Wirtschaftspolitik betrachtet werden können.

Entscheidend für deren Erfolg wird sein, dass Regierungen und Bürgerinnen und Bürger die Angst vor den erforderlichen, strukturellen Veränderungen überwinden und sich den damit verbundenen Fragen nach Verteilungsgerechtigkeit, sowohl auf nationaler wie auf internationaler Ebene, stellen. Gemeinsam müssen Antworten auf die Frage gefunden werden, wie für möglichst viele Menschen wirtschaftliche und gesellschaftliche Rahmenbedingungen geschaffen werden können, welche die Voraussetzungen für Gedeihen und Entwicklung menschlicher Fähigkeiten und Ressourcen bieten und nicht den Konsum von immer neuen Produkten als Voraussetzung für gesellschaftliche Teilhabe und ein erfülltes Leben postulieren.

„Wir haben uns eingeredet, permanentes Wirtschaftswachstum sei die Antwort auf alle Fragen. Solange das Bruttoinlandsprodukt wächst, so die Logik, können wir alle Ansprüche finanzieren, die uns so sehr ans Herz gewachsen sind – und zugleich die Kosten dafür aufbringen, dass wir uns auf eine neue Welt einstellen müssen. Die Finanzmärkte waren Wachstumsmaschinen. Sie liefen lange gut. Deshalb haben wir sie in Ruhe gelassen. Das Ergebnis waren Entgrenzung und Bindungslosigkeit.

Jetzt erleben wir, dass es der Markt allein nicht richtet. Es braucht einen starken Staat, der dem Markt Regeln setzt und für ihre Durchsetzung sorgt. Marktwirtschaft lebt vom Wettbewerb und von der Begrenzung wirtschaftlicher Macht. Sie lebt von Verantwortung und persönlicher Haftung für das eigene Tun; sie braucht Transparenz und Rechtstreue.

Auf all das müssen die Menschen vertrauen können. Dieses Vertrauen ist jetzt erschüttert. Den Finanzmärkten fehlte eine ordnende Kraft. Sie haben sich den Staaten entzogen. Die Krise zeigt uns: Schrankenlose Freiheit birgt Zerstörung. Der Markt braucht Regeln und Moral“ (Auszug aus der Berliner Rede 2009 von Bundespräsident Horst Köhler).[34]

Die Probleme einer primär wachstumsorientierten Wirtschaftspolitik sind erkannt. Es ist vor allem eine Frage des politischen Willens, die erforderlichen Konsequenzen zu ziehen und die vorgeschlagenen Lösungsansätze zu konkretisieren und in verbindliche Regelungen zu überführen.

Miriam Schad, Bernd Sommer

Denn sie tun nicht, was sie wissen

Warum Aufklärungs- und Informationskampagnen nicht ausreichen, um die ökologische Nachhaltigkeitskrise zu bewältigen

Vor einigen Wochen erhielt ein Arbeitskollege von seinem Mobiltelefonanbieter die folgende Werbe-E-Mail:

„Sehr geehrter Herr Müller[35], schon gewusst?
Hamburg ist Europas Umwelthauptstadt 2011. Klicken Sie sich doch gleich mal in die neueste Ausgabe der can do und erfahren Sie mehr über das grüne Engagement der Hansestadt. Dazu gibt es praktische Tipps und Angebote, mit denen jeder die Umwelt schützen kann. Nicht zuletzt stehen die letzten beiden Runden unseres Gewinnspiels an – mit Freiflügen von Germanwings, drei Samsung Galaxy S2 und vielen weiteren tollen Preisen."

Es mutet wie eine Realsatire an: „praktische Tipps und Angebote, mit denen jeder die Umwelt schützen kann" werden durch ein Gewinnspiel beworben, bei dem der Hauptpreis klimaschädliche Flugreisen sind. Und doch handelt es sich hierbei nicht um den Fauxpas eines ignoranten Werbetexters – der Fall ist exemplarisch für das Auseinanderklaffen von Umweltbewusstsein und einer umweltzerstörerischen gesellschaftlichen Praxis, das massenhaft zu beobachten ist.

Umfragen belegen regelmäßig, dass die Mehrheit der Bevölkerung Umweltthemen und Klimaschutz einen großen Stellenwert beimisst, der Umsatz von Bio-Produkten steigt stetig, Baden-Württemberg hat einen grünen Ministerpräsidenten, und auch bei den anderen Parteien und zahlreichen Unternehmen steht ein „grünes Image" hoch im Kurs.

Gleichzeitig erreichte der globale Energieverbrauch und der Treibhausgasausstoß im Jahr 2010 ein neues Rekordniveau – die Menge an weggeworfenen Lebensmitteln und die Zahl von Flugreisen steigen an – der Anteil öffentlicher Verkehrsmittel am Gesamtverkehrsaufkommen ist dagegen rückläufig.

Wie sind diese widersprüchlichen Entwicklungen zu erklären? Wie kann es sein, dass das Umweltbewusstsein so stark ausgeprägt zu sein scheint, wie niemals zuvor – und trotzdem deuten nahezu alle relevanten Nachhaltigkeitsindikatoren auf eine Verschlechterung der Situation hin.

Oder kurz: Wieso handeln Menschen nicht so, wie sie es eigentlich für richtig halten?

Die Kluft zwischen Einstellungen und Verhalten

In der interdisziplinären Nachhaltigkeitsforschung und Umweltsoziologie gibt es eine Fülle von Studien, in denen die Diskrepanz von Umweltbewusstsein und Umweltverhalten dokumentiert ist. Seit Anfang der neunziger Jahre werden bundesweit regelmäßig repräsentative Befragungen im Auftrag des Umweltbundesamtes durchgeführt.[36] Sie belegen alle zwei Jahre erneut, wie das Umweltbewusstsein der Deutschen steigt.

Doch: Umweltbewusste kaufen zwar „nachhaltige Produkte“ oder trennen Müll, in ihren Mobilitätsgewohnheiten wie der durchschnittlichen Nutzung des Autos oder Billigfliegern unterscheiden sie sich jedoch kaum von anderen Bevölkerungsgruppen.[37]

Der aktuellste Bericht aus dem Jahre 2010[38] attestiert erste Anzeichen für den für eine nachhaltige Transformation als notwendig postulierten „Kulturwandel“.[39] Dennoch besteht auch hier die Diskrepanz zwischen Bewusstsein und Verhalten weiter fort: Auf Grundlage so genannter, ursprünglich aus der Marktforschung kommender, Sinus-Milieus[40] wird die Bevölkerung in zehn unterschiedliche Milieus (wie Traditionelle, Hedonisten oder Performer) unterteilt und je nach Konsumgewohnheiten, Wertorientierungen oder auch politischen Präferenzen charakterisiert. Es zeigte sich, dass sozial bessergestellte Milieus, wie die so genannten Sozialökologischen,[41] beispielsweise öfter in Einfamilienhäusern mit Gärten und einem entsprechend höheren Energiebedarf wohnen.[42] Menschen, die sich wiederum unfreiwillig in Armutslagen befinden, weisen zwar tendenziell ein geringeres Umweltbewusstsein auf, gleichzeitig aber ist ihr ökologischer Fußabdruck durch die geringere Verfügbarkeit von ökonomischen Ressourcen vergleichsweise kleiner, als der anderer Milieus. Ein weiteres Beispiel bilden die Angehörigen des traditionellen Milieus, die sich beim Konsum tendenziell eher zurück halten und einen besonderen Wert auf langlebige und effiziente Produkte legen.[43]

Wie ist die Kluft zwischen Einstellungen und Verhalten zu erklären? Soziologische und sozialpsychologische Forschungen haben gezeigt, dass zwischen Einstellungen und Verhalten allgemein (also auch in anderen Themenbereichen) nur eine schwache Beziehung besteht.[44] In der Literatur werden aber auch „Hürden“ diskutiert, die, sowohl auf der individuellen wie auf der strukturellen Ebene, der gesellschaftlichen Manifestierung von subjektiven Nachhaltigkeitspotenzialen entgegenstehen.[45] Die praktische Umsetzung von Einstellungen und Werthaltungen bedarf einer materiellen und infrastrukturellen

Grundlage, auch muss der sozioökonomische und gesetzliche Rahmen gegeben sein.

Die Absicht, für berufliche und private Zwecke den umweltfreundlicheren öffentlichen Personennahverkehr zu nutzen, kann zum Beispiel an mangelnden Informationsgrundlagen, an Kostennachteilen, aber auch an falschen fiskalischen Anreizen und fehlender Infrastruktur scheitern.

Die Erwartungstheorie[46] geht zudem davon aus, dass Individuen mögliche, aus ihrem Verhalten resultierende Verluste emotional deutlich negativer bewerten als potenzielle Gewinne. So werden etwa nach wie vor nur vergleichsweise wenige energieeffiziente Haushaltsgeräte nachgefragt, die im Zeitpunkt der Anschaffung eher teuer sind, auf mittlere und längere Sicht aber mit geringeren laufenden Kosten auskommen. Ähnliches gilt für Investitionen in Gebäudedämmung und die Umrüstung von Heizungen, die Anschaffung von Automobilen und dergleichen.

Darüber hinaus hat Richard H. Thaler in seiner Theorie des „Mental Accounting"[47] aufgezeigt, wie Konsumenten üblicherweise mentale Konten führen, in denen sie den Konsum in verschiedenen Bereichen gedanklich miteinander verrechnen: So kann eine durch den Verzehr ökologisch hergestellter Lebensmittel erzielte verbesserte Umweltbilanz dadurch mehr als aufgebraucht werden, dass auf dem „mentalen Konto für verursachte Umweltbelastungen" in der Wahrnehmung des Konsumenten wieder ein neues Guthaben entstanden ist, das für Umwelt belastenden Konsum in einem anderen Bereich – wie eine Flugreise – „ausgegeben" wird.

...und Möglichkeiten, „die Kluft" zu überwinden

Während die Kluft zwischen Umweltbewusstsein und Umweltverhalten Gegenstand zahlreicher Studien ist und sich auch plausible Erklärungen für dieses Phänomen finden, gibt es weit weniger Antworten auf die Frage, wie denn „die Kluft" zu überbrücken ist. Einige wenige

Möglichkeiten möchten wir gleichwohl abschließend skizzieren. Zunächst ist festzuhalten, dass es sich bei einer nicht-nachhaltigen Lebensweise zumeist nicht um ein Wissens- oder Einstellungsproblem der Akteure handelt. Die Menschen sind in der Regel recht gut über die Umweltfolgen ihres Verhaltens informiert. In ihrer alltäglichen Praxis ist dieses Wissen jedoch nur begrenzt verhaltenssteuernd. Menschen mit einem ausgeprägten Umweltbewusstsein verfügen – wie wir sehen konnten – häufig sogar über einen besonders großen ökologischen Fußabdruck.

Handelt es sich aber nicht um ein Problem mangelnden Wissens, so dürften auch die zahlreichen Broschüren und Informationskampagnen zum Umwelt- und Klimaschutz kaum Wirkung entfalten. Im schlimmsten Fall, wie beim eingangs genannten Beispiel des Telefonanbieters, tragen sie aufgrund des durch sie verursachten Ressourcenverbrauchs sogar zur Verschärfung der Nachhaltigkeits- und Klimakrise bei. Welche Handlungsspielräume bestehen aber dennoch, um nachhaltigere Lebensstile zu befördern?

Damit sich das weitgehend latente Nachhaltigkeitspotenzial eines großen Teils der Bevölkerung auch tatsächlich manifestieren kann, bedarf es zunächst der Verfügbarkeit nachhaltigerer Alternativen, wie zum Beispiel eines gut ausgebauten öffentlichen Personennahverkehrs. Der Staat hat grundsätzlich durch ordnungspolitische Maßnahmen (wie die Besteuerung des Energieverbrauchs oder die Einführung einer CO2-Steuer) die Möglichkeit, ressourcen- und umweltschonendere Produktions- und Konsumptionsweisen zu fördern.

Durch die möglichst lückenlose „Einpreisung“ der jeweils in Anspruch genommenen Ressourcen und verursachten Emissionen würden die „wahren Kosten“ von Flugreisen, aber auch von Lebensmitteln wie Fleisch, sichtbar, die zur Zeit noch „externalisiert“, d.h. auf die Allgemeinheit sowie zukünftige Generationen abgewälzt werden. Da für solche Schritte aber aktuell die politischen Mehrheiten fehlen (siehe die Diskussion um die Ökosteuer bzw. die damalige Forderung der Grünen nach 5 DM für einen Liter Benzin), rücken alternative Möglichkeiten, umweltschonende Lebensstile zu fördern, in den Vordergrund.

Eine bereits jetzt greifbare Option – nicht nur für staatliche Akteure, sondern auch für Organisationen wie Schulen, Universitäten oder Kirchen – besteht in der nachhaltigkeitsfreundlichen Ausgestaltung von Entscheidungssituationen, also in kleinen „Stupsern", sogenannten „Nudges".[48] Zu den prominenten Beispielen solcher „Nudges" zählt die alternative Ausgestaltung von Default-Optionen, die aus einer paternalistischen Perspektive „gute" Lösungen als Standards vorgeben, aber stets die Möglichkeit beinhalten, eine andere Option zu wählen. Ein Beispiel, wie Nudging im Dienste einer Nachhaltigkeitstransformation zum Tragen kommen kann, ist das Angebot von Ökostrom als Standardoption, wie es unter anderem von Stromanbietern in der Schweiz und den USA praktiziert wird.

Maßnahmen, wie das Einpreisen externer Kosten oder die Einführung von Ökostrom als Standard, sind jedoch so auszugestalten, dass sie nicht vor allem ohnehin schon benachteiligte Bevölkerungsgruppen belasten, während die klimaschädlichen Flugreisen auf die Malediven weiterhin von denjenigen unternommen werden, die es sich finanziell leisten können. Das gebieten nicht nur Erwägungen der sozialen Gerechtigkeit, sondern ist für die Akzeptanz solcher Maßnahmen unerlässlich. In den vom Umweltbundesamt in Auftrag gegebenen Studien wurde von den Befragten mehrheitlich die Bereitschaft zum Umweltschutz an die Bedingung geknüpft, dass Umweltschutzmaßnahmen sozial gerecht verteilt werden.[49] Daher ist es eine zentrale Voraussetzung für eine erfolgreiche Nachhaltigkeitsstrategie, Umweltschutzmaßnahmen so zu gestalten, dass sie sozialökonomische Verteilungsprobleme nicht verschärfen.

Hans-Jürgen Urban

Umwelt - Arbeit - Mobilität

Zu Fragen der Konversion in der Automobilindustrie

Nach dem Konjunktureinbruch in der Finanz- und Wirtschaftskrise boomt die bundesdeutsche Automobil- und Zuliefererindustrie in einem lange nicht gekannten Ausmaß. Insbesondere in der Premium-Klasse erreichen die Absatzzahlen Rekordniveau. Der Autoboom, der Anfang 2010 begann, hat sich im Jahr 2011 ungebremst fortgesetzt. Auch wenn die Aussichten für die kommenden Jahre derzeit noch nicht eindeutig absehbar sind, die Prognosen eher vorsichtig ausfallen und manche Studien prophezeien, dass die „Party der Autoindustrie zu Ende gehe“ (Handelsblatt v. 15.8.2011), scheinen die Autoschmieden hierzulande doch eher gute Zeiten zu erwarten. Porsche-Chef Matthias Müller etwa sieht bei den deutschen Herstellern „alle Trümpfe in der Hand, um den absehbaren weltweiten Mobilitätsboom ganz wesentlich mitzugestalten". Die Unternehmen jedenfalls erwarten hohe Gewinne, und die Beschäftigten machen sich Hoffnung, die Einkommenseinbußen aus den Zeiten der Krise ausgleichen zu können.

Doch Vorsicht: In dieser Situation besteht die enorme Gefahr, in eine „business as usual"-Falle zu tappen. Nun einfach zur Tagesordnung überzugehen, käme einer Problemverschleppung, gar einer Problemverschärfung, gleich, sind doch die Nachhaltigkeitsdefizite des gegenwärtigen Entwicklungsmodells nicht zu übersehen.

Problemdimensionen

Es lassen sich vier Nachhaltigkeitsdefizite identifizieren: das ökologische, das beschäftigungspolitische, das arbeitspolitische und das wettbewerbspolitische Defizit.

Ökologie

Die Belastung der Biosphäre und des Klimas durch Emissionen, die vom motorisierten Verkehr ausgehen, haben die kritische Grenze längst überschritten. Der Grad der Zerstörung der natürlichen Lebensgrundlagen und der drohende Klimakollaps stehen ebenso einer „Weiter-So-Option" entgegen, wie die Endlichkeit der fossilen Brennstoffe. Hinzu kommt, dass in vielen Ballungsräumen (Stichwort: Verstädterung) das Mobilitätsversprechen des Automobils kaum mehr eine Chance hat, eingelöst zu werden.

Beschäftigung

Trotz Abwrackprämie und einer äußerst erfolgreichen Beschäftigungssicherung in den Betrieben während der Finanz- und Wirtschaftskrise, ist der säkulare Prozess des Abbaus von Beschäftigung, bezogen auf die gesamte Automobilindustrie (Endfertiger plus Zulieferer), keineswegs gestoppt. Die Abwrackprämie war eine Ad-hoc-Maßnahme, um die Beschäftigungskatastrophe zu verhindern. Sie war aber keine Strukturinnovation, kein Element nachhaltiger Beschäftigungsimpulse – durch sie wurde lediglich Zeit erkauft.

Wird diese Zeit nicht genutzt und der Status quo konserviert, heißt das für die Zukunft: In einem technologie- und produktivitätsgetriebenen Sektor, wie es die Autoindustrie ist, werden die Produktivitätssteigerungen das Produktionspotential schneller wachsen lassen, als die Absatzmöglichkeiten auf den Märkten. Wie immer man zur Frage steht, ob der Absatz wachsen sollte oder nicht: das aus der genannten Problematik resultierende Beschäftigungsproblem ist ein strukturelles.

Arbeitspolitik

Es ist nicht zu übersehen, dass mit den kosteninduzierten Restrukturierungsprogrammen in und nach der Krise die Arbeitsprozesse in den Unternehmen umgestaltet wurden und sich der Druck auf die Arbeitsstandards immens erhöht hat. Der HIRES-Report einer EU-Expertengruppe „Gesundheit und Restrukturierung" prognostiziert: „In der momentanen Wirtschaftskrise könnten die potentiellen Auswirkungen von Restrukturierung auf die Gesundheit sogar Ausmaße einer Pandemie annehmen".[50]

Wettbewerbspolitik

Es ist kein Geheimnis, dass die Automobilindustrie weltweit mit strukturellen Überkapazitäten konfrontiert ist. Wie immer die Schätzungen im Einzelnen ausfallen, klar ist: die Verdrängungskonkurrenz um den Verbleib auf vorhandenen Märkten und die Erschließungskonkurrenz auf neu entstehenden Märkten – insbesondere China, Indien, Brasilien, Russland – wird weiter zunehmen.

Integrierte sozialökologische Konversionspolitik

Die Besonderheit der geschilderten Dimensionen besteht sowohl in der Komplexität der Problemlagen als auch in der Tatsache, dass Zielkonflikte vorprogrammiert sind; etwa zwischen ökologischer Nachhaltigkeit und Beschäftigung oder zwischen der arbeitspolitischen Dimension und dem Wettbewerbsmodell. Zugleich verbietet sich aber eine Reformstrategie, die sich auf die Bearbeitung eines der genannten Probleme konzentriert und die anderen Fragen ausblendet. Zukunftsweisend ist nur eine integrierte sozialökologische Konversionspolitik. Diese muss den Arbeitsplatz-, Einkommens- und Arbeitsinteressen der Beschäftigten, den Mobilitätsansprüchen einer flexiblen Gesellschaft sowie den Nachhaltigkeitskriterien des natürlichen Gleichgewichts zugleich gerecht werden, ohne sich in Zielkonflikten zu verfangen.

Die ökologische Erneuerung von Produkten und Produktionsverfahren muss mit der Sicherung von sozial regulierter Beschäftigung verbunden werden. Die IG Metall kann dabei auf industrie- und ökologiepolitische Konzepte zurückgreifen, die sie zu Beginn der 1990er Jahre entwickelt hat. Diese sind in den Folgejahren unter dem Druck anschwellender Arbeitslosigkeit und Verteilungskonflikte und wettbewerbsstaatlicher Deregulierung der Arbeits- und Sozialverfassung von der gewerkschaftlichen Agenda weitgehend verschwunden. Sie können und müssen heute reaktiviert werden.

Das gilt etwa für das integrierte Verkehrskonzept, das die IG Metall seinerzeit vorgelegt hatte. Als strategisches Ziel wurde ein umweltverträgliches und effizientes Verkehrssystem definiert, in dem das Automobil als Bestandteil eines integrierten Gesamtverkehrskonzeptes neu konzipiert werden sollte. Ziel war „ein Gesamtkonzept, in dem die komplexen Zusammenhänge von Umwelt-, Verkehrs-, Industrie- und Beschäftigungspolitik in eine strategische Perspektive gebracht werden“ und das im Bereich des individuellen Verkehrs auf ein Auto setzt, „das ohne Schadstoffe hergestellt wird, das vollständig wieder verwertbar ist, das leise und ohne Abgase, soweit wie möglich auf Basis erneuerbarer Energiequellen fährt“.[51]

In diesem Sinne wurden internationale Abstimmungen und verbindliche Richtlinien bezüglich Grenzwerten und generellen Umweltstandards gefordert. Der Aufbau eines integrierten Verkehrssystems wurde mit den Forderungen einer drastischen Reduzierung von Emissionen und Energieverbrauch, dem Ausbau des öffentlichen Verkehrs sowie der Vernetzung sämtlicher Verkehrsträger verbunden. „Wo es um den Aufbau eines integrierten Gesamtverkehrssystems geht, sind staatliche Initiativen, staatliche Investition und eine breite Beteiligung und Mobilisierung für dieses gesellschaftliche Projekt notwendig", lautete bereits damals die heute wieder hochaktuelle Forderung.[52] Hieran ließe sich anknüpfen. Dabei bedarf es zweifelsohne einer Aktualisierung und konzeptionellen Weiterentwicklung. Viele Fragen sind noch offen – etwa: Welche Mobilitätskonzepte sind aus heutiger Sicht ökologisch und sozial nachhaltig? Oder: Welche Antriebstechnik hat wirklich Zukunft?

Perspektiven der Transformation

Die notwendige sozialökologische Transformation des Automobilsektors kann nicht als marktgetriebener, sondern nur als politisch gesteuerter Prozess gelingen – denn: zu groß ist die Kollision zwischen den Erfordernissen des Umbaus mit dem Imperativ des Marktes und den Macht- und Renditeinteressen der Unternehmen.

Lässt man den Aktionärsinteressen und dem Shareholder-Value-Denken freien Lauf, verschafft sich kurzfristig orientierte Gewinnmaximierung die Oberhand. Der sozialökologische Umbau muss vielmehr ein Beteiligungsprojekt sein, das unterschiedliche Akteure mit ihren unterschiedlichen Interessen einbezieht. Die Demokratisierung politischer und wirtschaftlicher Entscheidungsprozesse erweist sich so gesehen als Schlüsselfrage einer umfassenden Transformationsstrategie. Demokratische Einflussnahme müsste auf mindestens drei Ebenen etabliert werden:

» als direkte Partizipation von Beschäftigten am Arbeitsplatz und im Betrieb
» als Kollektivwille innerhalb und im Umfeld großer Unternehmen, der explizit macht, dass es sich bei diesen Wirtschaftsorganisationen im Grunde um öffentliche Institutionen handelt
» über regionale wie nationale Wirtschafts- und Strukturräte

Beschäftige, betriebliche Interessenvertretungen und Gewerkschaften müssten zum Schlüsselakteur dieses Prozesses werden, sich zugleich aber selbst als Akteure in einem breiteren Handlungskontext definieren.

Ziel müsste die Sammlung all jener Teile der Gesellschaft sein, deren Interessen durch die kapitalistische Krise und die derzeit vorherrschenden kapitalkonformen Lösungsstrategien der Eliten unter die Räder zu geraten drohen. Die Perspektive könnte in einem Kooperationsverbund kritischer Kräfte liegen, in dem sich unterschiedliche Akteure, Organisationen und Individuen zusammentun und die Spezifika ihrer Handlungspotenziale zu einem politischen Projekt zusammenfügen. Und dies, ohne eigene Identitäten preiszugeben. Für einen solchen Akteur wurde der Begriff der Mosaik-Linken ins Spiel gebracht.[53]

Die Mosaik-Linke ist nicht mit klassisch-linken Vorstellungen von Bündnispolitik eines mit hegemonialen Kapazitäten ausgestatteten Teilakteurs in eins zu setzen. Etwa der Intellektuellen oder der Arbeiterklasse, die sich, gestützt auf ihr kulturelles Kapital oder ihren Organisationsvorsprung in Form straff geführter Parteien und Gewerkschaften, der Unterstützung anderer Organisationen zur Realisierung eigener Ziele zu bedienen trachten. Die Metapher des Mosaiks akzeptiert vielmehr, dass auch kapitalistische Gesellschaften Prozessen der sozialen Differenzierung unterliegen, aus denen eigenwillige Funktions- oder Handlungssysteme hervorgehen. In diesen Kontexten sind die Einzelakteure nicht nur in spezifische Akteurskonstellationen und systemische Eigenlogiken eingebunden. Zugleich haben die Gesellschaften des entwickelten Kapitalismus einen Grad an Differenzierung und damit an Komplexität erreicht, dass kein Akteur eines Teilbereichs für sich reklamieren kann, eine allumfassende Gesamtkompetenz zu besitzen oder besitzen zu können.

Fragt man für die Bundesrepublik nach Akteuren, aus denen sich die Mosaik-Linke bilden könnte, wäre neben den Gewerkschaften an die globalisierungskritischen, ökologischen und Menschenrechts-Bewegungen, die diversen sozialen Selbsthilfe-Initiativen und Sozialverbände, die kritischen Teile der kulturellen Linken und Intellektuellen und nicht zuletzt die Träger kritischer Konsumentenmacht zu denken.

Auf diesem Weg könnte eine neue soziale Machtform entstehen, die Klaus Dörre als assoziierte Macht bezeichnet hat.[54] Sie ginge – aufbauend auf progressiven Veränderungen im eigenen gesellschaftlichen Feld – aus der Verbindung der traditionellen Macht der organisierten Lohnarbeit, den Kräften einer zivilgesellschaftlich aktivierten politischen Öffentlichkeit, der Diskursmacht reaktivierter kritischer Intellektueller, der Nachfragemacht politisierter Konsumenten und der Einbringung anderer Machtressourcen hervor.

Doch die Selbst-Konstituierungen der Mosaik-Linken und die Hervorbringung ihrer assoziierten Macht dürfte sich als höchst widersprüchlicher und anspruchsvoller Prozess erweisen. Offensichtlich ist, dass ein solcher Kollektivakteur sich vor einem überzogenen Vereinheitlichungsanspruch hüten sollte. Eher sollte er die wechselseitige Anerkennung der jeweiligen Bewegungs- und Organisationskulturen als Schlüsselressource begreifen und entwickeln.

Die Welten – oder besser: die gesellschaftlichen Felder –, aus denen der Betriebsrat, die ATTAC-Aktivistin, der Hochschullehrer und die Vertreterin der Clean-Clothes-Kampagne kommen und in denen sie politisch sozialisiert wurden, könnten unterschiedlicher kaum sein. Wollen sie sich zu gemeinsamen politischen Projekten zusammenfinden, bedarf es einer Kultur der wechselseitigen Toleranz und der Akzeptanz der spezifischen Bewegungs- und Organisationskulturen. Die Bewahrung der organisationskulturellen Autonomie der Kooperierenden muss der Attraktivität einer solchen Bewegung keineswegs abträglich sein. Denn wie ein Mosaik seine Ausstrahlungskraft als Gesamtwerk entfaltet, obwohl seine Einzelteile als solche erkennbar bleiben, könnte eine neu gegründete Linke als heterogener Kollektivakteur wahrgenommen und geschätzt werden. Gerade in der Unterschiedlichkeit der Erfahrungen, Kompetenzen und Zugänge liegt die Chance, die aus den Widersprüchen des modernen Finanzmarkt-Kapitalismus hervorgehenden Widerständigkeiten zu einem wirkungsmächtigen Korrektiv zusammenzufügen.

Norbert Reuter

Krise der Wachstumsgesellschaft – Krise des Sozialstaats?

Die Frage nach den Konsequenzen sinkenden oder sogar stagnierenden wirtschaftlichen Wachstums auf den Sozialstaat ist hoch umstritten. Auf der einen Seite wird vor allem von neoliberalen Ökonomen und ihnen nahestehenden politischen Akteuren behauptet, der Sozialstaat bremse das Wachstum und untergrabe damit seine eigene Existenzgrundlage. Daher sei ein Rückbau alternativlos, nur so könnten Wachstumskräfte reanimiert werden.[55]

Von Seiten expliziter Wachstumskritiker wird demgegenüber angeführt, dass mit der Abschwächung des Wachstums auch der Sozialstaat nicht mehr wie bisher beibehalten werden könne. Da eine Umkehr des Trends sinkender Wachstumsraten des Bruttoinlandsprodukts (BIP) weder erreicht werden könne, noch aus ökologischen

Gründen überhaupt angestrebt werden solle, besiegele dies auch das Ende der sozialen Sicherung des bisherigen Typs. In der Konsequenz ähnlich, wird mit Blick auf die Alterung unserer Gesellschaft argumentiert. Hier stehen das kontinuierlich zurückgehende Erwerbstätigenpotential und das sich verschlechternde Verhältnis von Jung zu Alt im Vordergrund. In Zukunft bleibe daher auch aus demographischen Gründen nichts anderes übrig, als den Sozialstaat zurückzufahren.[56]

Demgegenüber will der vorliegende Beitrag zeigen, dass weder zurückgehende Wachstumsraten, noch die Alterung unserer Gesellschaft einen Rück- oder gar Abbau des Sozialstaats erzwingt. Jedoch sind verstärkte verteilungspolitische Anstrengungen unumgänglich.

Wachstumsraten und Finanzierung der Sozialversicherung

Von zentraler Bedeutung für die Möglichkeiten der Finanzierung der sozialen Sicherungssysteme ist der Zustand oder Reifegrad der jeweiligen Wirtschaft, also die erreichte Höhe des jeweiligen BIP und dessen reale Zuwächse. In den 1950er Jahren lagen die jährlichen Zuwachsraten des realen BIP noch bei durchschnittlich acht Prozent. Seitdem sind die Wachstumsraten kontinuierlich gefallen. Im letzten Jahrzehnt betrug das durchschnittliche reale Wachstum nicht einmal mehr ein Prozent pro Jahr, nach etwa zwei Prozent im Jahrzehnt zuvor. Daraus kann aber nicht auf enger werdende Verteilungsspielräume geschlossen werden. Im Gegenteil: Das jährlich produzierte BIP ist heute real in etwa zehn Mal so hoch wie in den 1950er Jahren. Nie waren die Verteilungsspielräume also größer als heute.

Damit stellen sich die Fragen zur Finanzierung des Sozialstaats vor einem völlig anderen Hintergrund. Sinkende Wachstumsraten bedeuten eben gerade nicht enger werdende Verteilungsspielräume. Sie sind lediglich Ausdruck eines linearen Wachstumsverlaufs mit jährlich weitgehend gleichen absoluten Zuwächsen.[57] Da diese aber jeweils ins prozentuale Verhältnis zum immer größer werdenden BIP gesetzt werden, schlägt sich dies in prozentual sinkenden Wachstumsraten nieder.

Konstante Wachstumsraten würden dagegen bedeuten, dass Jahr für Jahr der absolute Zuwachs größer wird, was einem exponentiellen Wachstum entsprechen würde. Ein derart dynamisches Wachstum – konstant hohe Wachstumsraten über längere Zeiträume – ist nur in frühindustriellen Gesellschaften zu beobachten. Die Nachkriegszeit in Deutschland, wie in anderen hochentwickelten Ländern, war und ist dagegen durch in der Tendenz sinkende Wachstumsraten gekennzeichnet. Folglich gibt es keine Veränderung in der Wachstumsdynamik, die als Ursache für sich verschärfende Finanzierungsprobleme des Sozialstaats angeführt werden kann.

Hinzu kommt, dass der signifikante Ausbau des Sozialstaats in der westlichen Welt nach 1945 einsetzte, also erst in der Phase, als Wachstumsraten im zweistelligen Bereich bereits der Vergangenheit angehörten. Da ein Rückgang der Wachstumsraten in allen entwickelten Industrieländern mit ganz unterschiedlichen Systemen sozialer Sicherung zu beobachten ist, kann der (deutsche) Sozialstaat auch nicht für das Absinken der Wachstumsraten verantwortlich gemacht werden.[58]

Der Ausbau des Sozialstaats und der einzelnen Zweige der Sozialversicherung hat vielmehr die effektive Nachfrage nach sozialen Dienstleistungen und Investitionen in die soziale Infrastruktur verstärkt, und die Stärkung der Masseneinkommen und der finanzielle Schutz vor Lebensrisiken haben den allgemeinen Wohlstand gestützt. Heute wird ein Ausbau des Wohlfahrtsstaats (steigende Ausgaben für Gesundheit, soziale Dienstleistungen etc.) zunehmend als entscheidender Wachstumsfaktor gesehen, der den ökologischen Umbau sogar voranbringt.[59]

Sozialversicherung bei sinkenden Wachstumsraten

Da die Sozialversicherung auch in Deutschland immer noch primär aus den Arbeitseinkommen (Sozialabgaben von Arbeitgebern und -nehmern) finanziert wird, lässt sich jede „Wachstumskrise", jeder Konjunktureinbruch oder eben auch die ökologische Abkehr vom „Wachstumsmodell der Nachkriegszeit" leicht – aber falsch – als strukturelle Krise des Sozialstaats interpretieren.

Die größten Anstiege der Sozialleistungsquote (Sozialausgaben in Relation zum BIP) lagen zwischen den 1960er und 1970er Jahren und nach der deutschen Einheit. Der Anstieg ab den 60er Jahren ist zum einen dem politischen Willen nach Ausbau der Sicherungsfunktionen geschuldet.[60] Zum anderen sind das Phänomen der Massenarbeitslosigkeit seit den 1970er Jahren und die hieraus resultierenden erhöhten Anforderungen an die Systeme der sozialen Sicherheit für den Anstieg der Sozialleistungsquoten verantwortlich. Da sich die Massenarbeitslosigkeit in den folgenden Jahrzehnten verfestigte, ist dieser Ausgabenposten hoch geblieben. Dennoch verharrte seit Mitte der 1970er Jahre die Sozialleistungsquote in Deutschland bei rund 27 Prozent, um dann nach 1989 im Zuge der deutschen Vereinigung auf ca. 30 Prozent zu steigen. Zwischen 2004 und dem Beginn der großen Krise 2008 fiel sie wieder unter 28 Prozent. Damit liegt sie im europäischen Mittelfeld.

Besonders negativ wirken sich zusätzlich die seit den 1980er Jahren sich vollziehende Umverteilung von den Arbeitnehmerentgelten zu den Gewinn- und Vermögenseinkommen aus. Letztere sind bekanntlich von der direkten Finanzierung der Sozialversicherungssysteme freigestellt.[61] Eine wesentliche Ursache dieser Umverteilung ist der im Zuge der Hartz-Gesetze betriebene Auf- und Ausbau des Niedriglohnsektors mit prekären, schlecht entlohnten Arbeitsplätzen.[62] Negativ auf die Finanzierung der Sozialversicherung wirken sich zudem vielfältige legale und illegale Möglichkeiten für diejenigen Einkommensbezieher aus, die sich der direkten und indirekten Finanzierung (sei es durch die Steuergesetzgebung und/oder Beitragsregelungen) entziehen können.

Verteilungsspielraum steigt trotz absehbarer Stagnation beim Wachstum

Für Finanzierungsprobleme des Sozialstaats in Vergangenheit und Gegenwart können also keine grundsätzlichen Knappheiten verantwortlich gemacht werden, sie sind im Wesentlichen Verteilungs- und Konstruktionsproblemen des Sozialstaats geschuldet. Wie sieht es aber mit der Zukunft aus? Der Hinweis auf die Alterung unserer Gesellschaft erscheint als Beleg, dass wir in Zukunft den Gürtel enger schnallen müssen.[63]

Entscheidend, ob etwas „bezahlbar" ist und bleibt, ist jedoch nicht die Altersverteilung der Bevölkerung, sondern die sich entwickelnde Produktivität der Beschäftigten. Aufgrund der technologischen und organisatorischen Entwicklungen steigert sich die Wertschöpfung je Arbeitsstunde kontinuierlich, allein zwischen 1991 und 2010 – trotz zwischenzeitlicher Krise – von 29,40 Euro auf inflationsbereinigt 39,10 Euro. Bezieht man diese Entwicklung ein – ergänzt also die demografische durch eine ökonomische Analyse – kommt man zu ganz anderen Ergebnissen. Gleichzeitig entschärft sich der Konflikt zwischen Ökologie und Ökonomie.

Legt man die bis zum Jahr 2060 reichende mittlere Variante der aktuellen Bevölkerungsvorausberechnung des Statistischen Bundesamtes zugrunde und unterstellt, dass bis 2020 die Erwerbstätigenquote von heute nur rund 75 Prozent der 15 bis 65jährigen auf 80 Prozent steigt, die Produktivität je Erwerbstätigem gleichzeitig um (nur noch) ein Prozent pro Jahr zunimmt, ergibt sich keineswegs ein über die nächsten Dekaden schrumpfendes Verteilungsvolumen.[64]

Im Gegenteil: Zwar zeigt sich dann ab 2020 eine annähernde Stagnation des BIP, ein Effekt, der aus ökologischen Gründen rundheraus zu begrüßen ist. Denn dann würde bei weiter steigender Ressourcenproduktivität und verbesserten Umwelttechniken auch die Umweltbelastung stark zurückgehen. Trotz Stagnation beim BIP steigt das BIP pro Kopf dennoch kontinuierlich an: von heute knapp 31.000 Euro auf

Geringes Wirtschaftswachstum und steigende Produktivität

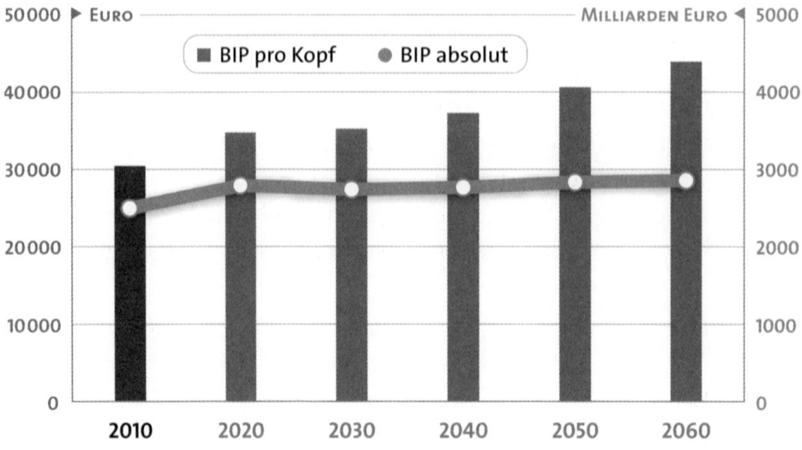

Durchschnittliche jährliche Wachstumsraten des Bruttoinlandsproduktes:
2010 bis 2020: 1,1 Prozent, 2020 bis 2030: -0,2 Prozent, 2030 bis 2040: 0,1 Prozent, 2040 bis 2050: 0,2 Prozent, 2050 bis 2060: 0,1 Prozent.

über 44.000 Euro im Jahr 2060, was einen realen Anstieg um knapp 45 Prozent bedeuten würde (siehe Abbildung oben).

Mit anderen Worten: Die abnehmende Zahl an Erwerbstätigen wird durch deren weiter zunehmende Produktivität, den Rückgang der Arbeitslosigkeit und die gleichzeitig sinkende Gesamtbevölkerung mehr als wett gemacht – auch wenn es ab 2020 zu einem weitgehend stagnierenden gesamtwirtschaftlichen BIP kommen wird. Selbst wenn es nicht gelingen würde, die Erwerbstätigenquote bis 2020 auf 80 Prozent zu steigern, wäre das Pro-Kopf-Ergebnis nur geringfügig schlechter (das Pro-Kopf-Einkommen stiege dann bis 2060 „nur" auf knapp 42.000 Euro). Die angenommene zukünftige Entwicklung der Erwerbstätigenproduktivität mit einem Prozent wurde einen Rückgang bedeuten. Im Durchschnitt der letzten 20 Jahre stieg sie noch um 1,8 Prozent pro Jahr. Diese Entwicklung beruhte aber nicht unwesentlich auf einer Verdichtung von Arbeitsprozessen und steigendem Leistungs- und Lohndruck, was sich – auch wegen des steigenden Durchschnittsalters der Beschäftigten – nicht fortsetzen darf und kann.

Auch wenn Aussagen über derart lange Zeiträume zweifellos mit großen Unsicherheiten behaftet sind, lässt sich doch festhalten, dass die These, in der Zukunft sei wegen der Alterung unserer Gesellschaft vieles nicht mehr bezahlbar, kaum begründbar ist. Dazu müsste man etwa unterstellen, dass es zukünftig keinen oder nur noch einen minimalen Produktivitätsfortschritt geben würde.[65] Hierfür gibt es allerdings keine vernünftige Begründung.

Konsequenzen für den Sozialstaat

Bereits in der Vergangenheit ließen sich Finanzierungsprobleme des Sozialstaats nicht auf kleiner gewordene finanzielle Spielräume zurückführen. Auch in Zukunft werden unter Annahme realistischer Bedingungen Finanzierungsspielräume nicht kleiner.

Aufgrund der sinkenden Bevölkerung steigt das BIP pro Kopf sogar weiter deutlich an, selbst wenn das gesamtwirtschaftliche BIP aller Voraussicht nach weitgehend stagnieren wird. Natürlich sind mit diesem Hinweis keineswegs alle Probleme gelöst. Zwar ist hiermit das Sachzwangargument der Alternativlosigkeit sozialer Kürzungen ausgeräumt. Dafür stellt sich zweifellos das Verteilungsproblem in neuer Dimension. Es muss nämlich politisch dafür gesorgt werden, dass der steigende gesellschaftliche Reichtum auch bei allen ankommt. Wenn die Tendenz zur Umverteilung „von unten nach oben" anhält, droht die Gefahr, dass sich Wenige immer mehr des wachsenden gesellschaftlichen Reichtums aneignen. Dann würden in der Tat immer mehr Menschen von der Wohlstandsentwicklung abgekoppelt, während eine kleine Elite einen immer größeren Teil des zu verteilenden Kuchens beansprucht.

Die sich zweifellos verschärfende Verteilungsproblematik verweist auf die wachsende Bedeutung von Politik, vor allem von Verteilungspolitik. Durch sie muss sichergestellt werden, dass am wachsenden gesellschaftlichen Reichtum alle partizipieren und nicht nur eine kleine Elite. Angesichts der Entwicklungen in der Vergangenheit ist dies zweifellos eine in ihrer Dimension nicht zu unterschätzende gesamtgesellschaftliche Aufgabe. Aber es ist ein grundsätzlich unterschiedliches Problem, ob etwas nicht da ist (= Sachzwang), oder ob wir es mit einem – wenn auch massiven – Verteilungsproblem zu tun haben (= politische Aufgabe).

Politische Maßnahmen müssen in Zukunft daran gemessen werden, inwieweit sie zu einer stärkeren Gleichverteilung des gesellschaftlichen Reichtums beitragen. Konzepte hierzu liegen auf dem Tisch: Eine Steuerreform, die Reichtum und hohe Einkommen stärker zur Finanzierung gesamtgesellschaftlicher Aufgaben heranzieht,[66] eine Bürgerversicherung, mit der alle Bürgerinnen und Bürger mit allen Einkommen zur Finanzierung von Gesundheit und Pflege herangezogen werden,[67] eine Arbeitsmarktpolitik, die den Trend zu prekärer Beschäftigung und zur Ausweitung des Niedriglohnsektors stoppt und umkehrt.[68] Dann lässt sich der Sozialstaat auch unter den Bedingungen niedrigen oder gar ausbleibenden Wachstums nicht nur erhalten, sondern einer reichen Gesellschaft entsprechend sogar weiter ausbauen.

Frederic Hanusch, Maximilian Müngersdorff,
Edgar Voss

Klimawandel als Chance für mehr Demokratie

Ein Tag China?

Im Jahr der US-amerikanischen Präsidentschaftswahl steht die Weltöffentlichkeit vor der irritierenden Situation, dass der ehemalige Star des grünen Amerikas und jetzige Präsident Barack Obama das Wort „Klimapolitik" im beginnenden Vorwahlkampf geradezu meidet. Die seit jeher zyklisch schwächelnde Wirtschaft und die hohe Arbeitslosigkeit sind die Probleme der Stunde, der beschleunigte Klimawandel plötzlich ein verschiebbares „Luxusproblem". Gleichzeitig hat ausgerechnet die politische Führung Chinas, die autokratisch herrscht und systematisch Menschenrechte verletzt, das umweltpolitische Ruder in den letzten Jahren herumgerissen: Heute investiert kein Land der Welt höhere Summen in den Ausbau erneuerbarer Energien.[69] Ist da nicht die Argumentation des Pulitzerpreisträgers Thomas L. Friedman nachvollziehbar, wenn er sich rhetorisch nur für einen Tag das politische System Chinas wünscht, um endlich kompromisslose anstatt stets nur suboptimale Entscheidungen für die Umwelt zu ermöglichen?[70]

Sind autokratische Systeme, oder ist zumindest weniger Demokratie, gepaart mit elitär getroffenen top-down-Entscheidungen, notwendig, um künftigen Generationen einen lebenswerten Planeten zu hinterlassen?

(Mehr) Demokratie oder Kampf gegen Klimawandel – New Cruel Choice

Auch die Wissenschaft ist in der Frage, ob Demokratien oder Autokratien besser auf die Herausforderungen des Klimawandels reagieren können, gespalten. Einigkeit besteht weitgehend darüber, dass Demokratien vor dem Hintergrund der bisher gesteckten Klimaziele eindeutige Implementations- und Durchsetzungsmängel aufweisen,[71] während gleichzeitig nach wie vor Legitimations- und Partizipationsdefizite zu verzeichnen sind – insbesondere in Bezug auf die Lücke zwischen Entscheidungszuständigkeit und -betroffenheit.[72]

Die enttäuschende Klimapolitik wiederum führt zu einem Verlust des gesellschaftlichen Vertrauens in die demokratische Problemlösungsfähigkeit, sowohl von Seiten der eigenen Bevölkerung als auch in Entwicklungs- und Schwellenländern.[73] Dort wird das „chinesische Modell“ inzwischen offen als Alternative zu demokratischen Reformen gehandelt.

Einige Wissenschaftlerinnen und Wissenschaftler formulieren in diesem Zusammenhang eine New Cruel Choice Theory – einer anstehenden Entscheidung der Schwellenländer zwischen Demokratie oder effektiven politischen Maßnahmen gegen den Klimawandel. Verfechter der zweiten Priorität betonen, dass ein „Experimentieren mit demokratischen Reformen" zunächst zugunsten einer autoritär geführten Problembewältigung zurückgestellt werden müsse.[74]

Autoritäre Regime seien eher in der Lage, unpopuläre Entscheidungen wie ambitionierte Emissionsreduktionen auf Kosten der kurzfristigen wirtschaftlichen Entwicklung durchzusetzen. In Demokratien werde demgegenüber zu sehr in Wahlzyklen gedacht, was notwendige, tiefgreifende Reformen oder Einschnitte in die bisherige Lebensführung hemme.

Trotz dieser ernüchternden Argumente sehen zahlreiche Wissenschaftlerinnen und Wissenschaftler den von der New Cruel Choice Theory propagierten Widerspruch zwischen Maßnahmen gegen den Klimawandel und Demokratisierung als nicht belegbar an.[75]

Studien zeigen, dass Demokratien bei überschaubaren, mit kostengünstigen Eingriffen regulierbaren ökologischen Problemen sowohl eine bessere regionale Umweltqualität aufweisen[76] als auch bereitwilliger internationale Kooperationen und Verpflichtungen im Umweltbereich eingehen.[77] Zudem spricht der Klimaschutzindex von Germanwatch und CAN-Europe für das Jahr 2012 eine deutliche Sprache. Dort schneiden etablierte Demokratien bei den Indikatoren Klimaschutzpolitik, Emissionsniveau sowie Emissionstrend bedeutend besser ab als andere Regimetypen und nehmen 19 der vordersten 20 Plätze ein.[78]

Allerdings gilt auch diese kombinierte Klimaschutzleistung immer noch als ungenügend, um auch nur den jeweiligen eigenen Beitrag zu einem gefährlichen Klimawandel zu vermeiden.[79] Braucht es also vielleicht doch ein starkes autokratisches Regime, um effektive Klimapolitik auch wirklich durchzusetzen? Mit Blick auf China – dem Staat mit dem im Ländervergleich weltweit höchsten CO2-Ausstoß – kann diese Annahme nicht bestätigt werden. Nicht zuletzt mächtige Wirtschaftsinteressen hemmen dort einen effektiven klimapolitischen Umbau der Wirtschaft.[80]

Auch die These, dass unpopuläre Entscheidungen in Autokratien effektiver und bedenkenloser durchzusetzen wären als in Demokratien, erweist sich als Trugschluss: In der Realität ist die politische Elite in nichtdemokratischen Systemen oftmals einem höheren kurzfristigen Ergebnisdruck ausgeliefert, als es in Demokratien der Fall ist. Der Freiheitsentzug muss durch stetes „Liefern", meist in Form eines hohen Wirtschaftswachstums, gerechtfertigt werden.[81]

In diesem Zusammenhang ist die öffentliche Aushandlung politischer Entscheidungen, verbunden mit einem freien gesellschaftlichen Diskurs über Lösungsmöglichkeiten, eine wichtige Quelle der Legitimation und der Kreativität in Demokratien.[82] Eine offenere, transparentere Aushandlung gesellschaftlicher Veränderungen ist jedoch mühsam und erfordert eine politisch interessierte, rationalen Argumenten und langfristigen Perspektiven gegenüber aufgeschlossene Bürgergesellschaft; und dabei gleichzeitig eine Klasse politischer Entscheider, deren Gestaltungswille, Langfristorientierung und geistige Unabhängigkeit das derzeit beobachtbare Maß weit übersteigt.

Die in Demokratien im Vergleich zu Autokratien vielfach anzutreffende höhere Nachfrage nach einer hohen Umweltqualität und das ausgeprägtere ökologische Problembewusstsein sind jedoch als hilfreiche Faktoren nicht zu unterschätzen. So nimmt laut Angaben des Umweltbundesamtes der Anteil der Bevölkerung, der den Klimawandel als ernstzunehmendes Problem wahrnimmt, seit Jahren zu.[83] Demokratien reagieren in der Regel bereitwilliger auf die Bedürfnisse und Sorgen der Bevölkerung.[84]

Falls die Regierung diese allerdings nicht aufgreift, besteht in einer Demokratie eben auch die Möglichkeit zu bottom-up-Lösungen auf anderen, subnationalen Ebenen; wie beispielsweise in den USA zu beobachten, wo Emissionsziele nicht auf Bundes-, sondern auf Staats- und Städteebene eingeführt wurden.[85] In Hinblick darauf, wie gering auch in Deutschland die Veränderungen in der Lebensführung der Bevölkerung bisher ausgefallen sind – von den jährlich gefahrenen PKW-Kilometern über den Heizverbrauch bis hin zur nach wie vor geringen Wechselneigung zu Ökostromanbietern –, scheint das individuelle klimapolitische Engagement jedoch einer unterstützenden, staatlichen Rahmensetzung zu bedürfen.

Demokratie relaunched – Konkrete Konzepte sind gefragt!

Es ist gerade für die klimapolitischen Zugpferde wie Deutschland beziehungsweise die Europäische Union unumgänglich, das Potential partizipativer Verfahren auszuschöpfen – eine Suspendierung demokratischer Errungenschaften kann nicht zur Debatte stehen. Lösungsorientierte gesellschaftliche Diskurse anzustoßen, würde sowohl neue Ideen zum Klimaschutz fördern und die Akzeptanz für klimapolitische Maßnahmen erhöhen als auch der zunehmenden Politikverdrossenheit entgegenwirken.

Die richtige Antwort auf die „Herausforderung Klimawandel" ist daher nicht weniger, sondern mehr Demokratie mit neuen Arenen gesellschaftlicher Teilhabe.[86] Aus der Wissenschaft werden allerdings hauptsächlich Beiträge publiziert, die eher abstrakte theoretische oder normative Erwägungen beinhalten. Praxisorientierte Vorschläge oder Modelle, die konkrete Anleitungen zur praktischen Umsetzung geben, fehlen oftmals.

Der Transformationsprozess hin zu einer klimaverträglichen Gesellschaft müsste eher als Chance begriffen werden, mehr Demokratie zu wagen. Er müsste jedoch gepaart werden mit einer Verbesserung der als defizitär diagnostizierten Implementierungsfähigkeit von Demokratien. Daher wird an dieser Stelle für eine verbesserte Prozessgestaltung plädiert, die bestrebt ist, sowohl eine Erhöhung der Demokratiequalität als auch die Umsetzung klimapolitischer Ziele in reale Treibhausgasreduktionen voranzubringen.

Dies wird im Sinne einer „kreativen Demokratie"[87] nur durch das Experimentieren mit demokratischen Umstrukturierungen gelingen können, zu denen hier drei Ansätze skizziert werden:

Ein neuer Gesellschaftsvertrag

Den wohl umfassendsten Ansatz legt der Wissenschaftliche Beirat der Bundesregierung Globale Umweltveränderungen (WBGU) in seinem Hauptgutachten 2011 „Gesellschaftsvertrag für eine Große Transformation" vor.[88] Der dort vorgeschlagene neue Gesellschaftsvertrag ragt in die Bereiche von Wissenschaft, Wirtschaft und Staat hinein, wobei hier auf das Konzept des „Gestaltenden Staates mit erweiterter Partizipation" eingegangen wird. Dieser gestaltende Staat soll derart gestärkt werden, dass er zum einen aktiv politische Prioritäten setzt und implementiert, und zum anderen die Partizipationsmöglichkeiten simultan ausweitet. Dies geschieht in vier Bereichen:

» Erstens soll die klimapolitische Verantwortung des Staates durch die Einführung eines Staatsziels Klimaschutz und eines Klimaschutzgesetzes gestärkt werden.

» Zweitens sollen die Informations-, Beteiligungs- und Rechtsschutzmöglichkeiten durch die Reform des Planung- und Genehmigungsverfahrens, die Ausweitung von Verbandsrechtsbehelfen, die Einsetzung von Ombudsleuten als Bürgerbeauftragten und die Initiierung deliberativer Diskurse und Verfahren unter Einbeziehung der Öffentlichkeit und der Wissenschaft erweitert werden.

» Drittens soll ein klimapolitisches Mainstreaming institutionalisiert werden, zunächst mittels obligatorischer Klimaverträglichkeitsprüfungen, eines Bedeutungszuwachses des Klimawandels in der Exekutive (zum Beispiel durch einen Umbau des Ressortzuschnitts mit Bildung eines Umwelt-, Klima- und Energieministeriums) und neue legislative Elemente wie einer beratenden Zukunftskammer, deren Mitglieder per Losverfahren ermittelt werden.

» Im Mehrebenensystem globaler Kooperation soll viertens vor allem eine Stärkung von Schwellenländern als gestaltende Staaten erfolgen.

Unterstützung gemeinwohlorientierter Interessengruppen

Die Debatte um Transformationsprozesse kommt nicht umhin, auch das gegenwärtige Wachstums- und Wohlstandsmodell der industrialisierten Welt in Frage zu stellen, da dieses unter demokratie- und gerechtigkeitstheoretischen Gesichtspunkten zunehmend fragwürdig erscheint.[89]

Will man die Prozessgestaltung voranbringen, sollten nicht jene, die über die meisten finanziellen Ressourcen und die besten Netzwerkanbindungen in die Politik verfügen, das meiste Gehör finden. So müssen Nichtregierungsorganisationen, die keine wirtschaftlichen Interessen vertreten, finanzielle Unterstützung genau für den Zweck erhalten, die Interessenvermittlung auszugleichen. Dadurch hätten zum einen nachhaltige, gemeinwohlorientierte Interessen ein stärkeres Gewicht in politischen Entscheidungssituationen, zum anderen würde die im realen politischen Prozess immer vorliegende Lobby-Anfälligkeit des politischen Personals wenigstens teilweise ausgeglichen.

Konzepte globaler Demokratisierung

Da sich Klimapolitik vor allem in der Zielaushandlungsphase auf dem internationalen Parkett abspielt, erfordert es auch eine Verbesserung der Partizipationschancen jenseits der Nationalstaaten. Unter Verzicht auf einen absehbar utopischen Gesamtvolkskörper „Menschheit" operieren etwa die Konzepte „Global Governance" [90] oder der Vorschlag einer gestärkten, reformierten UNO,[91] die eventuell um eine zweite parlamentarische Kammer zu ergänzen wäre.[92] Diese Vorschläge eint die Anerkennung prä-existenter, sich überlappender Netzwerke von Macht, deren Beziehungen transparenter zu gestalten und für eine stärkere demokratische Beteiligung zu öffnen sind.[93]

Während der Welt die Zeit für das Abwenden eines ungebremsten Klimawandels davonläuft, wird mit Blick auf das bisherige Versagen der westlichen Klimapolitik zunehmend eine Suspendierung der demokratischen Prinzipien diskutiert. Neben der normativen Überlegenheit können jedoch Reformmodelle, die über eine verbesserte Partizipation auch die politische Effizienz von Demokratien verbessern, die Transformation zu einer nachhaltigkeitsfähigen Gesellschaft voranbringen, während die Beschränkungen autoritärer Regierungsfähigkeit intrinsisch bleiben.

Hans Diefenbacher

Zur Renaissance der lokalen Ökonomie

Vielleicht wird es in kommenden Jahrzehnten einmal als eine besondere Ironie der Weltgeschichte angesehen werden, dass sich der globale Kapitalismus genau dann selbst ad absurdum führte, als sein Gegenüber in Form der Wirtschaftsordnung der staatssozialistischen Länder verschwunden war. Ein dritter Weg wurde in großem Maßstab nie ernsthaft zu gehen versucht. Es ist nun an der Zeit, die soziale Marktwirtschaft zu einer zukunftsfähigen Alternative weiterzuentwickeln, in der lokale Wirtschaftskreisläufe eine zentrale Rolle spielen. Das ist die Kernthese des folgenden Beitrags.

Vor gut vierzehn Jahren hat der Verfasser dieses Textes zusammen mit dem irischen Ökonom Richard Douthwaite ein „Handbuch für lokale Ökonomie" vorgelegt.[94]

Zwei wichtige Thesen des Buches waren:

[1] In einer gemeinwesenorientierten Ökonomie können lebenswerte, nicht entfremdete Arbeitszusammenhänge für viele Menschen entstehen, die lokale Wirtschaftskreisläufe stabilisieren und weiter entwickeln können.

[2] Und zweitens: Die Wahrscheinlichkeit wird zunehmen, dass Krisen der globalen Ökonomie über die Finanzmärkte mit großer Geschwindigkeit von einer Region der Erde in andere Regionen und Länder transportiert werden, weswegen es zusätzlich sinnvoll sein kann, der international verflochtenen Wirtschaft, wo immer möglich, lokale, selbständige Strukturen gegenüberzustellen.

Historisch betrachtet haben die lokalen Ökonomien durch überregionale und dann internationale Beziehungen einen Zugewinn an Sicherheit erfahren, denn – so ein häufig angeführtes Beispiel – bei Ernteausfällen in einer Region können bei Vorhandensein einer entsprechenden Infrastruktur durch Handelsbeziehungen Ausgleichsmöglichkeiten geschaffen werden. Ein Wohlstandsgewinn durch Welthandel ist möglich, aber nicht auf jeden Fall erreichbar; er tritt nur ein, wenn die Kostenvorteile, die dadurch entstehen, dass jeder Handelspartner sich auf die Güter konzentriert, die er aufgrund seiner Ressourcenausstattung am besten produzieren kann, auch durch gerechte Handelsstrukturen allen Partnern zugutekommen.

Beide positiven Aspekte der globalen Ökonomie – Zugewinn an Versorgungssicherheit und Wohlstandszuwachs – sind in den letzten Jahrzehnten jedoch häufig überlagert worden durch deren negative Auswirkungen auf viele Regionen der Erde, Auswirkungen, die vor allem über die Mechanismen der deregulierten virtuellen Ökonomie der Finanzmärkte verstärkt wurden.

Eine funktionierende Struktur lokaler Wirtschaftskreisläufe könnte sich daher als „zweites Sicherheitsnetz“ gegen eine unkontrollierte globale Ökonomie erweisen – das das „erste Sicherheitsnetz“ des Sozialstaats gewiss nicht ersetzen, aber doch ergänzen und stabilisieren kann.

Finanzkrisen, Wachstumsproblematik und trügerische Illusionen

Auch heute, fast eineinhalb Jahrzehnte nach ihrer Veröffentlichung, sind die oben wiedergegebenen Thesen im Mainstream der Ökonomie nicht angekommen: weder in den Wissenschaften, noch in der Politik und auch nicht in den Gewerkschaften. Die Finanzkrisen wurden zwar häufiger und nahmen in den Dimensionen stetig zu: erst die Krise der „Tigerstaaten", dann die Krise der „New Economy", die Immobilienkrise in den USA, die Weltfinanzkrise 2008/2009, jetzt die Schuldenkrise europäischer Staaten mit einer Eurokrise als Folge, bald vermutlich eine erneut virulente Bankenkrise, immer begleitet von der Verschuldungskrise der USA.

Im Zuge dieser Krisen traten die Mechanismen offen zu Tage, mit denen weit entfernte Produzenten in Ländern des Südens von den Turbulenzen des Finanzmarkts betroffen wurden. Aber der Gedanke, neben anderen Zielen auch die Stärkung lokaler Ökonomien zu versuchen, ist dem Mainstream der Ökonomie fremd, denn dieser setzt unvermindert die Hoffnung auf Lösung aller Probleme auf zwei Verheißungen, die sich als trügerisch und illusionär erweisen könnten: auf Wachstum und auf Wettbewerb.

Zur Kritik einer einseitig an quantitativem Wachstum ausgerichteten Ökonomie ist in den letzten Jahren viel geschrieben worden; das muss an dieser Stelle nicht im Detail wiederholt werden.[95] In einem reichen Land lässt sich eine bestimmte Wachstumsrate bereits aus Gründen der Mathematik nicht unbegrenzt weiterführen. Ein stetig fortgesetztes quantitatives Wachstum kann auch nicht wünschenswert sein, wenn man bedenkt, dass eine Entkoppelung des Wirtschaftswachstums vom Naturverbrauch nicht beliebig möglich ist. Diese Erkenntnisse haben sich im letzten Jahrzehnt deutlich verbreitet.

Wer nun noch immer unbedingt am Ziel des Wachstums festhalten möchte, versucht sich an der Umformung des Ziels zu einem „qualitativen" Wachstum – wobei es dann plötzlich sehr viel schwieriger wird, zu bestimmen, woran man das Wachstum insgesamt messen soll. Nach wie vor halten Politik, Medien und Öffentlichkeit in weiten Teilen aber ungebrochen an dem einen Erfolgsindikator für quantitatives Wirtschaftswachstum fest: der Zuwachsrate des preisbereinigten Bruttoinlandsprodukts (BIP). Solange dies so bleibt, haben andere wirtschaftspolitische Strategien kaum eine Chance, in deren Ergebnis es zwar zu einer zukunftsfähigeren Wirtschaft, aber zu einem Rückgang des BIP käme.

Die zweite trügerische Illusion der Mainstream-Ökonomie hat jedoch vielleicht sogar noch einschneidendere Folgen. Die so genannte Lissabon-Strategie der Europäischen Union hat eine verhängnisvolle Prägung perfektioniert, indem sie zum Ziel erhob, Europa zur wettbewerbsfähigsten Region der Erde zu machen.[96] Zum einen kann es mit dieser Zielsetzung nur Gewinner und Verlierer geben, denn nicht alle Regionen der Erde können so wettbewerbsfähig werden, dass sie am Ende alle zugleich einen Exportüberschuss erzielen – dazu bräuchte es dann einen zweiten Planeten.

Vor allem aber bewirkt eine fortgesetzte Konzentration auf die Steigerung der Wettbewerbsfähigkeit sehr häufig, dass sich die Akteure auf die Förderung der Stärken einer bestimmten Wirtschaftsstruktur fokussieren, um hier die internationale Position zu sichern oder auszubauen. Dabei entstehen und verstärken sich oftmals Unterschiede innerhalb von Regionen – denn die fortgeschrittenen Branchen und Subregionen entwickeln sich weiter, die schwächeren Wirtschaftszweige und Gebiete bleiben zurück.

In diesem Kontext kann ein international eingebundenes Bankensystem eine fatale Rolle für die Entwicklung schwächerer Regionen spielen. Auch ärmere Menschen in ärmeren Regionen haben häufig kleine Ersparnisse, die sie nicht selten bei Banken anlegen. Diese Banken investieren dann in der Regel in den Regionen und Branchen, die sie für besonders gewinnträchtig halten – und das kann überall auf dem Globus sein, gewöhnlich ist es jedoch gerade nicht die Herkunftsregion, da diese unter dem Aspekt der reinen Kapitalverwertung meist nicht attraktiv ist. Dazu kommt, dass diese ärmeren Menschen nicht besonders kreditwürdig sind; mit anderen Worten: Es besteht eine sehr hohe Wahrscheinlichkeit, dass die Ersparnisse aus wenig entwickelten Regionen abfließen und bis auf eine geringe Verzinsung für die Sparer nie mehr dorthin zurückkehren. Die theoretische Begründung für die Existenz von Banken, die Allokationsfunktion, also die Vermittlung zwischen Sparern und Investoren, wird nur in sehr unvollkommener Weise erfüllt, wenn Banken sich nicht der Region zugehörig fühlen, aus der sie ihre Spareinlagen beziehen.

Lokale Ökonomien stärken

Der Weg zu einer Stärkung der lokalen Ökonomie ist auch heute in erster Linie ein Weg „von unten nach oben". Sicher muss kontinuierlich versucht werden, im Rahmen einer „Doppelstrategie" die nationale und internationale Politik so zu beeinflussen, dass der Entfaltung lokaler Wirtschaftskreisläufe Räume eröffnet werden. Die United Nations Conference on Environment and Development (UNCED) hat 1992 in Rio de Janeiro einen Weg aufgezeigt, indem das Kapitel 28 der verabschiedeten Agenda für das 21. Jahrhundert der Entwicklung von lokalen Agenden auf kommunaler Ebene eine sehr hohe Priorität beimaß. Dennoch: Ohne das aktive Engagement von einzelnen Akteuren, Gruppen und Organisationen der Zivilgesellschaft wird es hier keinen wesentlichen Fortschritt geben, wird der Sprung von hervorragenden Pionier-Projekten zur Umsetzung in der Breite einer Region nicht gelingen. Am Beispiel dreier wichtiger Aktionsfelder kann gezeigt werden, wie eine Renaissance der lokalen Ökonomie gelingen könnte.

Energie aus der Region

Das erste Feld ist die Energieversorgung. Auch in Zeiten, in denen die Notwendigkeit eines gesamtgesellschaftlichen Umbaus der Energieversorgung in den nächsten dreißig Jahren zur vorrangigen Nutzung erneuerbarer Energiequellen kaum mehr in Frage gestellt wird, haben großtechnische, globale Lösungen eine hohe Attraktionskraft: gigantische Offshore-Windanlagen, die Deckung des kompletten Energiebedarfs durch Solarstrom aus der Wüste. In einer Strategie zum Ausbau lokaler Wirtschaftskreisläufe würde jedoch ganz anders gefragt, nämlich zunächst: Welche Potenziale zur Nutzung erneuerbarer Energien sind in der Region vorhanden? Wer in der Region kann dazu beitragen, diese Potenziale zu erschließen? Und erst die dritte Frage wäre: Wie kann das finanziert werden?

Schon ein kleines Gedankenexperiment zeigt die Sprengkraft dieser Überlegung: Man möge nur einmal kalkulieren, wie viel Geld jedes Jahr aus einer bestimmten Region abfließt, um Energierechnungen zu begleichen. Diese Beträge könnten bei einer Versorgung aus heimischen Quellen weiterhin in der Region verbleiben und stünden der Region als Kaufkraft zur Verfügung. Ein erster Schritt – der in den letzten Jahren in einer Reihe von Regionen bereits gegangen wurde – besteht in der Erstellung von regionalen Potenzialanalysen zu heimischen erneuerbaren Energien.

Lebensmittel aus der Region

Das zweite Feld ist die Versorgung mit landwirtschaftlichen Produkten: in erster Linie Nahrungsmittel aus der Region. Denkbar sind auf Restflächen aber auch Produkte für Kleidung wie Hanf und Flachs oder für die energetische Verwendung. Gerade hier ist in den letzten Jahren eine bunte Palette alternativer Ansätze entstanden. Dazu gehört die wöchentliche Gemüsekiste vom Direktvermarkter ebenso wie sehr umfassend konzipierte Regionalinitiativen wie „Unser Land“ in Bayern; Bewegungen wie „urban gardening“ ebenso wie die Ansätze zur Wiederbelebung alter Dorfläden in Irland. Es gibt in Deutschland bislang keine statistisch verlässlichen Informationen darüber, wie viel Prozent der in einer Region verzehrten Lebensmittel direkt aus dieser Region kommen; dagegen sind in letzter Zeit erschreckende Werte ermittelt worden, wie viel Prozent der Lebensmittel durchschnittlich im Müll landen. Lokale Wirtschaftskreisläufe könnten, in Verbindung mit deutlichen Veränderungen der Konsumgewohnheiten, zu einer erheblichen Entlastung von Energie- und Umweltbilanzen führen – neben vielen anderen positiven Effekten für die Regionen, wenn sich deren Bewohnerinnen und Bewohner intensiv um einen anderen Lebensstil bemühen.

Banken in der Region

Der dritte Bereich wurde oben schon angesprochen: Eine Renaissance des alten „Raiffeisen-Gedankens" könnte zu einer Veränderung des Bankensystems führen. Hier sind vor allem die Bankkunden gefragt, die sich gezielt Geldinstitute mit strikt regionalem Bezug und mit einer an Kriterien der Nachhaltigkeit orientierten Geschäftsführung auswählen müssten. Hier könnte der sprichwörtliche Geldschein im Portemonnaie jedes und jeder Einzelnen in der Tat zu einer weitreichenden Veränderung auf den globalen Finanzmärkten führen – sobald sich die Nutzerinnen und Nutzer von Bankdienstleistungen ihrer „Konsumentenmacht" bewusst wären – und auch entsprechend handeln würden.

Nicht alle wirtschaftlichen Aktivitäten müssen mit traditionellem Geld verrechnet werden. Lokale und regionale Währungen – konzipiert als Komplementärwährungen zu der jeweiligen nationalen Währung – können einen Teil der Verrechnung lokaler und regionaler Wirtschaftskreisläufe aufnehmen. Dass das funktionieren kann, beweisen die bereits seit Jahren vorhandenen Beispiele: der Chiemgauer oder der Sterntaler sind Initiativen aus Bayern, die den Kinderschuhen längst entwachsen sind. Wer auf Geld ganz verzichten möchte und seine Dienstleistungen in Zeiteinheiten abgelten mag, für den bieten Tauschringe wertvolle Möglichkeiten. Und schließlich kommen Eigenarbeit, ehrenamtliche Arbeit und Nachbarschaftshilfe meist gänzlich ohne derartige Verrechnungseinheiten aus – und führen nicht selten zum höchsten Grad der Arbeitszufriedenheit.

Was lokale Ökonomie nicht ist

Drei möglichen Missverständnissen soll am Ende noch vorgebeugt werden. Erstens: Lokale Ökonomie ist kein Ruf nach Autarkie. Aber sie bedeutet, dass Handel mit Akteuren außerhalb der Region – außer in Notlagen – erst aufgenommen werden sollte, wenn dies in einer Position der eigenen Stärke und Unabhängigkeit möglich ist. Insofern bedeutet lokale Ökonomie auch eine Renaissance des über vierzig Jahre alten entwicklungspolitischen Konzepts der „local self reliance".[97]

Zweitens: Lokale Ökonomie ist keine Vision einer ländlichen, technikfeindlichen Ökonomie des 18. Jahrhunderts. Nicht alles wird in einer sehr arbeitsteiligen und technisch hoch entwickelten Gesellschaft in jeder Region produziert werden können. Aber es geht nicht darum, Arbeitsteilung und Wettbewerbsfähigkeit gegenüber anderen Regionen abstrakt zu einer absolut gültigen Zielsetzung zu erheben, sondern darum, stets zu fragen, wem eine weitere Spezialisierung wirklich nützt: den Menschen in der Region oder eben doch nur den Verwertungsinteressen eines Kapitals, über das am Ende an ganz anderen Orten entschieden wird.

Und drittens schließlich: Lokale Ökonomie ist nur zum geringsten Teil eine Strategie zur Bewältigung von Krisen des Kapitalismus. Wäre sie nur dies, wäre sie nichts weiter als eine Übergangslösung, bis jener wieder einigermaßen funktioniert. Lokale Ökonomie birgt vielmehr eine Vision eines guten Lebens im Einklang mit der ökologischen Tragfähigkeit dieser Erde in sich. Nicht zuletzt ist sie der konkrete Weg zur Umsetzung eines Appells von John Maynard Keynes. Keynes schrieb in seinem Essay ‚National Self-Sufficiency': „Ich sympathisiere daher mit jenen, die die wirtschaftliche Verflechtung zwischen Nationen eher minimieren anstelle maximieren wollen. Ideen, Wissen, Kunst, Gastfreundschaft, Reisen – dies sind Bereiche, die aufgrund ihrer Natur international sein sollten. Aber lasst uns auf heimische Produkte zurückgreifen, wann immer dies vernünftig und in angemessener Weise möglich ist; und vor allem, lasst die Finanzen vorrangig im nationalen Rahmen."[98]

Gisella Colares, Elimar Pinheiro do Nascimento

Solidarische Ökonomie jenseits von Wirtschaftswachstum

Das Beispiel der solidarischen Gemeinschaftsbank in Palmeiras[99]

Der moderne Mensch hat alle Freiheiten – bis auf jene, nicht zum Wachstum des Bruttosozialproduktes beizutragen. Die Moderne hat uns von sozialen Fesseln befreit, wir sind aber zunehmend von Konsumgütern abhängig geworden – und von unserer Fähigkeit, immer mehr zu produzieren. Diese Entwicklung ist die Folge eines utilitaristischen Individualismus und eines mechanistischen Modells, das unterstellt, dass der Markt Wohlstand spontan produziert, einem Pendel gleich durch den wechselseitigen Bezug von Angebot und Nachfrage. Nach dieser Vorstellung werden die Knappheit von Ressourcen und Kapital und spontane individuelle wirtschaftliche Entscheidungen durch den Marktmechanismus koordiniert.

Doch die Ökonomisierung von allem und jedem zerstört soziale Bezüge und missachtet die Bedürfnisse der menschlichen Seele. Der Markt hat Wirtschaftswachstum und zugleich psychologische und moralische Probleme geschaffen, aus denen soziale Verfallserscheinungen wie Kriege, Hunger, Drogen, Korruption, Arbeitslosigkeit, Umweltzerstörung und anderes mehr folgen. Daher ist es notwendig, ein anderes Sozialmodell zu entwickeln, das sich auf jene Prinzipien gründet, die in der vermarkteten Gesellschaft verloren gingen. Die solidarische Ökonomie ist eine Alternative, die sich mit Vorstellungen einer Postwachstumsgesellschaft deckt.

Das Bild vom Schenken als Orientierungshilfe für solidarisches Wirtschaften

Der französische Soziologe und Ethnologe Marcel Mauss (1872 – 1950) verstand Wirklichkeit als symbolische Ordnung, in der zentrales Symbol das Geschenk oder die Gabe ist. Sicher gibt es viele Interpretationen der Mauss'schen Ideen, hier soll die anti-utilitaristische Interpretation diskutiert werden. Die soziologische Vorstellung vom Schenken sieht eine innige Beziehung zwischen der Symbolkraft der Gabe und der Verpflichtung, zu geben, zwischen Geben und Nehmen – eine Art grundlegender Solidarität in menschlichen Gesellschaften, in denen materielle Interessen nachrangig sind. In diesem Sinne kann die soziale Ordnung nicht auf wirtschaftliche Ordnungen verengt werden.

Die Gabe ist ein neues Paradigma in den Sozialwissenschaften, eine Alternative zu den Modellen eines methodischen Individualismus oder eines Holismus, nach dem Menschen gänzlich durch Staats- und Gesellschaftsformen bestimmt werden. Im Gegensatz hierzu schlägt das Modell der Gabe eine strukturelle Ungewissheit vor, eine Vielfalt von Möglichkeiten für individuelle Verhaltensweisen. Auch nach diesem Modell gibt es Interessen, doch sie sind Folge von Wetten auf die Großzügigkeit. Man erwartet, dass Solidarität gute Früchte trägt, doch diese Erwartung wird als Möglichkeit und nicht als Gewissheit gesehen. Zugleich ist das Interesse, zu besitzen, nachrangig gegenüber dem Interesse, zu sein. Daher kann der Wunsch, geben zu wollen, nicht auf die berechnende Erwartung von Gegengaben reduziert werden.

Im Modell des Gebens schließt die Verpflichtung nicht individuelle Freiheit aus, wie es die Situation der Verschuldung tut. Geben gehört zu den sozialen Verpflichtungen und macht doch diese freier. Geber sind in freiwilliger Weise von der Ungewissheit eines Vertrages befreit und von der Herrschaft von allgemeingültigen Regeln und Verpflichtungen, die die Fähigkeit haben, Menschen gegen ihre Gefühle zu nötigen.

Die strukturelle Ungewissheit folgt aus dem Umstand, dass die Umverteilung ungewiss ist und es am Empfänger liegt, ob und wie er die Gabe gebraucht. Diese Ungewissheit erlaubt es, Vertrauen auszudrücken, und – als Konsequenz – soziale Bande zu stärken. Das Prinzip des Gebens erlaubt die Entwicklung einer politischen Vision einer guten Gesellschaft, die nicht auf Markt oder Staat reduziert werden kann. Vorgeschlagen wird, Staat und Markt wieder in eine soziale und politische Ordnung zu integrieren, die global bedeutsam ist. Solche Ideen bilden eine konzeptionelle Grundlage für Modelle solidarischer Ökonomie.

Postwachstum und solidarische Ökonomie

Postwachstum meint nicht Minuswachstum, sondern die Verringerung oder Beseitigung externalisierter Kosten wirtschaftlichen Wachstums. Die Hinterfragung der beträchtlichen Verlagerungen und Verschiebungen von Menschen und Waren auf der Erde (und damit von Wirtschaften) und der daraus folgenden negativen Umweltfolgen, und die Hinterfragung der nicht minder beträchtlichen lärmenden und bedenklichen Werbung für zunehmend nutzlose Produkte und entbehrliche Geräte, liefern gute Gründe für eine Beendigung des Wachstums der Güterproduktion.

Dies betrifft auch die Wiedereinfügung des Sozialen und des Politischen in Handelsbeziehungen, um der Bedeutung von Gemeingütern gerecht zu werden. Es ist nötig, die Herrschaft der Wirtschaft über unser Leben in Frage zu stellen und der Verfestigung künstlich erzeugter Bedürfnisse zu wehren. Wirklicher Wohlstand besteht in der vollen Entfaltung vertrauter sozialer Beziehungen und in der Wiedereröffnung von Räumen für Erfindungen und Kreativität, die durch wirtschaftlichen Totalitarismus verschlossen wurden.

In diesem Sinne wird die Entscheidung, was, wie viel und wie zu produzieren sei – die üblicherweise dem Markt überlassen wird – zu einer sozialen Auswahl, die nicht vom Interesse der Kapitalakkumulation geleitet wird. Vorrang hätte die Produktion von Gütern, die die Lebensqualität der sozial Ausgegrenzten verbessern.

Daher sollte die Wirtschaftsordnung öffentliche Güter bereit stellen und die Nachfrage nach Luxus und nach ökologisch problematischen Gütern durch die Nachfrage nach Gütern ersetzen, die nur gemeinsam genutzt werden können. Diese Güter müssen den Bedarf an Achtsamkeit, Pflege, Wissen, Teilhabe, Kreativität und anderes mehr befriedigen.

Man wird leicht feststellen, dass es viele ähnliche und sogar identische Elemente im Modell der solidarischen Ökonomie und in den Vorstellungen einer Postwachstumsgesellschaft gibt. Beide tragen revolutionäres Potential in sich – aber nur dann, wenn sie Teil der Wissensproduktion werden, wenn sie die Vorstellungswelt der Menschen erreichen und wenn sie sich in sozialer Praxis niederschlagen.

Genau hier liegt die große Schwierigkeit wirklicher Transformation. Alltägliche Praktiken, Gewohnheiten, Gedanken und soziale Symbole müssen sich ändern. Zweifellos sind dies die ersten Institutionen der Gesellschaft, selbst dann, wenn sie nicht als die wichtigsten gesehen werden – wobei die Frage ist: wichtig für wen?

Weiter darf man nicht vergessen, dass die Transformation konkrete Schritte der Verwirklichung braucht. Die Praxis solidarischen Wirtschaftens kann für Menschen an einem bestimmten Ort revolutionär sein, selbst wenn transnationale Konzerne weiter bestehen. Es geht nicht darum, die wichtigsten sozioökonomischen Institutionen „sofort“ zu ersetzen, selbst wenn „sofort“ ein historischer Prozess wäre.

Die Praxis der solidarischen Gemeinschaftsbank erlaubt den Beginn einer Wiedergewinnung ursprünglicher Funktionen menschlicher Wesen. Diese Wiedergewinnung geht einher mit einer neuen Form der Teilhabe am Arbeitsmarkt und an den Entscheidungen von Unternehmen und mit einem Zuwachs an Gemeinschaft. Die Wiederherstellung der Natur – und nicht bloß die Bewahrung dessen, was von ihr übrig geblieben ist – kann mithilfe ökologisch verantwortlicher Unternehmen des Netzwerkes solidarischen Wirtschaftens erreicht werden. Schließlich muss die ursprüngliche Funktion von Geld wieder hergestellt werden, was durch die Schaffung einer eigenen Währung möglich ist, die wirtschaftliche und soziale Dinge verknüpft, denn sie gehören im Modell der sozialen Ökonomie zusammen.

Lokale, soziale oder ergänzende Währungen können als Verrechnungseinheiten und als Tauschmittel dienen. Sie dienen nicht der Anhäufung von Kapital, sondern sind das Ergebnis eines bewussten Konsens der Gemeinschaft. Beruht eine Währung auf Hierarchie, führt sie zur Zentralisierung, zur Kapitalakkumulation einer investierenden Minderheit und zu Wettbewerb. Lokale, soziale oder ergänzende Währungen fördern Gleichheit, bieten keine Anreize für Kapitalakkumulation, ermutigen die Zusammenarbeit zwischen ihren Benutzern, führen zur Dezentralisation durch Förderung der lokalen Wirtschaft und sind immer in ausreichender Menge verfügbar.

Die Banco Popular Palmas als Konkretion solidarischer Ökonomie

Die solidarische Gemeinschaftsbank Palmas (Banco Popular Palmas) im Wohnviertel Palmeiras in Fortaleza, der Hauptstadt des nordöstlichen brasilianischen Bundesstaates Ceará, ging auf Aktivitäten des nachbarschaftlichen Zusammenschlusses der Bewohner des Armenviertels zurück. In den 1990er Jahren entwickelte die Vereinigung der Bewohner ein Projekt zur Mobilisierung der Gemeinde, um für die städtebauliche Entwicklung des Viertels und die Legalisierung von Landbesitz einzutreten. Abkommen mit der Stadt Fortaleza und der Regierung des Bundesstaates Ceará machten die Erfüllung ihrer Forderungen möglich. Doch die Bewohner des Viertels blieben so arm, dass sie ihre Häuser verkaufen und in andere Slums ziehen mussten, weil sie die Gebühren für Abwasser und Wasser und die Grundbesitzsteuer (IPTU) nicht bezahlen konnten.

Bei einem Seminar, das die Vereinigung der Bewohner 1997 durchführte, wurde der Gemeinschaft bewusst, dass sie die Fähigkeit zur Schaffung von Beschäftigung und Einkommen im Viertel verloren hatte. Sie hätten kommunale Unternehmen gründen und mit Dienstleistungen für die städtebauliche Entwicklung beauftragen können. Eine wichtige Erkenntnis war, dass die meisten Haushalte in anderen Stadtvierteln einkauften. Dadurch verließ die Kaufkraft, die lokal entstanden war, die Gemeinde und konnte an anderen Orten Einkommen schaffen.

Die Organisierung der Verbraucher war der erste Schritt, es wurde eine Art Kreditkarte, die nur in Palmeiras galt, im Sinne einer lokalen Währung eingeführt, und es wurde eine kommunale Bank gegründet: Die Art und Weise, wie wir konsumieren, definiert die Gesellschaft, die wir bauen wollen. Konsumieren ist nicht nur eine wirtschaftliche Aktivität, Konsumieren ist politisch.

Die Banco Popular Palmas begann ihre Geschäftstätigkeit mithilfe eines Darlehens in Höhe von zwei Millionen US-Dollar, das sie von einer Nichtregierungsorganisation in Fortaleza erhalten hatte. Sie vergab Darlehen an fünf Bauern und die PalmCard an zwanzig Familien. Wird ein Kredit von einem Bewohner des Viertels beantragt, wird in der Regel die Nachbarschaft zum Verhalten des Antragstellers befragt, oder die Gemeinschaft beschließt die Kreditvergabe. Bis 2010 hatte die Bank 1.800 Arbeitsplätze geschaffen und in zehn Jahren insgesamt Kredite in Höhe von 2,5 Millionen Reais (etwas über eine Million Euro) in beiden Währungen (der brasilianischen und der lokalen) vergeben.

Die Bank tauscht nicht nur Währungen, sie vermittelt auch Ideen, Beziehungen, Produkte, Wissen und anderes mehr. Sie schafft einen Raum der Gemeinschaft, der sozialen Integration, des bürgerschaftlichen Lernens. Die Gemeinde trifft sich wöchentlich im örtlichen Wirtschafts- und Sozialform FECOL, um ihre Strategien zu diskutieren und um zu entscheiden, welche Projekte unterstützt werden sollen.

Inzwischen werden die Erfahrungen der Banco Popular Palmas zur Gründung von Gemeinschaftsbanken in ganz Brasilien genutzt. Außerdem wurde das Instituto Palmas gegründet, das das Ministerium für Arbeit und Beschäftigung (MTE) bei der Unterstützung von Gründungen kommunaler Banken berät. Betont werden muss aber, dass lokale Banken nur dann erfolgreich sind, wenn das zugrunde liegende Prinzip gänzlich verstanden und das Projekt von der Gemeinde betrieben wird.

Die Banco Popular Palmas wurde ständig um die Ausweitung ihrer Geschäftstätigkeit gebeten. Diesen Bitten kam die Bank schrittweise und im Rahmen ihrer Möglichkeiten nach. Unter anderem hat die Bank folgende Aktivitäten entwickelt:

» Abhaltung örtlicher Märkte am Wochenende für lokale Erzeugnisse
» Initiierung eines Solidaritäts-Ladens, der unter der Woche lokale Erzeugnisse anbietet
» Einführung einer örtlichen Währung mit dem Ziel, die lokale Produktion und den lokalen Konsum zu fördern, und Einführung eines Tauschringes, dessen Mitglieder zugleich Produzenten und Konsumenten sind
» gemeinschaftlicher Einkauf von Erzeugnissen zu niedrigeren Preisen, um diese Erzeugnisse für die Bewohner des Viertels erschwinglich zu machen
» Untersuchung von lokaler Produktion und lokalem Verbrauch, von Wirtschaftsgruppen und solidarischen Unternehmen mit dem Ziel, die lokale Produktion zu diversifizieren und die Produktion solcher Güter zu fördern, die in der Gemeinde am

meisten gebraucht werden, außerdem soll Wettbewerb bei der Nahrungsmittelproduktion vermieden werden

» Schaffung eines solidarischen Wirtschafts- und Sozialnetzwerkes mit dem Markennamen Palma
» Aufbau von Versuchsstätten für städtische Landwirtschaft, um Nahrungssicherheit zu verwirklichen
» Wirtschaftsberatung für gefährdete Menschen, um Möglichkeiten zu ihrer Integration zu schaffen
» Gründung einer Gemeindeschule für soziale und wirtschaftliche Solidarität zur Entwicklung einer Kultur der Solidarität
» Schaffung eines Förderprojektes, bei dem öffentliche Fördermittel und Spenden in lokaler Währung ausgezahlt werden

Die Evaluierung dieser Initiativen mit quantitativen Indikatoren, die nicht der Logik der Solidarität folgen, wird wichtig sein. Aber die wichtigsten Variablen dieser Experimente sind nicht messbar, sie können nur mit qualitativen Indikatoren erfasst werden.

Schließlich ist das Gemeindeexperiment gut vereinbar mit dem Postwachstums-Modell, denn es ermöglicht die Regionalisierung von Wirtschaft, die Bevorzugung der lokalen Wirtschaft, das Einsparen von Energiekosten und die Reduktion von Treibhausgasen. Die Umverteilung schafft Arbeitsplätze und Einkommen für Menschen in prekären Situationen und fördert die Entwicklung, Aufrechterhaltung und Sicherung von nur gemeinschaftlich nutzbaren Gütern.

Margit Appel, Paloma Fernández de la Hoz

Armut – Energieeffizienz – alternative Energie

Vorläufige Ergebnisse eines Forschungsprojektes

Im Zuge des Klimawandels rücken die Wechselwirkungen zwischen Klima und menschlichem Handeln zunehmend in den Vordergrund, einige Aspekte dieser Wechselwirkungen bleiben trotzdem unterbelichtet. Dazu zählen die Wechselwirkungen zwischen Armut und Energieverbrauch: In den EU-Ländern manifestiert sich Armut auch – je nach Klima in mehr oder weniger akuter Weise – als Energiearmut („fuel poverty"). Menschen, die von Armut betroffen beziehungsweise armutsgefährdet sind, haben Schwierigkeiten, für die Kosten ihres Energieverbrauchs aufzukommen. Die Energiekosten entpuppen sich bei vielen von ihnen als eine echte „Kostenfalle", die sich über die Zeit noch zuspitzt.

Rund zwölf Prozent der österreichischen Bevölkerung beziehungsweise rund eine Million Einwohnerinnen und Einwohner sind armutsgefährdet. Dieser Anteil der Bevölkerung verfügt aus unterschiedlichen Gründen nur über einen beschränkten Zugang zu Energieeffizienzmaßnahmen (Energy Efficiency Improvement, EEI) beziehungsweise zum Einsatz erneuerbarer Energieträger (Renewable Energy Systems, RES). Dies ist sowohl aus sozialpolitischer als auch aus energie- und klimaschutzpolitischer Sicht problematisch: Zum einen verfestigt der Ausschluss von EEI und RES die mögliche Situation der Energiearmut in dieser Bevölkerungsschicht, zum anderen wird dadurch auch die Wirkung der Energie- und Klimaschutzpolitik beeinträchtigt.

Was ist Energiearmut?

Die Europäische Partnerschaft für Energie und Umwelt (European Partnership for Energy and Environment, EPEE), eine Initiative von vor allem transnationalen Konzernen, versteht unter Energiearmut „eine Schwierigkeit oder sogar Unfähigkeit, angemessene Heizung zu einem angemessenen Preis in der Wohnung zu haben." [100] Diese Definition verweist auf Zusammenhänge zwischen Armut, Wohnen und Energieverbrauch, beziehungsweise -kosten, bleibt aber allzu ungenau und in der Folge nicht operativ für sozialwissenschaftliche Zwecke. Diese Ungenauigkeit resultiert aus der Bedeutung kontextbezogener Faktoren bei der Messung von Energiearmut. Dabei geht es nicht nur um soziale Faktoren – wie etwa die Kategorisierung relativer Armut – sondern auch um naturbezogene Faktoren, wie die klimatischen Bedingungen in einem konkreten Land. Aus diesem Grund wird es wohl sehr schwierig, auf eine allgemein gültige und allgemein akzeptierte gemeinsame Definition von Energiearmut für die EU-Länder zu kommen. Nichtsdestotrotz ist es erforderlich, in jedem Land das Verständnis von Energiearmut zu bestimmen, wenn diese eingehend untersucht und die Entwicklung im eigenen Land mit der in anderen Ländern verglichen werden soll.

Von einer solchen deutlichen Definition von Energiearmut sind die meisten EU-Länder, darunter auch Österreich, noch weit entfernt, obwohl ähnliche Probleme festgestellt werden. So sind etwa in fünf untersuchten Ländern bestimmte gemeinsame Faktoren für Energiearmut identifiziert worden – niedriges Einkommen, schlechter Zugang zum Arbeitsmarkt, Wohnsubstandard und hohe Energiekosten. Daraus ergeben sich deutlich erkennbare negative Tendenzen, sowohl für die Betroffenen als auch für die Öffentlichkeit: Durch Energiearmut wird tendenziell der physische und/oder psychische Gesundheitszustand der Betroffenen beeinträchtigt, der Zustand ihrer Wohnungen verschlimmert sich, Verschuldungsprobleme nehmen ebenso zu wie CO2-Emissionen.[101]

Diese Beobachtungen unterstreichen die Bedeutung einer Definition von Energiearmut. Zur Orientierung bietet sich die erste quantifizierte und heute in Großbritannien angewandte Definition von Energiearmut an, über deren Angebrachtheit weiter zu reflektieren ist: „sie tritt ein, wenn ein Haushalt nicht in der Lage ist, angemessene Energiedienstleistungen für zehn Prozent seines Einkommens zu beziehen".[102]

Ziele des Forschungsprojektes

Angesichts der Forschungslage wird in Österreich ein Forschungsprojekt über die Bekämpfung von Energiearmut durch Förderung der Energieeffizienz durchgeführt.[103]

Hauptziele des praxisorientierten Projektes sind einerseits die Verortung und Untersuchung von Wegen zur Vorbeugung und Überwindung von Energiearmut in österreichischen Haushalten durch effizienten Verbrauch von Energie und Einsatz alternativer Energiequellen und andererseits die Vermittlung der gewonnenen Kenntnisse an Entscheidungsträgerinnen und -träger. Weiter stellt das Projekt Mitarbeiterinnen und Mitarbeitern von Sozialeinrichtungen praxistaugliche Materialien bereit, die sie in ihrer Beratungskompetenz im Hinblick auf Vermeidung von Energiearmut und Förderung der Energieeffizienz bei vorübergehend oder langfristig von Energiearmut betroffenen Haushalten stärken.[104]

Im Folgenden werden als vorläufige Ergebnisse Erfahrungen der Sozialeinrichtungen skizziert.

„Kostenfalle Energie"

Energiearmut entpuppt sich als eine Kostenfalle: Die meisten Klientinnen und Klienten reagieren und suchen Hilfe, wenn sie – oft ohne es rechtzeitig merken zu können – hohe Schulden angehäuft haben. Bei ihnen übersteigen die Energiekosten meistens zehn Prozent des verfügbaren Einkommens. Klientinnen und Klienten mit Bildungsdefiziten und vererbter Armut geraten sehr leicht in die „Kostenfalle Energie". Die Mess- und Kommunikationsmittel, die Energielieferanten anwenden, erweisen sich als sehr unangebracht, um Energiearmut vorzubeugen. Je klarer Klientinnen und Klienten ihre Kosten kontrollieren können, desto besser können sie Schulden abbauen, beziehungsweise vermeiden.

Risikogruppen

In Bezug auf ihre Klientinnen und Klienten erwähnen die Expertinnen und Experten immer wieder längst bekannte Risikogruppen: Familien mit vielen Kindern, Alleinerziehende, ältere Menschen, erwerbslose Jugendliche. Innerhalb ein und derselben Gruppe kommt es aber zu einer Vielfalt von Verhaltensweisen im Zusammenhang mit Energiekonsum und Energiearmut. Daher ist es unmöglich, irgendeine Typologie von Betroffenen herzustellen.

Kontakte zu Menschen mit Migrationshintergrund scheinen bei den Expertinnen und Experten viel schwächer zu sein. Dies kann Zufall oder ein Verweis auf Integrationsdefizite sein (mangelnder Zugang zu Informationen und Sozialdiensten), was noch zu prüfen sein wird.

Insgesamt verweisen die Expertinnen und Experten auf deutliche Unterschiede zwischen Klientinnen und Klienten, je nachdem, ob sie nur phasenweise mit Energiearmut konfrontiert oder langfristig von Armut betroffen sind. In der letzten Gruppe sind Schamgefühle, psychische Überforderung und intellektuelle Defizite deutlich. Dies wird zu einer zusätzlichen Hürde bei der Vermeidung und Überwindung der „Kostenfalle Energie".

Segmentierter Wohnungsmarkt

Hinsichtlich des Wohnungsmarktes ist die Situation bestimmter Gruppen in Landgemeinden, bis hin zu kleineren Städten, schlechter, als zum Beispiel in Wien.

Vieles deutet darauf hin, dass neuere Maßnahmen zur Förderung der Wohnqualität und des Wohnstandards im Bereich des kommunalen und genossenschaftlichen Wohnbaus eher die Situation von Haushalten aus den Mittelschichten begünstigt haben, aber kaum die Situation von armen Haushalten: Die Segmentierung des Wohnungsmarktes scheint sich zugespitzt zu haben.

Mit der Wohnbauförderung von neun Bundesländern und unterschiedlichen zusätzlichen Fördertöpfen, gibt es in Österreich eine Vielfalt von Energieeffizienzförderungen. Da diese jedoch meist erhebliche Investitionen voraussetzen, sind sie für die Zielgruppe der von Armut Betroffenen nicht zugänglich. Zuschüsse, Beihilfen (Heizkostenzuschuss, Heizbeihilfe usw.), aber auch Sozialtarife schaffen zwar punktuelle Erleichterung des Budgets, haben jedoch keinen Effekt auf den Energieverbrauch.

Sowohl im Ausland als auch in Österreich gibt es jedoch Pilotprojekte, die Energieberatung und Direktinvestitionen speziell für die Zielgruppe einkommensschwache Haushalte anbieten. Aus Deutschland stammt die Idee des „Stromsparcheck": Hier bieten als Energieberater geschulte Langzeitarbeitslose einkommensschwachen Haushalten eine Energieberatung sowie die kostenlose Installation von Energiesparhilfen (schaltbare Steckdosenleisten, Thermostatventile, wassersparende Duschköpfe usw.) an. Je nach Gemeinde ist auch der kostenlose Austausch eines Haushaltsgeräts vorgesehen.

Noch weiter gehen Organisationen in England und Belgien: Hier werden neben diesen Kleininvestitionen sogar Sanierungsmaßnahmen an der Gebäudesubstanz (Dachisolierung, Wanddämmung usw.) kostenfrei durchgeführt.

Kontakte der Sozialeinrichtungen zu Energieversorgern

In der Mehrzahl der Fälle werden die Kontakte der Beratungseinrichtungen beziehungsweise der Sachwalter zu den Energieversorgern (im Falle von Nachzahlungen oder Absperrungen) als konstruktiv und um Problemlösung bemüht eingestuft, es wird aber auch Verbesserungspotential in Richtung Einstufungs- und Abrechnungstransparenz sowie in Richtung Umgang mit Pre-Paid-Systemen gesehen. Bestehende Transferleistungen im System der Sozialhilfe (Heizkostenzuschuss u.ä.) und länderspezifische „Einmalhilfen" werden als unerlässlich angesehen, damit viele Haushalte ihrer Klientel die jährlichen Herausforderungen der Energie-Jahresabrechnung beziehungsweise der sonstigen Heizmaterialkosten einigermaßen bewältigen können.

Ist-Zustand und Ausblick

Armutsbetroffene Haushalte sind in der Regel von mehrfachen Problemlagen (Einkommenssicherung, Erhalt des Wohnraumes, Schuldenregulierung, u.a.) betroffen. Die interviewten Expertinnen und Experten aus den Bereichen der Sozial- und Schuldenberatung sowie der Sachwalterschaft stimmen darin überein, dass Fragen des Energiesparens und der Energieeffizienz angesichts der prekären Einkommenssituation ihrer Klientinnen und Klienten von Bedeutung wären. Doch diesen Fragen könnten weder von der Mehrheit der Expertinnen und Experten noch der Betroffenen Priorität gegeben werden.

In mehreren Interviews wurde deutlich, dass in den persönlichen Einstellungen und Verhaltensweisen der von Energiearmut Betroffenen ein eher geringes Potential betreffend Energiesparen und Energieeffizienz (sowohl im Blick auf Heizen, Warmwasserbereitung, Stromnutzung, Haushalts-Geräteausstattung, als auch, und erst recht, hinsichtlich der Wohnsubstanzverbesserung) gesehen wird. Es überwiegt die Erfahrung, dass armutsbetroffene Haushalte aufgrund ihrer prekären Einkommenssituation, die oft mit weiteren Problemlagen einhergeht, neben Information und Aufklärung veränderte strukturelle Rahmenbedingungen (Wohnungsmarkt, Tarifsystem, Einkommen) brauchen würden, um die Chance zu haben, nachhaltig aus der Situation von Energiearmut heraus zu kommen beziehungsweise die Situation zumindest deutlich zu verbessern.

Die derzeit im Gang befindliche Umstellung des Systems der Sozialhilfe auf die bedarfsorientierte Mindestsicherung auf Ebene der einzelnen Länder, lässt in Bezug auf die Änderungen und die Wirksamkeit des neuen Systems derzeit viele Fragen offen.

Diese und weitere Analysen über alltägliche Wechselwirkungen zwischen vorgegebenen Rahmenbedingungen und individuellem Handeln sind in Hinblick auf die Identifizierung von Maßnahmen beziehungsweise Initiativen erforderlich, um Menschen, die von Energiearmut betroffen sind, wirksam bei der Vermeidung der „Kostenfalle Energie", bei einem optimierten Energieverbrauch sowie bei einem erfolgreichen Einsatz sparsamer Technologien und erneuerbarer Energiequellen unterstützen zu können.

Markus Vogt

Grenzen des Wachstums und eine Ethik des Genug

Wachstum – Verheissung, Reife, Übermass

In der Bibel ist Wachstum ein höchst positiver Begriff. In der Schöpfungsgeschichte erteilt Gott allem Lebendigen seinen Segen, zu wachsen und sich zu vermehren. Ähnlich heißt es beispielsweise auch im Jakobssegen (Gen 48,4): „Ich will dich wachsen lassen und mehren und dich zu einem großen Volk machen und dir das Land zu eigen geben." Wachstum ist hier Teil und Inbegriff der Heilserwartung.

Im Neuen Testament taucht „wachsen" in Verbindung mit Gerechtigkeit, Glaube, Gnade sowie dem Wort und der Erkenntnis Gottes auf (Apg 12,24; 2 Kor 9,10; Eph 4,15; Kol 1,11; 2 Tes 1,3; 2 Petr 3,18); in den Reich-Gottes-Gleichnissen dient das Wachstum (des Samens, der Lilie) als Metapher für das Wirken Gottes. Wachstum erscheint hier als Folge und Ausdruck der Zuwendung Gottes, als Geschenk, nicht jedoch als

Gegenstand menschlicher Zielsetzung. Wenn der Mensch Wachstum von sich aus anstrebt und beansprucht, kann es die negative Bedeutung „Hoffart" oder „Übermut" bekommen.

Den Hintergrund der Wachstumsmetaphorik, sowohl im biblischen wie im heutigen Sprachgebrauch, bildet das biologische Phänomen „Leben".

Ohne Wachstum kein Leben. Es ist eine Grundeigenschaft der Natur. In seinem biologischen Kontext beinhaltet der Begriff Wachstum jedoch einen Punkt der Reife, des Ausgewachsenseins. Ein solcher Abschluss des Wachstums scheint in der modernen Wirtschaft gerade nicht einzutreten.

Daher wird seit Jahrzehnten immer wieder neu darüber debattiert, ob dem Wachstum Grenzen gesetzt werden müssen – bevor es an die Grenzen eines Abgrunds stößt, wie beispielsweise die gegenwärtige Finanz- und Wirtschaftskrise zeigt. Das Schlagwort, mit dem eine derartige Grenzgestaltung meist diskutiert wird, ist das der Nachhaltigkeit.

Postwachstum

Unter „nachhaltiger Entwicklung" wird zumeist ein erweitertes Vorsorgeprinzip verstanden, mit dessen Hilfe die ökologische Krise im Einklang mit ökonomischen und sozialen Belangen bewältigt werden soll. Insbesondere zwei Auffassungen stehen sich gegenüber, wie ökologische Stabilität mit anderen gesellschaftlichen Zielen in Einklang gebracht werden kann.

Der „technische Weg" setzt darauf, die ökologischen und sozialen Probleme durch vermehrte Innovationen in Technik und Wirtschaft zu lösen, etwa indem Produkte und Produktionsprozesse deutlich effizienter und zudem stärker in den natürlichen Materialkreislauf eingebettet werden. Dadurch wird zugleich ein weiteres Wertschöpfungswachstum erzielt, das den gesellschaftlichen Wohlstand ansteigen lässt.

Im Unterschied dazu wenden sich Konzepte, die unter „Postwachstumsökonomie" subsumiert werden können, von der Strategie des „mehr desselben" ab und peilen eine quantitative Reduktion des ökonomischen Systems an. Sie zielen auf eine Eindämmung von Wachstumsursachen. Anvisiert werden suffiziente Lebensstile im Sinne einer „Entrümpelung" und „Entschleunigung". Konsumaktivitäten sollen reduziert und, wo es sinnvoll ist, in Eigenarbeit, moderne Formen von Subsistenz und in regionales Wirtschaften umgewandelt werden.

Bescheidenere, aber sozial stabilere und ökologisch verträgliche Versorgungsstrukturen stellen dem dominanten technischen einen kulturellen Weg gegenüber: Ohne Wandel von Zielen und Ansprüchen, deren Maßlosigkeit kulturgeprägt ist, lassen sich die ökologischen Existenzgrundlagen langfristig nicht erhalten.

Nachhaltigkeit braucht neue Lebensstile

Die Chancen eines dauerhaften Wohlstandes sind für den Großteil der Menschen in den hoch entwickelten Volkswirtschaften heute nicht primär durch ein Mehr an Produkten und Erlebnisangeboten zu verbessern, sondern nur auf der Basis einer nachhaltigen Entwicklung. Diese gründet sich auf einer weltweiten Balance zwischen der Bedürfniserfüllung heutiger und künftiger Generationen, unter Berücksichtigung der ökologischen Kapazitäten der Erde und der gerechten Teilhabechancen der wirtschaftlich weniger Leistungsfähigen.

Nachhaltigkeit braucht eine Entkoppelung von wirtschaftlicher Entwicklung und Umweltverbrauch. Die Chancen hierfür durch technische Innovationen zur Entlastung der Umwelt sind gut. Die Entkoppelung gelingt bisher jedoch vor allem deshalb nicht hinreichend, weil die Entlastungen weitgehend durch eine kontinuierliche Steigerung des Umsatzes sowie des Anspruchsniveaus kompensiert werden.

Wohlstand und Lebensqualität für alle setzen deshalb einen Wandel der Lebensstile und ein Ethos des Genug voraus. Dessen Kennzeichen ist für die wohlhabenden Bürger der Übergang vom mengenorientierten und verbrauchenden Konsum zum qualitätsorientierten und schonenden Gebrauchen der Güter.

Selbstachtung, die Achtung anderer, wirtschaftliche Vernunft, Gerechtigkeit gegenüber künftigen Generationen sowie Solidarität mit den Menschen des globalen Südens konkretisieren sich in der Suche nach nachhaltigen Lebensstilen. Sie zielen nicht auf Wohlstandsverzicht, sondern auf intelligente, rohstoff- und umweltschonende Nutzungs- und Verteilungsstrukturen für möglichst viele Menschen, einschließlich kommender Generationen.

Jeder Bürger kann täglich durch eine „Politik mit dem Einkaufskorb" ein Stück mitentscheiden, was und wie produziert wird, und damit an der Durchsetzung ökosozialer Verantwortung mitwirken. Es ist jedoch keineswegs leicht, sich hinreichend über die möglichen Alternativen zu informieren und sich der „sanften Gewalt" dauernder Wunscherzeugung und Manipulation durch Werbung zu entziehen.

Aber die Anstrengung lohnt sich: Wer bewusst nach dem Prinzip der Nachhaltigkeit lebt, ist freier, weil er bedenkt, was er braucht und was er nicht braucht und woran er sich durch seine Kaufentscheidungen beteiligt. Die Unabhängigkeit von der Außenlenkung durch Konsumversprechen schafft eine eigene Art von Freiheit und Souveränität. Lebensqualität ist nicht nur an dem zu messen, was man hat, sondern auch an dem, was man bewusst nicht braucht und worauf man zu verzichten vermag.

Diese Sichtweise ist jedoch nicht nur eine Frage der Charakterbildung und persönlichen Souveränität, sondern auch eine Frage der gesellschaftlichen Strukturen und Anreize. Deshalb sind ökosoziale Lebensstile und ökosoziale Marktwirtschaft wechselseitig aufeinander angewiesen. Nachhaltiger Konsum wird nur dann zur Massenbewegung werden, wenn Wertewandel und Effizienzstrategien, Teilhabechancen sowie Verbraucherschutz und Marktprozesse sich wechselseitig unterstützen.

Schöpfungsglaube und Wertewandel

Gerade im Bewusstmachen der vielfältigen Dimensionen dessen, was dem dauerhaften Wohl(stand) des Menschen dient, können die Kirchen einen attraktiven Beitrag leisten: Für die christliche Schöpfungsethik ist die Welt nicht Warenlager, sondern „Lebenshaus für alle Geschöpfe" (Zenger) und Bestandteil der eigenen Identität. Wohlstand umfasst damit auch die Umweltqualität als Dimension von Wohlbefinden, Gesundheit, Kultur und Lebensfreude. Die Achtung der Schöpfung in ihrem Eigenwert ist für Christinnen und Christen unverzichtbarer Bestandteil von Gerechtigkeit und Frieden.

Das christliche Menschenbild bietet vielfältige Ansätze für eine Kritik der Gleichsetzung von „gut leben" und „viel haben". Es fördert Lebensstile und Wertorientierungen, die Lebensqualität nicht nur an der Menge verfügbarer Güter messen, sondern primär am Gelingen sozialer Beziehungen und persönlicher Entfaltung. Güterausstattung ist dabei eine Voraussetzung, die hinreichend erfüllt sein muss (Suffizienz), nicht jedoch der leitende Zielwert, den es zu maximieren gilt.

Gleichwohl ist eine Skepsis gegenüber einer Konsumhaltung, die ausschließlich auf ein Versorgt- und Unterhaltenwerden zielt, nicht notwendigerweise und ausschließlich im christlichen Glauben verankert. Sie kann ebenso ausgehen vom klassischen aristotelischen Verständnis des Glücks als schöpferisches Tätigsein in dem, was man gut kann. Denn ein hohes Maß an Medien- und Warenkonsum macht auf Dauer passiv, fantasielos und unglücklich.

Beglückender Wohlstand braucht Wertbewusstsein statt bloßer Schnäppchenjagd. Zufriedenheit lässt sich nicht durch immer mehr Konsum steigern, sondern drückt sich gerade auch darin aus, dass der Konsum Grenzen findet. Wer es wirklich versteht, das Leben zu genießen, konzentriert sich auf das Wesentliche, lernt, Maß zu halten, und schult seine Aufmerksamkeit für die Mitmenschen sowie die Schönheiten von Natur und Kultur.

Eine Kultur der Nachhaltigkeit, die Wohlstand durch Kreativität und Achtung gerade der Schwächeren ermöglicht, ist ganz wesentlich eine Frage der Bildung. Soll diese zu Freiheit und Mündigkeit in der modernen Welt befähigen, spielen in ihr die Fragen und Kompetenzen der Nachhaltigkeit sowie der gelebte Wertewandel für verantwortete Freiheit eine wesentliche Rolle. Bildung für Nachhaltigkeit ist eine unverzichtbare Investition in die Zukunft. Denn sie schenkt Menschen neue Horizonte durch kognitive, emotionale, soziale, spirituelle und praktische Kompetenzen.

Wege zu einem ökosozialen Wohlstandsmodell

Etwa zwei Drittel des mit häufig verschwenderischem und achtlosem Konsum verbundenen Naturverbrauchs wird in andere Länder ausgelagert („ökologischer Rucksack", zum Beispiel durch Futtermittelimporte für die Fleischproduktion). Daraus entstehen zwischen Ländern und Kontinenten massive Gerechtigkeitsprobleme.

Man kann diese „ökologische Aggression" (Klaus Töpfer) als moderne Form des Kolonialismus interpretieren. Weltweit wird ein wachsender Teil der kriegerischen Auseinandersetzungen durch Ressourcenkonflikte ausgelöst. Vorsorgende Friedenspolitik und Wohlstandssicherung sind heute nur dann realisierbar, wenn sie sich mit einer entschlossenen Wende zu nachhaltigen Lebens-, Arbeits- und Wirtschaftsstilen verbinden.

Viele Produkte werden mit großem Ressourcen- und Energieeinsatz hergestellt, haben jedoch oft nur eine kurze Lebensdauer, weil ihre Reparatur bei Beschädigungen sehr teuer ist. Diese enorme Verschwendung hat ihre strukturelle Ursache in der einseitigen Verteilung der Faktorkosten zwischen Arbeit, Kapital und Energie: Der Faktor Arbeit macht in Deutschland sowie vergleichbaren Industrieländern betriebswirtschaftlich häufig den größten Teil der Kosten aus, ohne entsprechend zur Wertschöpfung beizutragen. Dies hat zur Folge, dass Gewinnsteigerung vorwiegend dadurch erzielt werden kann, dass Arbeit durch Kapital beziehungsweise energieintensive Maschinen ersetzt wird.

Die Krise der Arbeitsgesellschaft und die Umweltkrise haben also wesentlich die gleiche Ursache. Deshalb können sie auch nur gemeinsam gelöst werden.

Die verbreitete Vorstellung, dass für den Umweltschutz nur dann Zeit und Geld übrig bleiben, wenn Wirtschaft und Soziales „zufriedenstellend geregelt“ sind (Trickle-down-Ansatz), ist eine falsche Strategie. Nachhaltige Lebens- und Wirtschaftsweisen sind kein Luxus für bessere Zeiten, sondern Voraussetzung für wirtschaftliche Stabilität und soziale Sicherheit. Sie schaffen Arbeitsplätze, indem sie beschäftigungsintensive Bereiche gegenüber energie- und ressourcenintensiven begünstigen.

Die Vorstellung, dass Arbeitslosigkeit durch „Wachstum“ allein dauerhaft überwunden werden könnte, muss inzwischen als widerlegt gelten, insbesondere angesichts der vielfachen Erfahrung des „jobless growth“. Denn zumeist wird primär in das Wegrationalisieren des Kostenfaktors Arbeit investiert. Doch gerade im Blick auf die weltweite Armutsbekämpfung muss die existentielle Bedeutung der Natur (sauberes Wasser, fruchtbarer Boden etc.) wieder als vorrangiges Basisgut gegenüber dem Aspekt der Konsumgüterversorgung durch Geldmärkte beachtet werden.

Die Leitgröße „Wachstum“ – in Politik und Wirtschaft meist unhinterfragt vorausgesetzt – ist für sich allein ein falscher Kompass. Nicht die Maximierung von Wachstum, sondern die Optimierung der Wohlstandsfunktion und Teilhabechancen für möglichst viele, bei Minimierung des damit verbundenen Ressourcenverbrauchs, ist eine zukunftsfähige Zielgröße. Nur ein ressourcenleichter Wohlstand ist zukunfts- und gerechtigkeitsfähig.

Nachhaltigkeit und Lebenslust

Nachhaltige Lebensstile sind mit Lebenslust, Genuss sowie dem individuellen Streben nach Glück vereinbar. Sie widersprechen jedoch häufig gesellschaftlichen Trends (zum Beispiel der Idealisierung von

Prestigegütern für hohes Image oder gar als Lebenszweck). Nachhaltige Lebensstile brauchen deshalb gesellschaftliche Einbindung, Bildung, politische Unterstützung und wirtschaftliche Anreize. Dafür benötigt der Einzelne Ermutigung und Kompetenzen, um die ersten Schritte im Rahmen seiner Möglichkeiten zu tun.

Bewusstseinsbildung für nachhaltige Lebensstile vermittelt nicht „Umweltfrust", sondern „Schöpfungslust". Statt auf Zukunftsangst oder das schlechte Gewissen zu setzen, geht sie von Freude an der Schöpfung aus und lässt sich von der Frage nach dem, was das Leben für alle lebenswert macht, leiten. Methodisch stellt christliche Umwelt- und Sozialbildung die positive Erfahrung zwischenmenschlicher Begegnungen und Naturerlebnisse in den Mittelpunkt. Sie versteht eine nachhaltige Lebensweise, solidarische Gemeinschaftsbildung und hohe Umweltqualität als wesentliche Faktoren von Wohlbefinden und Lebenslust.

Konrad Raiser

Individuelle und strukturelle „Gier“ als ethisch-theologisches Problem

Die folgenden Überlegungen sind Teil eines Diskussionsprozesses im Rahmen des Studienprogramms des Ökumenischen Rates der Kirchen, das sich in Weiterführung des vorangegangenen AGAPE-Prozesses den Problemen von „Armut, Wohlstand und Ökologie“ widmet. Eine spezielle Arbeitsgruppe untersucht seit zwei Jahren die Frage, ob es möglich ist, neben der so genannten „Armutsgrenze“ ebenfalls eine Grenze für exzessiven Reichtum bzw. „Gier“ („greed line“) zu definieren. Die Frage nötigt zu komplexen methodischen Überlegungen hinsichtlich der dafür notwendigen sozialen, wirtschaftlichen und finanziellen Indikatoren. Darüber hinaus geht es um grundlegende ethische und theologische Probleme. Der Diskussionsprozess ist noch nicht abgeschlossen. Daher kann hier nur der vorläufige Stand der Überlegungen berichtet werden.

Den Anstoß zur Diskussion über eine „greed line" gab der Abschlussbericht über das Studienprojekt „Christianity, Poverty and Wealth", das die Vereinigung europäischer kirchlicher Hilfswerke APRODEV durchgeführt hatte (vgl. den von Michael Taylor herausgegebenen Abschlussbericht von 2003).

Der Bericht regte an, die Frage gesellschaftlich akzeptablen Wohlstands zu beziehen auf die Situation sozialer und wirtschaftlicher Ungleichheit innerhalb und zwischen den Ländern und stellte die Frage, ob es möglich sei, Indikatoren für exzessiven Wohlstand in Analogie zu Indikatoren für Armut zu entwickeln. Im Hintergrund stand die Suche nach Alternativen zum traditionellen Maßstab des Bruttosozialprodukts als Indikator für gesellschaftlichen Wohlstand.

Bereits einige Jahre früher hatten sich Harry de Lange und Bob Goudzwaard in ihrem Buch „Weder Armut noch Überfluss. Plädoyer für eine neue Ökonomie" (München 1990) diesem Problem zugewandt. Sie hatten darin ein grundlegend anderes Verständnis von Wachstum gefordert, das nicht davon ausgeht, dass menschliche Bedürfnisse grenzenlos sind. Nach ihrer Überzeugung ist es notwendig, eine Obergrenze für den Konsum und damit auch für Einkommen festzulegen. Nur so können die grundlegenden Bedürfnisse der Armen befriedigt und die schädlichen Auswirkungen der Wirtschaft auf die Umwelt unter Kontrolle gebracht werden.

Ethische und theologische Überlegungen zum Problem exzessiven Reichtums oder Gier finden eine relativ klare Grundlage in der biblischen Tradition. Sie ist geprägt von der Überzeugung, dass menschliches Leben abhängig vom Segen Gottes ist, der allen das für ihr Leben Notwendige gewährt. Reichtum ist daher ein Ausdruck göttlichen Segens, aber er ist bestimmt für das Wohlergehen der ganzen Gemeinschaft und muss daher geteilt werden.

Die Bibel kennt eine klare Grenze zwischen legitimem und illegitimem Wohlstand: nach dem siebten sowie dem neunten und zehnten Gebot des Dekalogs verletzt ein Streben nach Wohlstand diese Grenze, wenn es die Nächsten dessen beraubt, was sie zum Leben brauchen. Der biblische Realismus rechnet damit, dass Menschen ständig in Versuchung stehen, mehr zu akkumulieren, als sie für ein menschwürdiges Leben brauchen. Die Regelungen für das Sabbat- und das Erlassjahr zielen daher auf eine regelmäßige Korrektur der entstandenen Ungleichheiten. In seiner Ankündigung des Reiches Gottes nimmt Jesus Bezug auf die Tradition des Erlassjahres mit der Verheißung, dass die Armen wieder eingesetzt werden in ihren rechtmäßigen Platz in der Gemeinschaft.

Auf diesem Hintergrund ergibt sich deutlich, dass "Gier", das heißt, das Streben danach, mehr zu haben und zu besitzen als den jeweils legitimen Anteil an den Gütern, einer klaren Verurteilung verfällt. Nicht betroffen von diesem Urteil ist das natürliche Streben, die eigenen materiellen Verhältnisse zu verbessern, so lange dies nicht dazu führt, andere ihres legitimen Anteils zu berauben.

Die Verurteilung von Gier ist jedoch nicht nur ein moralisches Urteil, sondern Gier wird als Ausdruck von Götzendienst verstanden: das Streben nach materiellem Besitz und nach Macht tritt an die Stelle des Vertrauens auf Gott. Die Geschichte von der Versuchung Jesu durch den Teufel verweist auf die perverse Spiritualität des Verlangens nach wirtschaftlicher, politischer und religiöser Macht (Lk. 4,1ff). In der Gier kommt die menschliche Neigung zum Ausdruck, die Suche nach einem erfüllten Leben auf das „Haben"zu konzentrieren, das heißt, auf materiellen Besitz und die Macht zur Absicherung des eigenen Lebens. Aber wahres Leben lässt sich weder kaufen, noch vermehren oder absichern. Alle Menschen brauchen für ein erfülltes Leben verlässliche Beziehungen, sie streben nach Gerechtigkeit, Anerkennung, Liebe und Sicherheit. Diese immateriellen Bedürfnisse können nicht durch die Akkumulation materieller Mittel befriedigt werden. Sie verweisen darauf, dass die Fülle des Lebens abhängig ist von gelingenden Beziehungen in der menschlichen Gemeinschaft, der Beziehung zur natürlichen Mitwelt und zur umfassenden Wirklichkeit Gottes.

Die christliche Tradition bekennt den Heiligen Geist als die Macht, die „lebendig macht". Durch den Geist schafft und erhält Gott das Leben der menschlichen Gemeinschaft. Das Leben im Geist ist für das Neue Testament nicht eine besondere Dimension oder Qualität des

Lebens, die durch spirituelle Praxis entwickelt und gepflegt werden kann. Das Leben im Geist steht vielmehr für die Fülle des Lebens in wahrer Gemeinschaft mit Gott, mit anderen Menschen und mit der ganzen Schöpfung.

Die Früchte des Geistes wie Liebe, Freude, Frieden, Geduld, Freundlichkeit, Güte und Treue (Gal. 5,22) sind die sichtbaren Zeichen der Wirkungsmacht des Reiches Gottes, von dem der Apostel Paulus sagt: „Das Reich Gottes ist nicht Essen und Trinken, sondern Gerechtigkeit und Friede und Freude in dem Heiligen Geist" (Röm. 14, 17)

Was ist „Gier"?

Erinnerungen an die biblische, theologische und ethische Tradition können freilich die Bemühung um begriffliche Klarheit im Blick auf das Phänomen der „Gier" nicht ersetzen. Sie nötigen aber dazu, klar zu unterscheiden zwischen Wohlstand, Eigeninteresse, Wettbewerb einerseits und Gier andererseits. Außerdem muss unterschieden werden zwischen Gier als individuellem Verhalten und als Ausdruck struktureller Dynamik. Die biblische und altkirchliche Verurteilung von Gier bezieht sich vor allem auf das persönliche Verhalten. Die strukturellen Aspekte sind noch nicht wirklich im Blick. So kann sich leicht eine Verengung auf den individualethischen Aspekt ergeben. Dennoch lassen sich auf diesem Hintergrund der theologisch-ethischen Verurteilung von Gier und exzessiver Vermehrung oder dem Missbrauch von Wohlstand und Reichtum eine Reihe allgemeiner Kriterien formulieren, um zu bestimmen, wann das Streben nach Gewinn, Macht und Rendite sowohl individuell wie strukturell als Ausdruck von Gier charakterisiert werden kann. Dies ist der Fall:

- wenn das Ziel der Profitmaximierung zu einem Selbstzweck wird
- wenn die sozialen und ökologischen Konsequenzen der Steigerung von Profitraten bewusst vernachlässigt werden

- wenn die Profitmaximierung zur Folge hat, dass Land, Güter oder Kapital dem Nutzen der Allgemeinheit entzogen werden
- wenn krasse Ungleichheit provozierend zur Schau gestellt und dadurch der soziale Zusammenhalt sowie die Achtung der menschlichen Würde untergraben werden

Einen wichtigen Impuls für die theologisch-ethischen Überlegungen empfing der Studienprozess durch einen Beitrag des brasilianischen Theologen Jung Mo Sung. Er entwickelte seinen Zugang zum Problem der Gier ausgehend von der Frage, wie menschliches Leben zu verstehen ist. In diesem Zusammenhang setzte er sich vor allem kritisch auseinander mit der Überzeugung, von der die moderne kapitalistische Wirtschaft ausgeht, nämlich dass Menschen unbegrenzte Wünsche und Begierden haben.

Den Versuch, eine „greed line" zu bestimmen, versteht er als radikale Kritik der Logik unbegrenzter Vermehrung von Reichtum und Wohlstand, welche die kapitalistische Marktwirtschaft antreibt (strukturelle Dimension), wie auch der zwanghaften Befriedigung aller Konsumwünsche (individuelle Dimension). Der Versuch rührt an den Grundlagen der modernen Welt, nämlich der Leugnung von Transzendenz.

Eine Menschheit, die keine Grenzen mehr kennt, setzt sich an die Stelle Gottes. Sie versucht, selbst den Himmel auf Erden zu schaffen, sei es in der Form des „vollkommenen Marktes" im Kapitalismus, sei es im marxistischen Reich der Freiheit, sei es im Bau des vollkommenen Reiches Gottes in der Geschichte.

Der Vorschlag einer „greed line" muss sich daher mit grundlegenden philosophischen und theologischen Fragen auseinandersetzen. Der Versuch, eine Obergrenze für menschliche Wünsche und Begierden zu bestimmen, impliziert nicht nur ein moralisches Urteil; vielmehr kommt darin eine kritische Einschätzung des vorherrschenden Verständnisses vom Ort des Menschen im Zusammenhang von Natur und Geschichte zum Ausdruck, insbesondere eine Neubewertung der grundlegenden Abhängigkeit der Menschheit von der Erhaltung der natürlichen Kreisläufe des Lebens. Es ergeben sich Konsequenzen für die Analyse der säkularen Spiritualität des Konsumismus. Was in diesen Überlegungen als „Gier“ bezeichnet wird, gilt für die Spiritualität des Konsums als Beharrlichkeit im Trachten nach Selbsterfüllung.

Der Vorschlag einer „greed line“ muss sich daher mit dieser besonderen spirituellen Dimension der heutigen Konsum-Kultur auseinandersetzen.

Wider eine „Kultur der Gier“

Aus all diesen Überlegungen folgt, dass Gier von natürlichem Eigeninteresse unterschieden werden muss: Gier missachtet bewusst die Bedürfnisse anderer. Gier ist nicht nur ein moralisches Problem, sondern setzt sich über objektiv gegebene Grenzen, vor allem ökologische Grenzen, hinweg.

Individuelle und strukturelle Gier müssen unterschieden werden, auch wenn sie voneinander abhängen: strukturelle Gier setzt individuelle Gier voraus und befördert oder unterstützt sie gleichzeitig. Strukturen werden von Menschen geschaffen und gesteuert; gleichzeitig üben sie einen Druck auf das Verhalten der von ihnen abhängigen Menschen aus. Strukturen lassen sich nicht einfach durch den Appell an das individuelle Verhalten der für sie Verantwortlichen verändern, so wichtig andererseits der persönliche Bewusstseinswandel für strukturelle Veränderungen ist.

So kann man von einer „Kultur der Gier“ oder von gewohnheitsmäßiger Gier sprechen. Der Hinweis auf die Spiritualität des Konsumismus kann helfen, die Wechselwirkung zwischen individueller und struktureller Gier aufzuhellen. Die Frage einer Begrenzung im Sinne der „greed line“ lässt sich Jedenfalls nicht klären, solange die Analyse auf materielle Kriterien allein beschränkt bleibt.

Suffizienz oder die Anerkennung von „genug“ ist nicht nur Ausdruck individueller Befriedigung; sie verweist auf die alternative „Struktur“ einer Gemeinschaft des Teilens und der Reziprozität; einer

Gemeinschaft, in der Kooperation im Interesse des Gemeinwohl an die Stelle des Konkurrenzkampfes um Macht und Ressourcen tritt.

Die wirtschaftliche Struktur des Kapitalismus andererseits geht vom Individualismus des homo oeconomicus aus, der sein „rationales" Eigeninteresse verfolgt und alle Grenzziehungen zu überwinden sucht. Diese Struktur befördert nicht nur die Gier, sondern setzt sie voraus.

Eine „Ökonomie des Genug" bleibt nicht bei der Anerkennung quantitativer, materieller Grenzen stehen, sondern zielt auf eine qualitative, spirituelle Neuorientierung. Die bewusste, individuelle und strukturelle Selbstbegrenzung im Sinne einer „greed line" ist die Folge einer kritischen „Unterscheidung der Geister", d.h. der Aufdeckung der pervertierten Spiritualität grenzenloser Akkumulation und des Konsumismus.

Über diese Kriterien hinaus muss die Bemühung sich darauf konzentrieren, die Bedingungen für ein Leben in gerechten und nachhaltigen Beziehungen in der menschlichen Gemeinschaft und mit der natürlichen Mitwelt zu klären. Die Formulierung einer „greed line" setzt daher eine „Theologie des guten Lebens" voraus. Diese Aufgabenstellung erscheint einleuchtend, solange es um das Leben in begrenzten, kleinen Gemeinschaften geht, auf die sich die biblische Tradition bezieht. Sie wird sehr viel schwieriger und komplizierter im Blick auf die Strukturen globaler Interdependenz aller Gesellschaften und die globalen ökologischen Herausforderungen.

Die Suche nach aussagekräftigen Kriterien und Indikatoren sollte sich wahrscheinlich auf den Gebrauch von Macht, Kapital und Ressourcen konzentrieren, wie zum Beispiel Energie, und ihre Grundbestimmung als „Gemeingüter" für die Förderung des menschlichen Zusammenlebens, gegenüber ihrer „privaten" Nutzung als Mittel zur unbegrenzten Akkumulation und Ausbeutung unter Missachtung der Bedürfnisse der Gemeinschaft.

Politische, soziale, wirtschaftliche und ökologische Indikatoren müssen miteinander verbunden werden, wenn die kritische Einschätzung gelingen soll, wann der Gebrauch von Macht, Kapital oder natürlichen Ressourcen zum Ausdruck von Gier wird, die das Leben der menschlichen Gemeinschaft und die Integrität der Schöpfung untergräbt.

Es ist im Verlauf der Diskussionen jedenfalls deutlich geworden, dass der Vorschlag, der Untergrenze der Armut eine Obergrenze gegenüber zu stellen, jenseits derer das Streben nach Vermehrung von Reichtum und Wohlstand in Gier umschlägt, sehr komplexe Fragen aufwirft, die sich nicht schnell lösen und in praktische Anweisungen umsetzen lassen. Der Prozess wird daher noch bis zur nächsten Vollversammlung des Ökumenischen Rates im Jahr 2013 weitergehen.

Friedhelm Hengsbach SJ

„Schöner als der Morgenstern“

Soziale Gerechtigkeit im grünen Horizont?

Aristoteles meinte, dass die Gerechtigkeit schöner als der Morgenstern sei. Denn sie steuere das richtige Verhalten der Menschen zueinander. Sie sei nicht bloß die ranghöchste Tugend, sondern vor allem die Grundnorm einer politischen Ordnung. Nun behaupten 71 Prozent der Bürgerinnen und Bürger in Deutschland, dass die soziale Gerechtigkeit während der vergangenen vier Jahre weiter abgenommen habe, und dass die Verteilung der Einkommen und Vermögen ungerecht sei, so das Ergebnis einer Umfrage von Anfang 2010. Sind die Deutschen „gleichheitskrank“, weil sie es als ungerecht empfinden, wenn der Nachbar im Monat 1.000 Euro mehr verdient? Sind Ungleichheit und Ungerechtigkeit nur gefühlt, oder lassen sie sich empirisch nachweisen? Tatsächlich hat sich die Schere der Verteilung seit Beginn des

Jahrhunderts extrem weit geöffnet. Das oberste Zehntel der Haushalte verfügt über zehnmal mehr an Einkommen als das unterste Zehntel. Und dem obersten Zehntel gehören fast 50 Prozent des Nettovermögens, während das unterste Viertel kein Eigentum beziehungsweise Schulden hat. Allerdings hat Ernst Ulrich von Weizsäcker bereits vor mehr als zehn Jahren erklärt, dass die Umweltfrage die soziale Frage des 21. Jahrhunderts sei.

Verdrängt die Umweltfrage die Frage nach der sozialen Gerechtigkeit?

Zweifellos beherrscht die Umweltfrage derzeit die öffentliche Aufmerksamkeit. Davon zeugen die Debatten um die Folgen der Reaktorkatastrophe von Fukushima und den Ausstieg aus der Nutzung der Kernenergie, die lokale Auflehnung in Stuttgart und im Wendland, die grün-rote Koalition in Baden-Württemberg, die rot-grünen Koalitionen in Nordrhein-Westfalen und Bremen sowie die Klimakonferenz in Durban.

Die Umweltfrage hat inzwischen eine universale, planetarische Dimension erreicht. Die Erregung über den Smog in den Städten, den sauren Regen und das Waldsterben, über die Luftverschmutzung oder die Verunreinigung der Flüsse, Seen und Strände scheint abgeklungen zu sein. Der Klimawandel und die Erderwärmung, die globale Bodenerosion und die Konkurrenz um die Bodennutzung für den Anbau von Nahrungsmitteln oder Pflanzen für die Energiegewinnung sind die beherrschenden Themen. Auf den Umweltkonferenzen wird um das politische Ziel gerungen, die Erwärmung der Erde auf zusätzliche 2 Grad bis zum Jahr 2050 zu begrenzen.

Außerdem entfaltet sich die ökologische Debatte in zwei Facetten, die selbst die politischen Entscheidungsträger zu sensibilisieren scheinen. Wie schon Werner Sombart vor mehr als 100 Jahren analysierte, wird die konstruktive und zugleich destruktive Dynamik der kapitalistischen Wirtschaft zum einen auf deren unbegrenzte Kredit- und Geldschöpfungsmacht und zum andern auf deren bedenkenlosen Griff in die „Sparbüchse der Erde“ (wie Sombart es formuliert) zurückgeführt. Deshalb werden inmitten einer metastasierenden Finanzkrise die Stimmen einer radikalen Wachstumskritik und die Forderungen nach einem anderen Indikator der Lebensqualität immer lauter, der den untauglichen Maßstab des Bruttoinlandsprodukts ablöst oder wenigstens ergänzt.

Zwar artikulierte sich bisher eine verstärkte Wachstumskritik regelmäßig in Phasen einer außergewöhnlichen Wachstumsschwäche beziehungsweise eines konjukturellen Abschwungs. Sie berührt jedoch jetzt auch die politische Klasse in Europa. Der französische Präsident Sarkozy erklärt, dass wir nicht mit einer Krise innerhalb der Globalisierung konfrontiert seien; unsere Vision von der Welt sei verblichen, so dass wir sie ändern müssten. Und die deutsche Bundeskanzlerin meint, dass wir uns über eine neue Form des Wachstums zu verständigen und dessen Begriff für das 21. Jahrhundert neu zu definieren hätten.

In Großbritannien ist eine Regierungskommission unter dem Vorsitz von Tim Jackson zu der Schlussfolgerung gekommen, dass die ehrgeizigen Klimaziele durch technische Veränderungen allein, wie beispielsweise Ulrich von Weizsäcker nachzuweisen versucht, indem die Energieeffizienz auf das Fünffache gesteigert werden könnte, nicht zu erreichen seien. Vielmehr muss das wirtschaftliche Wachstum der Industrieländer schrumpfen. Auch der französische Staatspräsident hatte eine Kommission einberufen, der die Nobelpreisträger für Wirtschaft, Joseph E. Stiglitz, Amartya Sen und Jean-Paul Fitoussi angehören, damit sie das methodische Konzept der Volkswirtschaftlichen Gesamtrechnung überprüft, die Vielfalt der Dimensionen ermittelt, mit deren Hilfe die Lebensqualität gemessen wird – etwa Gesundheit, Bildung, unbezahlte Arbeit, politische Beteiligung, Umwelt und persönliche Sicherheit –, und den Begriff der Nachhaltigkeit präzisiert. Der Deutsche Bundestag hat ebenfalls eine Enquete-Kommission eingerichtet, der Politiker und Politikerinnen sowie Experten angehören, und die sich um eine plausible und zustimmungsfähige Definition des Wachstums, des Wohlstands und der Lebensqualität bemüht.

Die wirtschaftspolitischen Facetten der ökologischen Frage verkörpern sich im Bemühen um einen aussagefähigen Wohlstandsindikator. Er soll die Defizite des untauglichen Indikators, den das Bruttoinlandsprodukt pro Kopf darstellt, beseitigen. Denn mit dieser Messgröße werden die gesellschaftlich nützliche, jedoch unbezahlte Haus- und Erziehungsarbeit, die Gewichtung der Bedürfnisse, die ausgewogene oder extrem ungleiche Einkommens- und Vermögensverteilung sowie die positiven und negativen Qualitätsänderungen der Güter nicht erfasst.

Umgekehrt müssten die Gesundheits- und Umweltschäden, die gesamtwirtschaftlichen Kosten der Arbeitslosigkeit und der Verkehrsstaus sowie die gesellschaftlichen Belastungen des zunehmenden Arbeitstempos und verlorener Zeitautonomie herausgerechnet werden. Mit dem „Human Development Index" der Vereinten Nationen oder dem „Neuen Wohlstandsindex" der Forschungsstätte der Evangelischen Studiengemeinschaft werden Alternativen angeboten, die solche Defizite vermeiden.

Bekräftigt die Umweltfrage die Option gleicher Gerechtigkeit?

Zu Beginn des Jahrhunderts haben sich die damaligen Volksparteien darum bemüht, der deutschen Bevölkerung zu erklären, warum die herkömmlichen Gerechtigkeitsvorstellungen, etwa der Verteilungs- oder Bedarfsgerechtigkeit, den globalen, demografischen und technischen Herausforderungen nicht mehr gewachsen seien. Die neue Gerechtigkeit müsse als Chancengleichheit, als Leistungs- und Marktgerechtigkeit definiert werden.

Nun unterliegen in pluralen Gesellschaften deren normative Überzeugungen, die an die konkrete Situation anschlussfähig sind, jeweils einer gesellschaftlichen Verständigung. Wenn jedoch die gesellschaftliche Situation von extremen Ungleichheiten, Polarisierungen und Spaltungen gekennzeichnet ist, liegt es nahe, die normative Antwort auf eine solche Lage nicht als pure Anpassung an das, was ist, zu formulieren, sondern als kreativen Gegenentwurf. Inwiefern bekräftigt die Umweltfrage die Überzeugung, Gerechtigkeit als Gleichheitsvermutung zu bestimmen?

Die Klimaveränderung, die wissenschaftlich als durch menschliche Einwirkung verursacht nachgewiesen ist, wird zutreffend als planetarische Herausforderung gedeutet. Es gibt nur diesen „blauen" Planeten, der den Menschen verfügbar ist. Die Menschheit belebt und bewohnt das einzige Raumschiff Erde. Niemand kann auf einen anderen Planeten auswandern, niemand kann um seinen Grund und Boden einen Zaun ziehen. Alle Menschen befinden sich in einem Boot. Sie sind planetarisch aneinander gekettet, füreinander verantwortlich und haften gemeinsam.

Hans Jonas hat dem normativen Grundsatz der „Verantwortung" zu einer steilen Karriere verholfen. Dem „Prinzip Hoffnung" von Ernst Bloch hat er das „Prinzip Verantwortung" entgegen gestellt, das die Wirkungen und Nebenfolgen der technischen Zivilisation ins gesellschaftliche Bewusstsein rückt. Er hat einen ökologischen Imperativ formuliert: „Handle so, dass die Folgen deines Handelns das echte Überleben der Menschheit auf Erden gewährleisten". Damit ist das Postulat verbunden, dass die gegenwärtigen wirtschaftlichen, politischen und technischen Entscheidungen im Ganzen und auf Dauer vernünftig vertretbar sind. Entscheidungen der gesellschaftlichen Eliten, die in diesem Sinn vernünftig sind, entsprechen dem moralisch Gebotenen, dem „moral point of view", dem Standpunkt der Allgemeinheit und der Unparteilichkeit.

Der Grundsatz einer planetarischen Verantwortung ist an die ökonomische Theorie der öffentlichen Güter anschlussfähig. Das normative Konzept des ökologischen Fußabdrucks ist von der Proklamation des Menschenrechts auf eine intakte Umwelt inspiriert. Im Rahmen einer planetarischen Solidarität, die im Bewusstsein anerkannt wird, dass die konkreten Umweltrisiken extrem ungleich verteilt sind, wird ein asymmetrischer Interessenausgleich akzeptiert: Die finanziellen Beiträge zum Umweltschutz werden gemäß der wirtschaftlichen Leistungsfähigkeit entrichtet, der Anspruch auf umweltsichernde Transfers jedoch gemäß dem Hilfebedarf. Die im Brundtland-Bericht formulierte „Nachhaltigkeit" tendiert zu einem egalitären Ausgleich, dass nämlich die Umweltansprüche der lebenden Generation die Bedürfnisbefriedigung der nachwachsenden Generation nicht beeinträchtigen.

Eine solche normative Antwort auf die Umweltfrage bekräftigt den Grundsatz gleicher Gerechtigkeit als kreativen Gegenentwurf gegen die wahrnehmbare Erosion des gesellschaftlichen Zusammenhalts. Gleichheit heißt nicht: Identität. Es geht um verhältnismäßige Gleichheit. Menschen, Gruppen, Bevölkerungsteile sind gleich in Bezug auf bestimmte Merkmale, in Bezug auf andere Merkmale sind sie unterschieden.

Was ist der Bezugspunkt des Gleichen und Ungleichen? In traditionellen Gesellschafen waren es die moralische Tugend, der gesellschaftliche Status, die Funktion oder Rolle, die jemandem zugeschrieben wurde. In modernen Gesellschaften hat sich diese Zuschreibung radikal verändert. Der Bezugspunkt der Gleichheit ist nun das individuelle Subjekt, die mit Würde ausgestattete unverwechselbare Person. Die Mitglieder einer solchen Gesellschaft gestehen sich gegenseitig das gleiche Recht zu, als Gleiche anerkannt und behandelt zu werden.

Öffnet die Umweltfrage den Zeithorizont politischen Handelns?

Die beispiellose Finanzkrise hat den zeitlich verkürzten Blickwinkel der finanzwirtschaftlichen sowie der arbeits- und sozialpolitischen Entscheidungen aufgedeckt. Der Blick auf den grünen Horizont regt dazu an, die politischen Optionen vergangener Jahrzehnte zu korrigieren.

Anstatt sich von spekulativen Attacken der mit monetärer Macht ausgestatteten Großbanken, Versicherungskonzerne und Investmentfonds treiben zu lassen, sollten die politischen Entscheidungsträger die hoheitliche Macht des Staates gegen private Kapitalinteressen behaupten. Das rasante Tempo computergestützter Finanzgeschäfte sollten sie entschleunigen.

Dazu könnten eine rigorose öffentliche Aufsicht und Kontrolle aller Finanzunternehmen, -dienste und -plätze, eine höhere Eigenkapitalausstattung der Institute, die Deckelung explosiver Kreditgewährung, eine verschärfte Haftung auf verschiedenen Ebenen, eine Besteuerung monetärer Transaktionen, ein Trennbankensystem, die Zerschlagung jener Banken, die zu groß beziehungsweise zu sehr vernetzt sind, als dass sie vom Staat gerettet beziehungsweise fallen gelassen werden können, sowie ein öffentlicher Schulden- und gleichzeitiger privater Vermögensschnitt beitragen.

Die rot-grüne Koalition unter Bundeskanzler Schröder hat gesetzlich verankert, dass die Arbeitsverhältnisse entregelt und der Anteil der atypischen, insbesondere der prekären Beschäftigung, ausgeweitet wurden. Sie hat in der Erwartung kurzfristiger Wachstums- und Beschäftigungseffekte die Spätfolgen eines Niedriglohnsektors mutwillig oder fahrlässig ausgeblendet, der die solidarische Altersversorgung auf das Niveau einer Grundsicherung absenkt. Sie hat Haushalten mit einem niedrigen Einkommen eine private Altersvorsorge zugemutet, die dazu gar nicht in der Lage sind. Diese politischen Entscheidungen sollten widerrufen werden, anstatt ihre offenkundigen Schäden kurzfristig zu reparieren.

Jene öffentlich geförderte, teils privat, teils tariflich umworbene private Altersvorsorge (Riester-Rente) sollte widerrufen werden. Sie ist unter dem erpresserischen Druck der Finanzlobby gesetzlich beschlossen worden und kommt für viele praktisch einer gegenwärtigen Lohn- und zukünftigen Rentenkürzung gleich. An deren Stelle könnte eine solidarische, umlagefinanzierte Absicherung gesellschaftlicher

Risiken treten – etwa eine allgemeine Erwerbstätigenversicherung, die alle Trennwände der bestehenden Berufs- und Standesgruppen sprengt. Oder eine Form demokratischer Solidarität, die jede Person, deren Lebensmittelpunkt im Geltungsbereich des Grundgesetzes liegt, einschließt und alle Einkommen, die im Geltungsbereich des Grundgesetzes entstehen, ohne Bemessungsgrenzen beitragspflichtig macht.

Stefan Heuser

Von der Notwendigkeit einer neuen Ethik

zur Begleitung von Transformationsprozessen und wachsender gesellschaftlicher Konflikte

Welche Ethik kann uns leiten?

Spätestens seit der Studie „Grenzen des Wachstums" des Club of Rome aus dem Jahr 1972[105] kommen der exorbitante Energieverbrauch von Industrienationen, die Grenzen der Energieversorgung mit fossilen Brennstoffen sowie deren Beitrag zu unerwünschten Klimaveränderungen immer wieder auf die politische Tagesordnung. Dabei ist bis heute strittig geblieben, welche Ethik uns angesichts der komplexen und langwierigen Transformationserfordernisse leiten kann.

Rein normenzentrierte Zugänge zur Ethik können der Problemlage, die viel mit Gewohnheiten und eingespielten Vorstellungen des guten Lebens zu tun hat, nicht alleine gerecht werden.

Das Problem beim hohen Energieverbrauch ist weniger, dass Versorger und Verbraucher ihn gezielt herbeiführen, sondern eher, dass sie sich nicht genug damit befassen, ihn zu reduzieren. Das betrifft auch die noch viel grundlegenderen und dem Energieverbrauch der Industrienationen vorgeordneten Probleme der ungleichen Teilhabe an öffentlichen Gütern, der Liberalisierung von Kapital- und Güterströmen, der Finanzspekulationen mit Rohstoffen und des Protektionismus durch Zölle, Subventionen und Handelsbeschränkungen.

Die skandalöse Armut, in der weite Teile der Weltbevölkerung gehalten werden, ist nicht direktes Ziel, sondern eher indirekte Folge solcher Handlungen und Strukturen. Langfristig wäre Notleidenden nicht durch helfendes Eingreifen, sondern durch Unterlassen armutsfördernder Wirtschaftspraktiken am besten geholfen.

Ethiktheoretisch ginge es dann nicht nur um positive Pflichten (anderen zu helfen) sondern auch um negative Pflichten (anderen nicht zu schaden) – wobei das Gebot des Nicht-Schadens angesichts der Ungerechtigkeit, die Menschen erleiden, nur in einer ausdrücklichen Gestalt von Gerechtigkeit realisiert werden kann.

Die Möglichkeiten, durch rechtliche Regelungen steuernd auf gewohnte Lebens- und Wirtschaftsweisen – und seien diese noch so fragwürdig – einzuwirken, sind begrenzt und setzen intensive demokratische Verständigungs- und Legitimationsprozesse voraus. Das gilt selbst dann, wenn es um etwas moralisch so Voraussetzungsarmes wie das Unterlassen extrem schädlicher, gegebenenfalls sogar indirekt todbringender Handlungen geht. Bei der vorliegenden Thematik dreht sich die Ethik auch um die Frage, welches Ethos (im Sinne einer Praxis des Wahrnehmens, des Urteilens und des Handelns) den politischen, wirtschaftlichen, sozialen und technischen Transformationsprozessen zugrunde liegen kann.

Ich möchte daher weniger die Frage nach einer neuen Ethik aufwerfen, als die Frage nach Ethik neu stellen: Welche – vielleicht bereits vorhandene – Ethik leitet unsere Problemwahrnehmungen beim Thema Energieverbrauch und dem mit ihm untrennbar verbundenen Thema der wirtschaftlichen und sozialen Gerechtigkeit? Auf welche

Ethik wollen wir zugehen? Geht es uns nur um die Veränderung von rechtlichen Rahmenbedingungen oder rücken wir auch in den Blick, welches Ethos unser Handeln trägt und wie dieses Ethos mit normativen Rahmenbedingungen und Institutionen zusammenspielt?

Angesichts der bestehenden politischen, sozialen und wirtschaftlichen Verwerfungen und Ungerechtigkeiten, müsste dieses Ethos neben negativen Pflichten auch den direkten und unaufschiebbaren Einsatz für das Recht und das Wohlergehen von notleidenden Menschen einschließen. Die Reduktion des Energieverbrauchs und mithin auch „Klimaschutz“ wären daher nicht ein Zweck an sich, sondern ein Mittel zum Zweck des Schutzes von Menschen – vor allem derjenigen, die extremen Klimaphänomenen aufgrund von Armut und Unterentwicklung in besonderem Maße ausgeliefert sind.

Zur Transformation des Ethos durch die Erneuerung der Wahrnehmung

Ohne den Impuls einer Erneuerung der Wahrnehmung gibt es keine Transformation des Ethos und keine neue Ethik. Kennzeichen von Transformationspraktiken ist es, dass sie mit einem neuen Blick auf die Dinge einsetzen und sich nicht als anonyme Transformationsprozesse, sondern als ausdrückliches Handeln und in vielen Fällen auch als gemeinsame Praxis vollziehen: dazu gehören Dekarbonisierung (Verzicht auf Verbrennung kohlenstoffhaltiger Substanzen), Energiesparen, gute ökonomische Zusammenarbeit, fairer Handel, die gemeinsame Bewältigung sozialer Aufgaben und der Einsatz für Menschen in Not. Es ist entscheidend für das Ethos, das hier im Spiel ist, dass es Transformationen nicht nur selbst betreibt, sondern sie voraussetzt und ihnen unterliegt. Es lebt von einer beständigen Erneuerung der Wahrnehmung, die eingespielte Lebensmuster neu sehen und kritisch beurteilen lässt, die alternative Handlungsmöglichkeiten eröffnet und dazu beiträgt, das Ethos zu erneuern.

Auf diese – verstehende und kritische – Wahrnehmung kommt es im Zusammenhang unserer komplexen Thematik an, und zwar im Hinblick auf die für den Zusammenhang von Ökonomie und Gerechtigkeit grundlegende Unterscheidung zwischen dem, wovon Menschen leben, ohne es selbst bewerkstelligen zu können und dem, was sie um eines von Verzweiflung und abgrundtiefer Sorge freien Lebens willen für sich und andere tun beziehungsweise unterlassen müssen.

Diese Unterscheidung wird insbesondere bei der Frage nach den Menschenrechten der dritten Dimension virulent. Bei dieser Frage gilt es, die Güter, von denen alle Menschen leben – und die allen gleichermaßen zukommen – wahrzunehmen und dafür einzutreten, dass diese Güter niemandem vorenthalten werden. Hier lässt sich an die Grundlegung der Ethik in der Erneuerung der Wahrnehmung erinnern, wie ihr der Apostel Paulus in seinem Brief an die Römer (Röm 12,2) Ausdruck gibt und wie sie sich an der Verhältnisbestimmung zwischen der Freiheit von der Sorge ums eigene Überleben und den Aufgaben der täglichen Versorgung von Menschen mit lebensnotwendigen Gütern ausrichtet.

Die der Transformationspraxis vorgängige Erneuerung der Wahrnehmung kann auf einschneidende Erfahrungen, auf Bildung, auf persönliche oder mit anderen geteilte, gemeinsame Einsicht usw., zurückgehen. Sie lässt sich aber nicht verordnen oder aufzwingen. Um zudem noch normativen Gehalt zu erlangen, muss sich das mit ihr verbundene Ethos zunächst der politischen, verfahrensregulierten Deliberation (Verfahren demokratischer Willensbildung und Konsensfindung) aussetzen.

Sollten wir weitreichende gesellschaftliche Transformationen anstreben, dann müssten wir also das Ethos, das unser tägliches Leben, unser Zusammenleben und unser Wirtschaften trägt, selbst auf die politische Tagesordnung bringen. Wir müssten uns verständigen und gegebenenfalls einen Konsens darüber erzielen, welche Art und welches Maß von Energieverbrauch für uns zu einem guten Leben gehören, ohne dass wir damit anderen mittelbar oder unmittelbar Schaden zufügen. Wir müssten also die Frage nach dem Energieverbrauch mit der Gerechtigkeitsfrage koppeln. Dazu gehört die Frage, welche Energieversorgung allen um eines erträglichen Lebens willen zukommt. Und wir müssten die politischen Diskurse über diese Fragen enger mit wissenschaftlichen Diskursen verzahnen.

Eine solche umfassende Verständigung ist heikel – selbst im vergleichsweise „kleinen" nationalen Maßstab. Unklar ist, ob sie gewollt ist und welche Art von Diskursen sie benötigt. Politisch und erkenntnistheoretisch ist sie freilich unhintergehbar, wenn denn die Frage nach der globalen Gerechtigkeit nicht von der Frage nach dem Ethos vor Ort abgekoppelt werden soll. Es ist meines Erachtens kritisch zu beurteilen, wenn Maßnahmen einer universalen Nachhaltigkeitsgovernance ohne hinreichende Klärung der ethischen und politischen Voraussetzungen möglicher Transformationspraktiken erörtert werden, so als ließen sich derart weitreichende Eingriffe in hochkomplexe Transformationsprozesse ohne Fragen des Ethos und der Politik einschließende steuerungstheoretische Diskurse über formale und informale Handlungsbeschränkungen und Handlungsanreize auf den Weg bringen.

Fragen wie diese finden meines Erachtens nicht genügend Berücksichtigung in Dokumenten wie der Studie mit dem Titel „Welt im Wandel. Gesellschaftsvertrag für eine Große Transformation" des wissenschaftlichen Beirats „Globale Umweltveränderungen" der Bundesregierung (WBGU). Der WBGU geht davon aus, dass der Klimawandel eine Umgestaltung der gesamten Weltgesellschaft durch staatliche und multilaterale Verordnungen notwendig macht: „Es geht um einen neuen Gesellschaftsvertrag für eine klimaverträgliche und nachhaltige Weltwirtschaftsordnung." [106] Ein solches Programm für eine komplette Umorganisation der globalen Ordnungen kann sich aber weder auf Polanyis stichwortgebende Beobachtungen über die „Große Transformation" im 19. Jahrhundert produktiv beziehen,[107] noch auf die gegenwärtige Vielfalt von theoretischen Perspektiven auf gesellschaftliche Transformationsmuster und -pfade.[108]

So hat die Forschung in Sozialphilosophie und Soziologie sowie die Klimaforschung in den letzten Jahren den kontroversen Charakter der

Problemwahrnehmungen, die Wissenslücken und den Forschungsbedarf in nahezu allen Themenbereichen des Klimawandels und der Energieversorgung sowie die daraus resultierende Unsicherheit bezüglich der Plan- und Steuerbarkeit von Transformationsprozessen in den Blick genommen.[109] Dabei wurde auch die Immunisierung der Diskurse gegenüber kritischen Fragen nach den Erkenntnisgrundlagen der Transformationsvorschläge, nach ihrer demokratischen Legitimation und nach ihrer Praktikabilität herausgearbeitet.

Wie Stefan Böschen und Cordula Kropp am Beispiel des Wandels der nachwachsenden Rohstoffe vom Hoffnungsträger zum Problem nachgewiesen haben, erfahren „die in den Diskursfeldern um Klimawandel, Energieversorgung und nachhaltige Entwicklung liegenden Wissenskonflikte ... noch lange nicht die ihnen angemessene Aufmerksamkeit, sondern werden erfolgreich von industriemodernen Leit- und Glaubenssätzen in Schach gehalten".[110]

Ähnliches lässt sich anhand von Energiesparlampen oder des „Biosprits" E 10 demonstrieren. Es ist durch diese Technologien nicht gelungen, aus den Widersprüchen und Problemlagen herauszukommen, die aus einem übersteigerten Energieverbrauch resultieren. Dennoch sind die Erwartungen an die Möglichkeiten eines globalen Klimamanagements in vielen Diskursen ungebrochen.

Mike Hulme, Professor für Klimawandel an der University of East Anglia, hat daher vorgeschlagen, dass der Diskurs über den Klimawandel als Reflexionsmedium für das menschliche Selbstverständnis und das Verhältnis von Wissenschaft und Gesellschaft dienen und eine enge Kopplung mit den Erfordernissen der jeweiligen Kontexte haben sollte.[111] Klimaschutz sollte Hulme zufolge weniger auf der globalen Ebene, als bei lokalen und regionalen Initiativen und Modellen ansetzen. Direkte und spürbare Effekte auf das soziale und meteorologische „Klima" vor Ort haben demnach Vorrang vor Versuchen, ohne hinreichende Erkenntnisgrundlagen und ohne Überblick über die Folgen in hochkomplexe globale Systeme einzugreifen.

Gegenüber einer Verwendung der „Großen Transformation" als Programmbegriff – wie in der Studie des WBGU – ist also Vorsicht geboten. Nicht weil der Klimawandel keine messbare Größe wäre, sondern weil ein Totalumbau der globalen ökonomischen, politischen und sozialen Ordnungen einer engen Kopplung an ethische Voraussetzungen von Transformationspraktiken, an politische Verfahren zur Erstellung und Legitimation von Transformationsprogrammen sowie an wissenschaftliche Einsichten in die Komplexität von Transformationsvorgängen bedarf – eine Kopplung, die sich bislang noch nicht abzeichnet.

Faktoren einer Praxis der Transformation

Eine Ethik, die gegenwärtige Transformationen und gesellschaftliche Konflikte produktiv begleiten will, sollte dabei die Konturen und Details einer Praxis der Transformation im Blick behalten. Sie muss zeigen können, wie jene Transformationspraxis mit der Erneuerung der Wahrnehmung einsetzt, wie sie zu einer Transformation der Akteure führt und wie diese Transformation ins Verstehen der Wirklichkeit, in die Praxis des Urteilens, in die politische Verständigung (zum Beispiel über Regelungsbedarf) und in das ausdrückliche Tun des Gerechten hineinreicht. Dies sind allesamt Elemente der Gerechtigkeit als Praxis. Gerechtigkeit gibt es nur, wenn sie ausgeübt wird: innerhalb einer Praxis der Transformation.

Als politische Transformationsfaktoren werden in den gegenwärtigen Debatten immer wieder die Menschenrechte genannt. Dabei wird insbesondere den Menschenrechten der dritten Dimension, und hier vor allem dem Menschenrecht auf Entwicklung, die Rolle eines Schrittmachers auf dem Weg zu einer solidarischen Weltwirtschaftsordnung eingeräumt.[112] Trotz heftiger Kontroversen über den Rechtscharakter dieses Menschenrechts auf Entwicklung spielt es eine zunehmend wichtige Rolle bei der Wahrnehmung der wirtschaftlichen und sozialen Probleme der Entwicklungsländer sowie bei der Suche nach effektiveren Durchsetzungsmechanismen für die „klassischen" Menschenrechte.[113]

Anders als befürchtet, wurden die bürgerlichen und politischen (1. Dimension) sowie die wirtschaftlichen, sozialen und kulturellen (2. Dimension) Menschenrechte durch die völkerrechtlich noch jungen Menschenrechte der 3. Dimension bislang nicht etwa geschwächt, sondern gestärkt. Offenbar kann das Menschenrecht auf Entwicklung gerade wegen seiner nach traditionellem Normdenken eher weichen Rechtsnatur im Diskurs dazu beitragen, die verheerende Ungleichbehandlung der Entwicklungsländer durch die Industrienationen wahrzunehmen, zu artikulieren und Maßnahmen zur Verringerung von Unrecht zu benennen.

Vor allem aber widersteht das Menschenrecht auf Entwicklung durch seinen undefinierten Rechtscharakter der gängigen rechtspositivistischen Auffassung, dass sich Gerechtigkeit gänzlich in Normen überführen lässt – anstatt eine Praxis zu bleiben. Es formuliert menschenrechtliche Standards, ein Gemisch formaler und informaler Normen, hinter die sanktionsbewehrtes, nationales Recht nicht zurückfallen kann, ohne massive Kritik zu provozieren.[114]

Solche Menschenrechtsstandards können zur Verdichtung von Hartrecht und damit von zwingenden Steuerungsfaktoren beitragen. Vor allem aber halten sie als weiche Kombinationsstandards die Frage nach dem gelebten Ethos im Horizont der politischen Deliberation und richten diese auf die mit Recht und Ethos verbundene Gerechtigkeitspraxis aus.

Als Transformationsfaktor ist Menschenrechtspolitik demnach auf demokratische Legitimation und auf Mittel effektiver Handlungssteuerung angewiesen. Vor allem aber lebt sie davon, dass Gerechtigkeit im Medium der Menschenrechte tatsächlich ausgeübt und nicht auf die Beschaffenheit von Rechtsordnungen reduziert wird.

Es liegt nahe, dafür auf möglichst voraussetzungsarme und konsensfähige Handlungsbeschränkungen zurückzugreifen, wie sie sich beispielsweise als negative Pflichten formulieren lassen. Im Zusammenhang der Diskussion über globale Gerechtigkeit hat der Philosoph Thomas Pogge beispielsweise vorgeschlagen, die internationale Wirtschaftspraxis durch die Institutionalisierung engführender Faktoren wie dem Gebot, anderen nicht zu schaden, zu steuern.[115] Die politische Deliberation richtet sich dann auf die Frage, was alles an Strukturen verändert und an Handlungen unterlassen werden muss, damit Menschen kein direkter oder indirekter Schaden zugefügt wird.

Bei einer solchen Transformation institutioneller Steuerungsfaktoren wirkt sich positiv aus, dass die Forderung, jemandem nicht zu schaden, moralisch voraussetzungsärmer und leichter zu institutionalisieren ist, als die Forderung, jemandem zu helfen.

Angesichts der katastrophalen wirtschaftlichen und sozialen Situation, in der wir heute nach einer globalen Ethik zur Begleitung von Transformationsprozessen fragen, stellt eine solche Minimalethik gleichwohl maximale Anforderungen an Form und Gehalt möglicher rechtlicher und ethischer Arrangements zur Engführung von Handlungen. Sie hat einen unverkennbar utopischen Gehalt. Vor allem aber kann sie nicht an der Frage mehr oder weniger institutionalisierter Handlungsbeschränkungen hängenbleiben.

Sie muss die Frage der Gerechtigkeit als Praxis stellen. Denn Gerechtigkeit ist kein Zustand von Institutionen oder Organisationen, sondern eine Praxis des Wahrnehmens, Urteilens und Handelns. Um der Menschen willen, die Hilfe brauchen, muss bei den strukturellen und langfristigen Reformen die Frage nach dieser ausdrücklich ausgeübten Gerechtigkeit im Blick bleiben.

Zur vielgestaltigen Praxis der Transformation gehören institutionelle Steuerungsmechanismen ebenso wie die schnelle Versorgung von Menschen, die Not leiden – und das alles im Zeichen einer Gerechtigkeit, die Menschen tatsächlich erreicht. Zur Begleitung von Transformationsprozessen und wachsender gesellschaftlicher Konflikte brauchen wir eine Ethik, deren Urteilsbildung mit der Besinnung auf das einsetzt, wovon wir alle leben und was daher niemandem vorenthalten werden darf, und die nach den materiellen und immateriellen Gestalten von Gerechtigkeit fragt, die Menschen einander ausdrücklich zukommen lassen können.

Alexander Dietz

Wirtschaften vom Sonntag her

Sowohl der Entstehung der drängenden ökologischen (und damit untrennbar verbundenen sozialen) Probleme als auch den Konflikten und Blockaden im Blick auf den notwendigen ökologischen Wandel liegen spezifische Haltungen, Wahrnehmungen und Ideologien zugrunde, die gleichermaßen aus bestimmten Formen des Wirtschaftens entstehen und zu diesen Formen führen: Ökonomismus und uneingeschränkte Verfügbarkeit sowie Verwertbarkeit, Wachstumsvergötzung und Leugnung von Endlichkeit, verantwortungsloser Egoismus und existenzielle Ängste, rastloser und freudloser Leistungsdruck.

Die Kirchen werben für alternative, lebensdienlichere Formen des Wirtschaftens und setzen den genannten Haltungen, Wahrnehmungen und Ideologien ein mächtiges Symbol der christlichen Tradition entgegen: den Sonntag als die „Chance für eine Gesellschaft im Wandel".[116]

Ich erinnere mich daran, dass ich mich als Kind fragte, warum denn der Mittwoch „Mittwoch" heiße, obwohl doch vermeintlich der Donnerstag rechnerisch die Mitte der Woche sei. Es erschien mir als ganz selbstverständlich, dass der Montag der erste Tag der Woche ist.

Dass dies in Wahrheit alles andere als selbstverständlich ist, entdeckte ich erst viele Jahre später. Seit es die Sieben-Tage-Woche gibt, ob bei den Babyloniern, Griechen, Römern oder Germanen, ob bei den Juden, Christen oder Muslimen, galt der Sonntag stets als erster Tag der Woche. Erst im Jahr 1971 gab die Internationale Organisation für Normung eine Empfehlung zur Zählung von Tagen und Wochen im internationalen Wirtschaftsverkehr heraus, nach der der Montag als erster Tag gelten sollte (ISO/R 2015). Das Deutsche Institut für Normung schloss sich 1975 dieser Empfehlung an (DIN 1355), so dass seit 1976 der Sonntag in deutschen Kalendern am Ende der Woche liegt. Andere Länder, wie zum Beispiel die USA, behielten demgegenüber die traditionelle Zählweise bei.

Ursprünglich einmal hatte der Begriff „Wochenende" lediglich den freien Samstagnachmittag bezeichnet, aber für viele berufstätige Menschen hatte der Sonntag vermutlich schon seit längerem „gefühlt" zum Wochenende gehört. Auch einzelne Branchen, wie der Flugverkehr, hatten schon früher den Montag als ersten Tag festgelegt. Heute haben wir uns an die praktische Einteilung in unseren elektronischen Dienstkalendern, nach denen sich Samstag und Sonntag ein Kästchen teilen, gewöhnt.

Dennoch verwundert es im Rückblick schon ein wenig, dass eine jahrtausendealte Selbstverständlichkeit, wie die Zählung der Wochentage, aufgrund eher nebensächlich erscheinender praktisch-ökonomischer Erwägungen durch eine politische Entscheidung (offenbar ohne größere Widerstände oder Irritationen) umgeworfen werden konnte.

Christliche Sonntagstradition

Aber ist die Frage überhaupt relevant, ob man am ersten oder am letzten Tag der Woche nicht arbeitet? Natürlich nur dann, wenn man sich auf die Hintergründe der christlichen Sonntagstradition einlassen möchte – es lohnt sich! Die christliche Sonntagstradition hat ihren Ursprung in der wöchentlichen Erinnerung der Gemeinde an die Auferweckung Jesu Christi.

Der Sonntag als der Tag der Auferweckung wurde bereits sehr früh zum zentralen Versammlungstag der jungen Gemeinden, zu einem Tag der gemeinsamen Freude über das Osterwunder und den damit verbundenen Beginn einer neuen Schöpfung (vgl. 2. Kor 5,17), einer anderen, neuen Welt, sowie über das Geschenk der Erlösung und Befreiung von der Versklavung durch Sünde und Tod, zu einem Tag des gemeinsamen Innehaltens und Betens, des Kraftschöpfens und Neuausrichtens und des solidarischen Teilens mit ärmeren Geschwistern. Die Christen interpretierten infolgedessen den ursprünglich der Sonne gewidmeten Tag als den Tag des Herrn Jesus Christus um, der als das Licht der Welt (vgl. Joh 9,5) die eigentliche Sonne sei.

Das Verhältnis zwischen dem von Christen gefeierten Sonntag und dem von Juden und folglich anfangs auch von vielen (und bis heute von einigen) Christen begangenen Sabbat wurde zunehmend klärungsbedürftig. Während Jesus die lebensdienliche Bedeutung des Sabbats gegen zeitgenössische Fehlinterpretationen verteidigt hatte (vgl. Mk 2,27), fehlte es altkirchlichen (und auch späteren) Theologen leider oftmals an einem Verständnis für die Schätze, die in der alttestamentlichen Sabbattradition liegen.

In den letzten Jahren erinnerten einige Theologen angesichts einer zunehmenden Ökonomisierung unserer Gesellschaft an die kritischen und wohltuenden Impulse des Sabbatgedankens: Der Sabbat (und der sabbattheologisch gedeutete Sonntag) steht für die notwendige Begrenzung des Bereichs der Ökonomie beziehungsweise ökonomischer Denkkategorien[117] sowie Verfügungs- und Verwertungsansprüche, für ein egalitäres Recht auf Ruhe vor dem Hintergrund eines

Bewusstseins um den Zusammenhang von Arbeit und Ruhe sowie für ein Wirtschaften, das auf Gottvertrauen, Bedarfsdeckung und Freude am Erreichten (vgl. Gen 1,31), anstatt auf grenzenloser Besitzakkumulation basiert (vgl. Ex 16,16ff.).[118]

Sabbat und Sonntag sind zu unterscheiden, aber sie gehören gleichzeitig aus christlicher Sicht theologisch unbedingt zusammen. Der Sabbat wird im Alten Testament insbesondere mit der Vollendung der Schöpfung, mit der Befreiung des Gottesvolkes aus der Versklavung durch die Ägypter sowie mit der Befreiung des Menschen zu einem bestimmungsgemäßen Leben überhaupt in Zusammenhang gebracht. Schon früh deuteten Christen den Sonntag, den Tag der Auferweckung Jesu Christi, als den Tag der eigentlichen Vollendung der Schöpfung und damit als den „achten Tag". Die Zahl Acht erinnert zudem an die alttestamentliche Tradition des Beschneidungs-Bundes (vgl. Gen 17,12) und ähnelt als hebräischer Begriff den Begriffen „Salböl" bzw. „Messias".

Die Christen deuteten den Sonntag, den Tag der Auferweckung Jesu Christi, außerdem als den Tag der eigentlichen Befreiung des Gottesvolkes aus der Versklavung (nämlich derjenigen durch die Sünde) und als den Tag der eigentlichen Befreiung des Menschen zum Leben. Diese – aus christlicher Perspektive theologisch völlig sachgemäßen – Deutungen, nach denen die Intentionen des Sabbats christologisch vertieft auf den Sonntag übertragen werden, verdeutlichen den unaufhebbaren inneren theologischen Zusammenhang von Sabbat und Sonntag sowie die Unverzichtbarkeit eines Rückgriffs auf sabbattheologische Zusammenhänge im Blick auf eine christliche Theologie des Sonntags.[119]

Eine solche Theologie sollte dabei selbstverständlich jeden Gestus der Überheblichkeit vermeiden und stattdessen von Respekt vor der älteren Schwesterreligion sowie dem jüdischen Selbstverständnis geprägt sein.

Die Botschaft des Sonntags

Nach christlichen liturgischen Kalendern beginnt die Woche nach wie vor mit dem Sonntag, und damit mit der Begegnung von Gott und Mensch, mit der Ruhe, deren Einhaltung die Rechte Gottes und die Rechte des Menschen gleichermaßen wahrt, mit einem Geschenk Gottes an die Menschen, das Anlass zur Freude und zur Hoffnung gibt.

Die Woche soll nach diesem Verständnis gerade nicht mit Arbeit beginnen (nach dem Motto: Erst die Arbeit, dann das Vergnügen), nicht mit Ausbeutung von Natur und Mensch, nicht mit Leistungsdruck, Machtansprüchen, Sorge oder Neid. Dies entspricht dem Kern des christlichen Menschenbildes, nach dem der Mensch zunächst einmal Geschöpf ist – und erst danach berufen zum Mitschöpfertum, zunächst einmal abhängig und auf Befreiung angewiesen – und erst danach zum Guten fähig, zunächst einmal bestimmt zur Gottesgemeinschaft, zur Freude und zum ewigen Leben – und erst danach zur Sorge um die leiblichen Güter im Rahmen des vorläufig Notwendigen.

Der Sonntag als Wochenauftakt erinnert uns daran, dass der Mensch nicht erst durch Arbeit zum Menschen wird, dass er sich sein Lebensrecht und seine Würde nicht erst erarbeiten bzw. verdienen muss, sondern sie von Gott verliehen bekommt.

Wenn sich diese Botschaft des Sonntags Menschen erschließt, kann der Sonntag zu einer „echten Schule“ [120] guten Lebens werden. Die Arbeitswoche und das Wirtschaften insgesamt können (in erster Linie im Blick auf ihre Struktur) vom Sonntag her eine lebensdienliche Richtung erhalten: Gerne arbeiten, ohne in der Arbeit den Lebenssinn zu suchen, gemeinsam effizient die materiellen Lebensgrundlagen produzieren, ohne alle Lebensbereiche dem Maßstab der Effizienz unterzuordnen, bestmögliche Leistungen erbringen, ohne zu vergessen, dass wir unsere Leistungsfähigkeit nicht uns selber verdanken und dass wir zur Solidarität mit weniger Leistungsfähigen verpflichtet sind. Im Blick auf die eingangs genannten ökologischen Probleme müssen folgende Aspekte eines Wirtschaftens vom Sonntag her besonders hervorgehoben werden: Wissen um geschöpfliche Endlichkeit anstelle unbegrenzten Wachstumsdenkens, Wissen um geschöpfliches Eingebettetsein in einen natürlichen Gesamtzusammenhang anstelle einer Logik der Nutzenoptimierung durch Naturausbeutung, Wissen um die Sinnhaftigkeit und Würde des eigenen Lebens jenseits von Arbeit, Einkommen und Konsum anstelle einer rastlos machenden Angst davor, das Leben zu verpassen, zu kurz zu kommen, nicht mehr mithalten zu können.

Der skizzierte Gedanke des Wirtschaftens vom Sonntag her geht über das hinaus, was in der Regel in kirchlichen Kampagnen zum Sonntagsschutz kommuniziert wird. Man kann nur hoffen, dass es den Kirchen gelingen wird, in diesem Zusammenhang nicht mehr als rückwärtsgewandte Nörgler wahrgenommen zu werden, die durch Verbote ihre Gottesdienste füllen wollen, sondern als Botschafter einer menschenfreundlichen Kultur, die eine echte Alternative zu den selbstzerstörerischen Formen des Lebens und Wirtschaftens darstellt, unter denen alle leiden.

Damit können die Kirchen einen wesentlichen Beitrag zur Gestaltung einer zukunftsfähigen Gesellschaft leisten und sollten sich davon keinesfalls durch die Forderung nach einer falsch verstandenen weltanschaulichen Neutralität des Staates irritieren lassen. Denn diese weltanschauliche Neutralität meint lediglich den Verzicht des Staates auf die Identifikation mit einer Religionsgemeinschaft, nicht jedoch eine Leugnung der Tatsache, dass alle politischen Entscheidungen zur Gestaltung der Gesellschaft notwendig auf weltanschaulichen Voraussetzungen basieren.

Welche Weltanschauung das sein soll – diejenige, für die der Sonntag steht, oder diejenige, die zu den drängenden ökologisch-sozialen Problemen geführt hat –, an dieser Diskussion sollten wir uns alle beteiligen.

Klaus Heidel

Klimawandel: Bedrohung der Schöpfung

Schaubilder und Karten gegen Vorurteile

Globale Erwärmung mit katastrophalen Folgen

Die Auswirkungen der globalen Erwärmung auf Natur, Menschen und Gesellschaften bis zum Ende des 21. Jahrhunderts hängen von mehreren Faktoren ab: Je nach Entwicklung der Treibhausgasemissionen fällt die Erwärmung stärker oder schwächer aus, das Klimasystem könnte unterschiedlich auf eine Erwärmung reagieren und regionale Unterschiede sind zu beachten.

Daher hat der Weltklimarat der Vereinten Nationen (Intergovernmental Panel on Climate Change, IPCC) 40 Szenarien vorgelegt, die jeweils die Wahrscheinlichkeit für das globale und regionale Eintreten bestimmter Ereignisse (zum Beispiel: Ausbreitung von Wüsten) angeben. Diese Szenarien zeigen, dass einige Auswirkungen der Erwärmung globaler Natur sein könnten – das gilt zum Beispiel für den Anstieg des Meeresspiegels. Andere Auswirkungen werden regional unterschiedlich ausfallen. Ein Beispiel dafür ist die Zunahme von unwetterartigen Starkniederschlägen. Regionale Unterschiede sind selbst innerhalb (großer) Länder zu beobachten.

Hinzu kommt, dass sich eine Veränderung der natürlichen Rahmenbedingungen (zum Beispiel: Verknappung von Trinkwasser) unterschiedlich auf Menschen und Gesellschaften auswirken kann und von der jeweiligen Anpassungsfähigkeit abhängt (reiche Länder können dem Anstieg des Meeresspiegels mit dem Bau von Deichen begegnen, arme Länder sind dazu nur selten in der Lage).

„Die" Auswirkungen der globalen Erwärmung gibt es also nicht. Dennoch zeigen alle Szenarien dringenden Handlungsbedarf, soll eine Klimakatastrophe verhindert werden.

Weltkarte des Klimawandels

Einige der im 21. Jahrhundert sehr wahrscheinlich (90 bis 99 Prozent) oder wahrscheinlich (66 bis 90 Prozent) eintretenden Folgen der globalen Erwärmung stellt die Karte „Überflutungen, heftigere Stürme und Ausbreitung von Wüsten" auf Seite 205 zusammen. Sie beruht auf Szenarien, die von folgenden Annahmen ausgehen: [1] Die Weltwirtschaft wird bis zum Ende des Jahrhunderts wachsen. [2] Die Weltbevölkerung wird nur bis zur Mitte des Jahrhunderts zunehmen. [3] Der technologische Fortschritt erhöht die Energieeffizienz beständig. [4] Der Energiebedarf wird durch einen ausgewogenen Mix aus erneuerbaren und fossilen Energieträgern und aus Kernkraft gedeckt.

Die Weltkarte beschränkt sich um der Übersichtlichkeit willen auf einige Auswirkungen der globalen Erwärmung. Diese sind in der Regel verantwortlich für weitere Auswirkungen, die in der Weltkarte nicht verzeichnet sind. Dafür nur zwei Beispiele: [a] Die Zunahme von Trockenheit (in Südeuropa) oder von Dürreperioden (in Teilen Nordafrikas) führt unmittelbar zur Verknappung von Trinkwasser und zum

Rückgang der Ernteerträge, der im Falle von Dürreperioden nicht selten Hungerkatastrophen zur Folge haben könnte. [b] Überflutungen fruchtbarer Küstenregionen aufgrund eines Anstieges des Meeresspiegels werden in einigen Ländern wie Bangladesch, Ägypten oder Nigeria beträchtliche Ernährungsschwierigkeiten verursachen.

Die Weltkarte bietet nur einen ersten Überblick der der Differenzierung bedarf. So steht das Symbol für Stürme und Hurrikane für unterschiedliche Entwicklungen. An der Nordseeküste wird voraussichtlich die Häufigkeit von Stürmen und Sturmfluten, in den Tropen aber die Intensität und damit das Zerstörungspotential der Hurrikane zunehmen. Außerdem fehlen regionale Differenzierungen, die vor allem bei großen Flächenstaaten zu beachten sind. Allerdings haben regionale Auswirkungen oft Folgen für das ganze Land, zum Beispiel in Form von rückläufigen Ernteerträge.

Dramatische Zahl von Klimaflüchtlingen

Dramatische Konsequenz der Zerstörung natürlichen Lebensraumes für Menschen durch die globale Erwärmung werden gewaltige Bevölkerungsbewegungen sein: Überflutungen durch den Meeresanstieg, die Ausbreitung von Wüsten, Verschwinden von Trinkwasser und andere Gründe werden Menschen zwingen, ihre Heimat zu verlassen. Auch wenn sie keine Flüchtlinge im Sinne des gegenwärtigen Völkerrechtes sind, gibt es dennoch gute Gründe, sie als Klimaflüchtlinge zu bezeichnen. Ihre Zahl kann aktuell nur vage prognostiziert werden, nicht zuletzt wird sie abhängig sein vom Ausmaß der globalen Erwärmung und von der Wirksamkeit von Maßnahmen zur Abmilderung ihrer Folgen. Dennoch sind die vorliegenden Schätzungen bedrückend: Der 1990 vorgelegte erste IPCC-Bericht ging von 150 Millionen Klimaflüchtlingen im Jahre 2050 aus, der Oxforder Professor Norman Myers vermutete 2005, es werde zur Jahrhundertmitte rund 200 Millionen Klimaflüchtlinge geben, und im Jahre 2007 veröffentlichte das britische Hilfswerk Christian Aid eine Schätzung, die von 200 bis 250 Millionen Klimaflüchtlingen im Jahre 2050 ausging. [1]

Überflutungen, heftigere Stürme und Ausbreitung von Wüsten

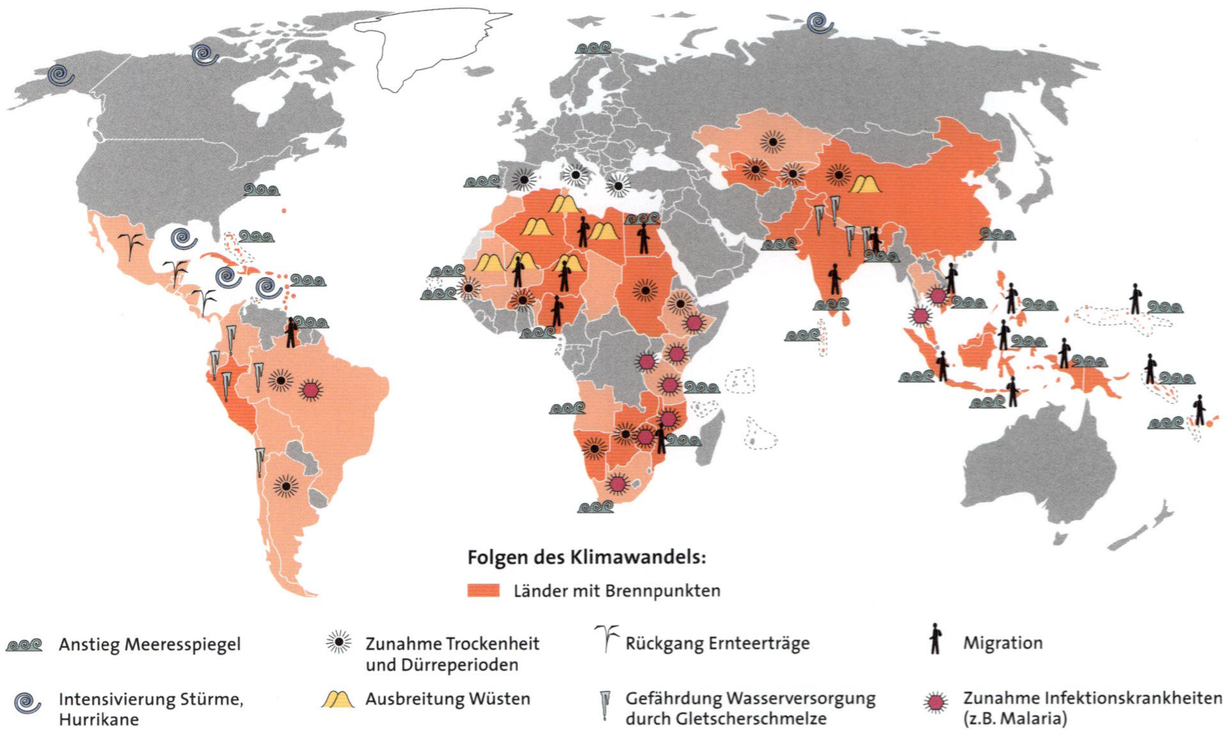

SCHAUBILDER

HOHES KATASTROPHENRISIKO FÜR ARME LÄNDER

Die Auswirkungen der globalen Erwärmung auf Menschen und Gesellschaften hängen auch von ihrer Fähigkeit ab, bedrohliche Situationen zu meistern. Dies zeigt der WeltRisikoBericht 2011. Im Auftrag des „Bündnis Entwicklung Hilft" (Brot für die Welt, medico international, Misereor, terre des hommes und Welthungerhilfe) berechnete die Universität der Vereinten Nationen in Bonn Indizes zur Abschätzung des Risikos einer Gesellschaft, Opfer von Naturgefahren und Klimawandel zu werden.

Der **GEFÄHRDUNGSINDEX** kann als prozentualer Anteil der Bevölkerung eines Landes verstanden werden, der potentiell Naturgefahren und Folgen des Klimawandels ausgesetzt ist. Er beruht [a] auf der Anzahl der Menschen, die im Durchschnitt der Jahre 1970 bis 2005 in einem Land Erdbeben, Wirbelstürmen, Überschwemmungen oder Dürren ausgesetzt waren und [b] auf der Anzahl der Menschen, die bis 2100 von einem Anstieg des Meeresspiegels unmittelbar betroffen sein werden.

Anrainerstaaten des Pazifiks durch extreme Naturgefahren bedroht[3]

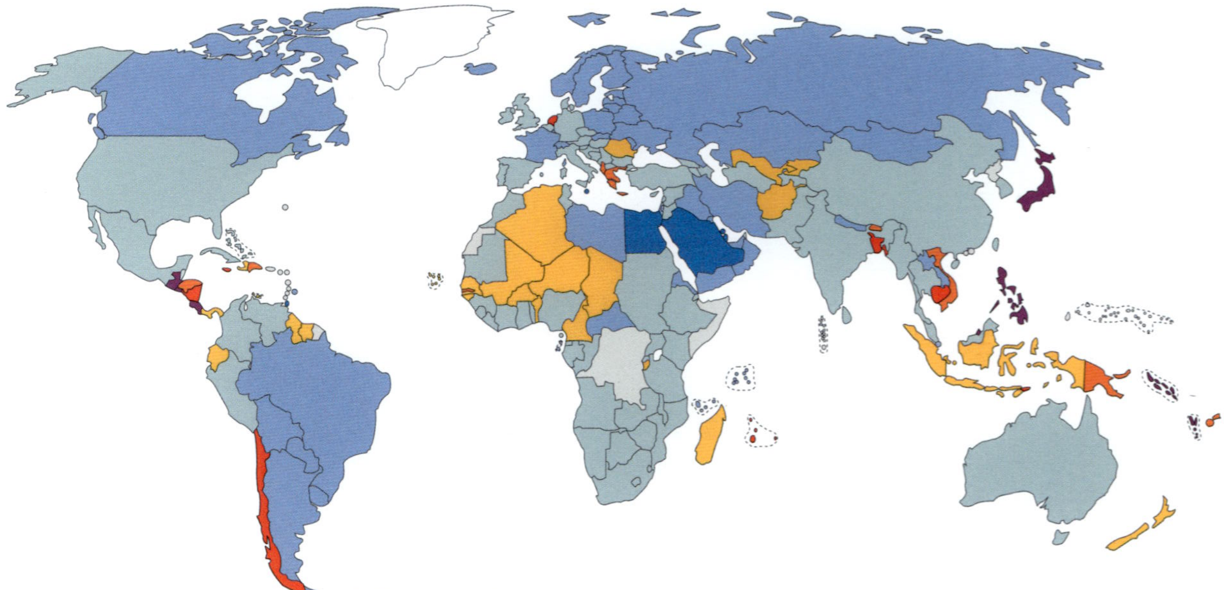

Gefährdungsindex:

- am höchsten (0,3137-0,5633)
- extrem überdurchschnittlich (0,2616-0,3137)
- sehr überdurchschnittlich (0,2094-0,2615)
- überdurchschnittlich (0,1572-0,2093)
- durchschnittlich (0,1050-0,1571)
- unterdurchschnittlich (0,0528-0,1049)
- sehr unterdurchschnittlich (0,0005-0,0527)
- keine Angabe

Der **Index für die Verletzbarkeit** ist eine Vergleichsgröße für die Gefährdung von Gesellschaften durch extreme Naturgefahren und durch Auswirkungen des Klimawandels (im Folgenden: „Ereignisse“). Je höher der Index ist, desto größer ist die Gefahr, dass in einem Land aus Ereignissen Katastrophen werden. Gebildet wird der Verletzbarkeitsindex aus den drei Teilindizes für die [a] Anfälligkeit einer Gesellschaft gegenüber Ereignissen (durch Armut, fehlende öffentliche Infrastruktur und wirtschaftliche Defizite), für die [b] Bewältigungskapazitäten eines Landes zur Verringerung negativer Auswirkungen von Ereignissen (durch die Leistungsfähigkeit von Regierung und Behörden, medizinischer Versorgung und Systemen sozialer Sicherheit) und für die [c] Kapazitäten zur langfristigen Anpassung an veränderte sozial-ökologische Rahmenbedingungen (durch Bildung, Geschlechtergerechtigkeit, Umweltschutz und Gesundheitsausgaben und Lebenserwartung).[2]

Länder in Afrika und Asien sind besonders gefährdet[4]

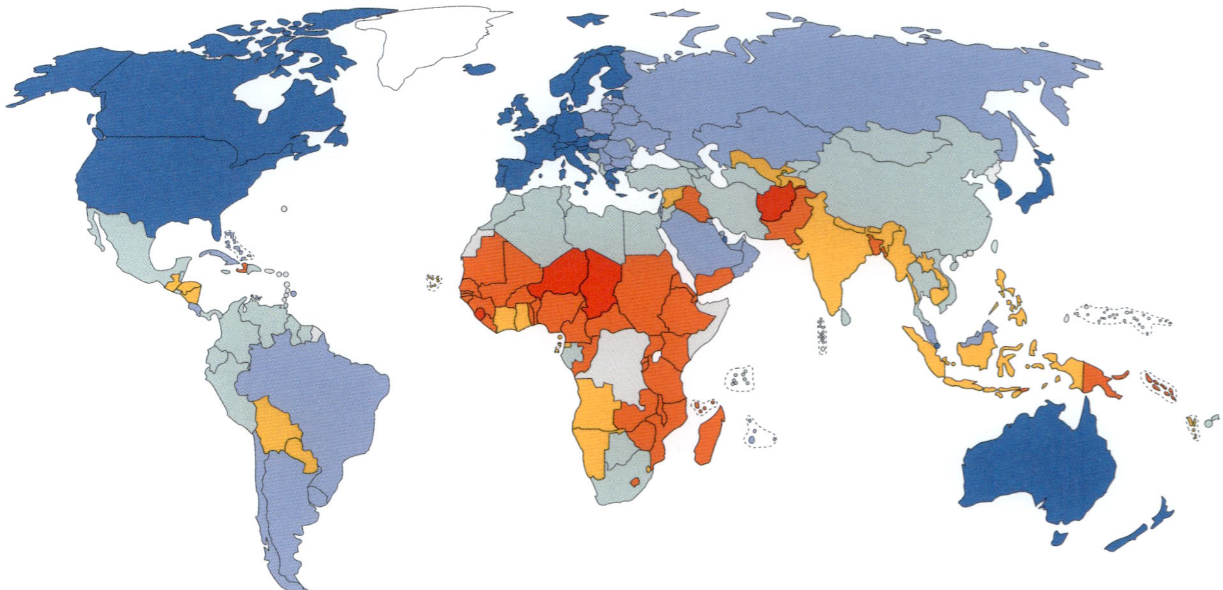

Verletzbarkeitsindex:

- extrem überdurchschnittlich (0,7292-0,7619)
- sehr überdurchschnittlich (0,625-0,7291)
- überdurchschnittlich (0,5358-0,624)
- durchschnittlich (0,4392-0,5357)
- unterdurchschnittlich (0,3435-0,4391)
- sehr unterdurchschnittlich (0,2457-0,3424)
- keine Angabe

Der **WeltRisikoIndex** – gebildet aus dem Gefährdungsindex und dem Index für die Verletzbarkeit – ist eine Vergleichsgröße für das Risiko, dass eine Gesellschaft Opfer von Naturgefahren und Klimawandel wird. Alle Indizes können Werte zwischen 0 und 1 annehmen.

Die drei Weltkarten auf den Seite 207, 209 und 211 zeigen, dass viele Länder des Südens weitaus stärker von extremen Naturgefahren und den Folgen des Klimawandels betroffen sind als Länder des Nordens, und dass dies zu großen Teilen sozialen, politischen und wirtschaftlichen Faktoren (die sich im Index für die Verletzbarkeit spiegeln) zu schulden ist. Daher müssen das Recht auf Entwicklung und globale soziale Gerechtigkeit als Antwort auf den Klimawandel durchgesetzt werden.

Opfer von Naturkatastrophen und Klimawandel[5]

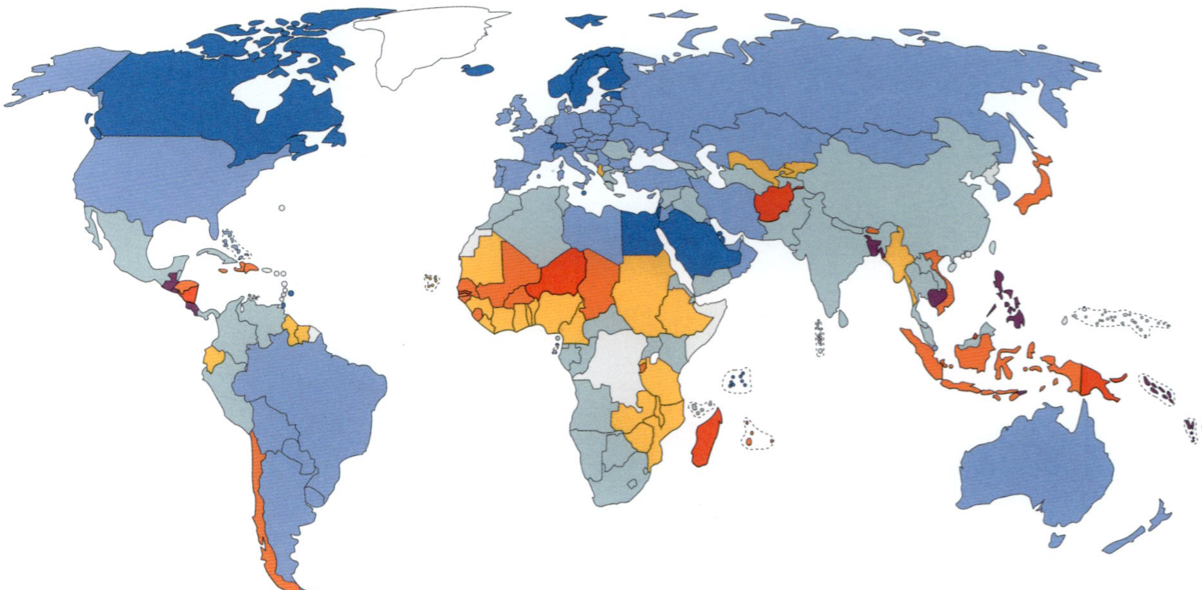

Risikoindex:

- am höchsten (0,1645-0,3200)
- extrem überdurchschnittlich (0,1371-0,1644)
- sehr überdurchschnittlich (0,1098-0,1370)
- überdurchschnittlich (0,0824-0,1097)
- durchschnittlich (0,0550-0,0823)
- unterdurchschnittlich (0,0276-0,0549)
- sehr unterdurchschnittlich (0,0002-0,0275)
- keine Angabe

Verteilung der Treibhausgasemissionen 2010: Fast vierzig Prozent kamen aus China und den USA

Mit weitem Abstand größter Emittent von Treibhausgasen (alle Gase) war im Jahre 2010 China mit 22,1 Prozent aller globalen Emissionen. An zweiter Stelle folgte die USA mit 16,3 Prozent. Deutschland war der weltweit siebtgrößte Emittent von Treibhausgasen. Insgesamt stammten fast zwei Drittel aller Treibhausgasemissionen von den zehn größten Klimasündern, die in der Weltkarte auf Seite 211 verzeichnet sind, wenn wir die Europäische Union nicht als Einheit werten, aus ihr kamen 11,2 Prozent der Emissionen.

Angesichts dieser regionalen Verteilung hängt es entscheidend von China, der USA und der EU ab, ob eine weltweite Emissionsreduzierung gelingt, sind doch diese drei Akteure für rund die Hälfte der globalen Emissionen verantwortlich. Dabei muss aber berücksichtigt werden, dass die Pro-Kopf-Emissionen in China noch immer deutlich unter denen in den USA und in der EU liegen – ein Hinweis auf unterschiedliche Verantwortlichkeiten. Vor diesem Hintergrund ist es verständlich, wenn die chinesische Regierung das Recht ihres Landes auf Entwicklung betont mit dem Ziel, ihrer Bevölkerung einen Lebensstandard zu ermöglichen, der mit dem in den USA oder in der EU vergleichbar ist. Zugleich ist aber zu bedenken, dass das Konsumniveau der USA und der EU die Belastbarkeit der Erde überfordert. Außerdem nimmt auch in den USA und in der EU Armut zu – ein weiterer Hinweis darauf, dass die Entwicklungspfade der USA und der EU nicht als Modell taugen.[6]

DIE ZEHN GRÖSSTEN EMITTENTEN UND REGIONEN

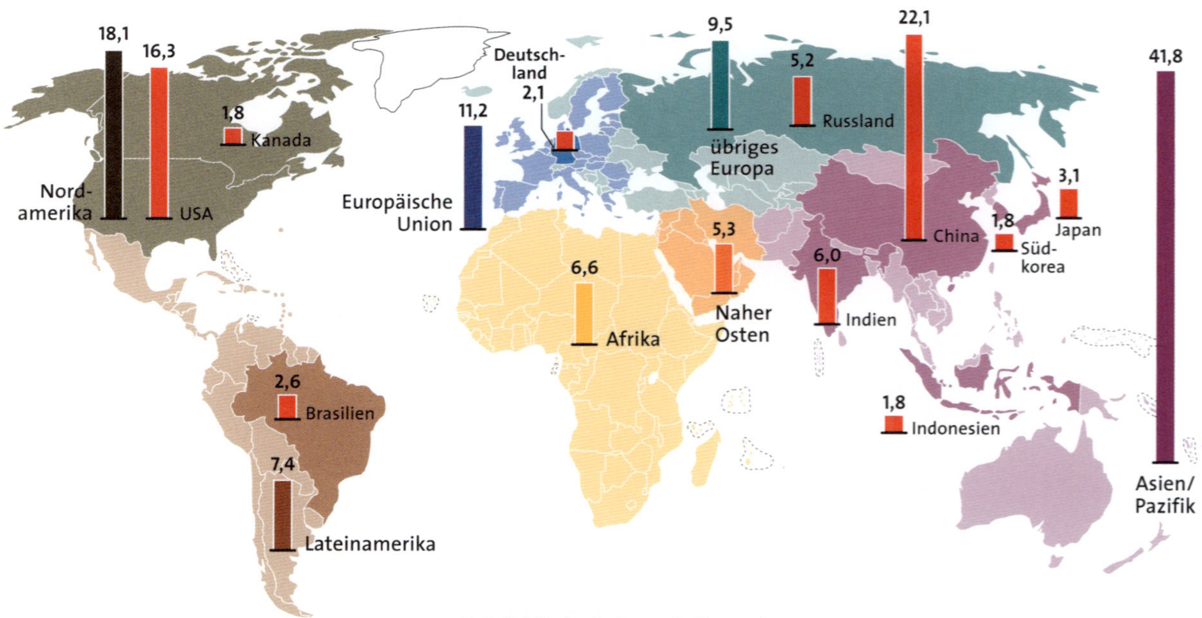

Anteil CO_2-Emissionen in Prozent:

- einzelne Länder: die 10 größten Luftverschmutzer
- Ländergruppen (inclusive Werte hervorgehobener Länder, z.B.: Lateinamerika mit Brasilien)

SCHAUBILDER

Kohlenstoffdioxidemissionen: starker Anstieg in China

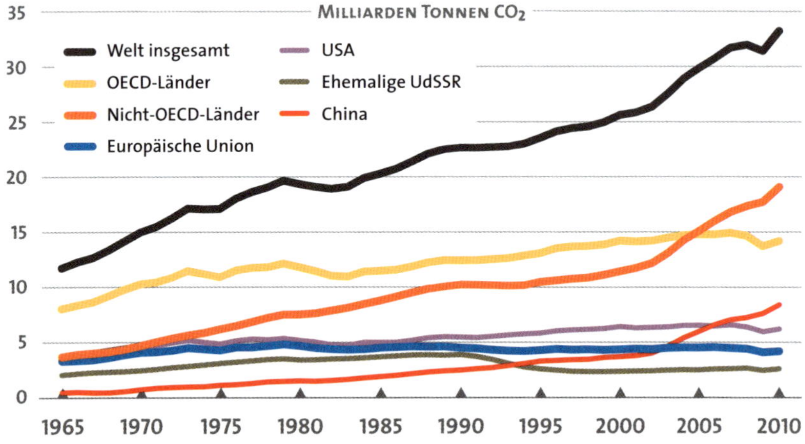

Emissionen aus der Verbrennung fossiler Energieträger[7]

Ein Ende des dramatischen Anstieges der weltweiten CO2-Emissionen ist nicht in Sicht: In den Industrieländern sinken sie kaum, und in einigen Schwellenländern wachsen sie rasch. Seit 2005 blasen die Länder, die nicht Mitglied der Organisation für wirtschaftliche Zusammenarbeit und Entwicklung (OECD) sind, mehr Kohlenstoffdioxid in die Luft als die Industrieländer. Im Jahr 2009 wurde China zum größten CO2-Emittenten, von 2009 auf 2010 stiegen seine Emissionen um 786 Millionen Tonnen (zum Vergleich: 2010 betrugen die deutschen Emissionen 828 Millionen). In Russland gingen die Emissionen Anfang der 1990er Jahre aufgrund der De-Industrialisierung zurück und verharren seither auf konstantem Niveau. In der Europäischen Union fielen die CO2-Emissionen von 1979 bis 2010 nur leicht von 4,8 auf 4,1 Milliarden Tonnen – die Verbreitung emissionsärmerer Technologien, Maßnahmen zur Einsparung von Energie und der wachsende Anteil erneuerbarer Energien haben also nicht ausgereicht, um die Emissionen kräftig sinken zu lassen.

WELTWEITER ANSTIEG DER PRO-KOPF-EMISSIONEN VON 1991 BIS 2009

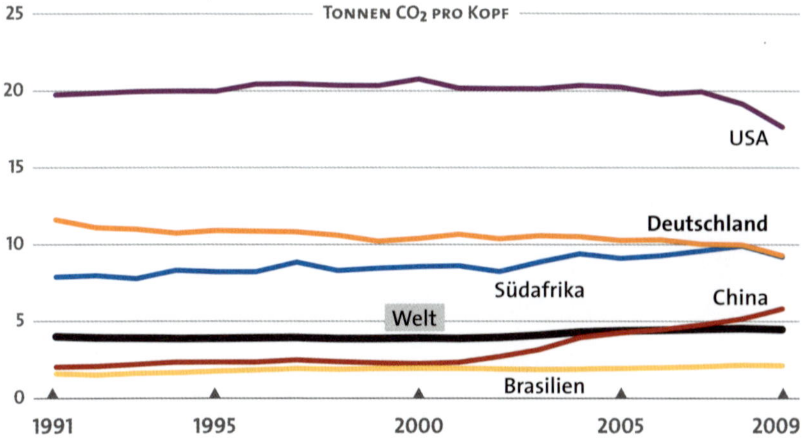

EMISSIONEN AUS DER VERBRENNUNG FOSSILER ENERGIETRÄGER[8]

Weltweit stiegen die durchschnittlichen CO2-Emissionen (aus der Verbrennung fossiler Energieträger) pro Kopf von 1991 bis 2009 um 11,2 Prozent auf 4,5 Tonnen. In vielen westlichen Industrieländern waren die Pro-Kopf-Emissionen rückläufig, so in Deutschland, wo sie von 11,6 Tonnen (1991) auf 9,3 Tonnen (2009) fielen. In den USA führte erst die Weltwirtschaftskrise 2008/09 zu einem spürbaren Emissionsrückgang. Doch noch immer verursachen die Bürgerinnen und Bürger der westlichen Industrieländer im statistischen Durchschnitt wesentlich höhere CO2-Emissionen pro Kopf als der Weltdurchschnitt. Über demselben (aber noch immer weit unter dem Niveau westlicher Industrieländer) liegen die Pro-Kopf-Emissionen in China seit 2006, sie explodierten von 1991 bis 2009 um 186,0 Prozent. Auch die südafrikanischen Pro-Kopf-Emissionen stiegen deutlich und lagen 2009 auf dem Niveau der deutschen, obgleich ein großer Teil der südafrikanischen Bevölkerung nur einen sehr beschränkten Zugang zu Energie hat.

SCHAUBILDER

Deutsche CO2-Emissionen pro Kopf doppelt so hoch wie der Weltdurchschnitt

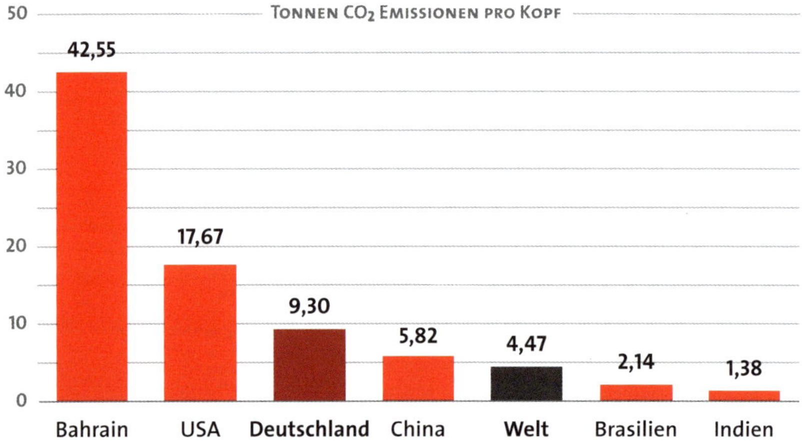

Emissionen aus der Verbrennung fossiler Energieträger[9]

Der Zugang zu Energie ist weltweit höchst ungerecht verteilt. Dies spiegelt sich in den extremen Unterschieden der Pro-Kopf-Emissionen. Die Menschen in den Golfstaaten verursachen durch ihren hohen Energiekonsum auch extreme Pro-Kopf-Emissionen – in Bahrain lagen sie 2009 bei 42,6 Tonnen und damit weit höher als in den USA. Im Gegensatz hierzu haben viele Menschen in Entwicklungs- und selbst in manchen Schwellenländern kaum die Möglichkeit, Energie zu nutzen. Entsprechend niedrig sind die Emissionen pro Kopf – in Indien betrugen sie 2009 gerade einmal 1,4 Tonnen.

Eine „Energiewende“ reicht zur Bekämpfung der globalen Erwärmung nicht aus

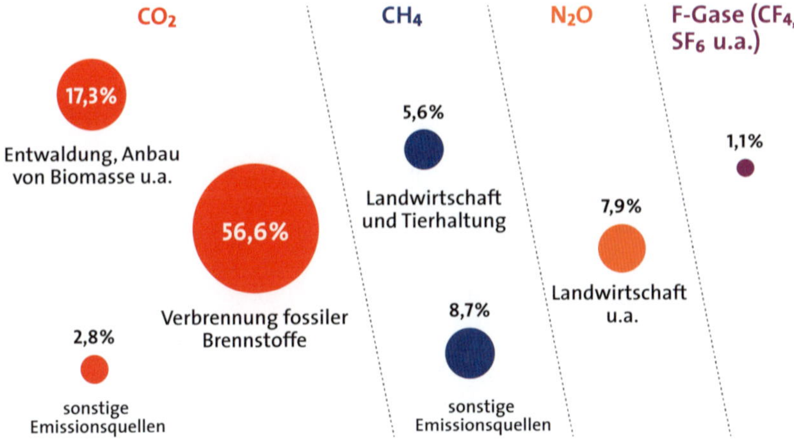

Treibhausgase nach Emissionsquelle und Gas, 2004 [10]

Die CO2-Emissionen aus der Verbrennung fossiler Energieträger machten 2004 über 56 Prozent aller Treibhausgasemissionen aus. Dazu kam, neben anderen Quellen, die Abholzung von Wäldern, die dadurch als CO2-Speicher ausfielen. Methan (CH4), dessen Treibhausgaspotential fünfundzwanzig Mal so groß wie das von CO2 ist (bezogen auf 100 Jahre), wird durch die Pansengärung der Wiederkäuer und durch Nassreisanbau (im Schaubild: „Landwirtschaft und Tierhaltung“) sowie bei der Abfallbeseitigung und der Energiegewinnung freigesetzt. Lachgas (Distickstoffoxid, N2O) entsteht vor allem als Folge der Stickstoffdüngung und bei der Verbrennung von Biomasse. Sein Treibhausgaspotential ist 298-mal so groß wie das von CO2. F-Gase sind fluorierte Treibhausgase mit teilweise sehr hohen Treibhausgaspotentialen, zu ihnen gehört auch ein FCKW-Ersatzstoff. Insgesamt entfallen über 23 Prozent der von Menschen verursachten Emissionen auf andere Gase als CO2. Daher ist eine „Energiewende“ – also die Ersetzung fossiler Energieträger durch erneuerbare – eine notwendige, aber nicht ausreichende Bedingung für die Bekämpfung der globalen Erwärmung.

Stromerzeugung, Heizung und Verkehr sind die Hauptquellen für Emissionen in der EU

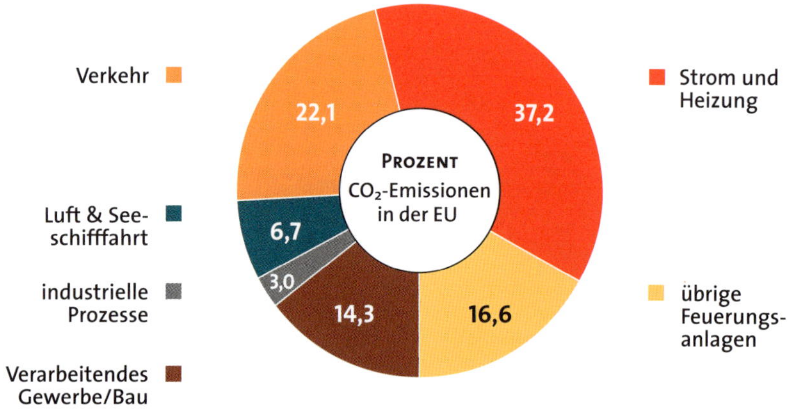

Quellgruppen der CO2-Emissionen in der EU (27 Länder) [11]

Die Verbrennung fossiler Energieträger für die öffentliche Elektrizitäts- und Wärmeversorgung (in der Legende des obigen Schaubildes: „Strom und Heizung") ist die Hauptquelle von CO2-Emissionen der Mitgliedsländer der EU (1990: 40,2 Prozent, 2008: 37,2 Prozent der Emissionen in der EU). An zweiter Stelle steht der Verkehr – er verursachte 22,1 Prozent der Emissionen (1990: 18,0 Prozent). Auch die „übrigen Feuerungsanlagen" – vor allem zur Beheizung privater Haushalte und von Gebäuden in Gewerbe, Handel und Dienstleistungen – sind mit 16,6 Prozent der Emissionen (1990: 19,2 Prozent) eine wichtige Emissionsquelle. Die Ersetzung fossiler Energieträger durch erneuerbare Energien bei Stromerzeugung und Heizung, Energiesparmaßnahmen und ein kohlenstoffarmes Verkehrskonzept können also entscheidend zur Erreichung von Reduktionszielen beitragen. Hier ist noch viel zu tun – verursachte der Verkehr 1990 CO2-Emissionen in Höhe von 750 Millionen Tonnen, waren es 2008 bereits 942 Millionen Tonnen – trotz Reduktion des Treibstoffverbrauches der Fahrzeuge.

CO2-Emissionen 1850 bis 2007: historische Verantwortung der westlichen Industrieländer

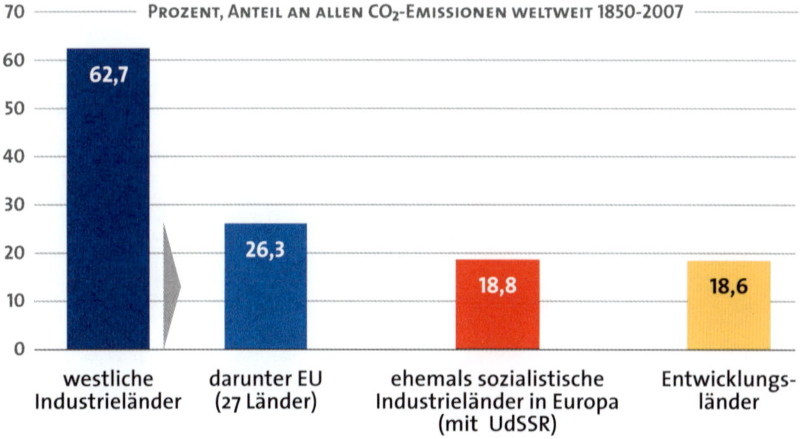

Anteile der Emssionen aus der Verbrennung fossiler Energieträger [12]

Die westlichen Industrieländer sind für 62,7 Prozent der gesamten CO2-Emissionen im Zeitraum 1850 bis 2007 verantwortlich, die ehemals sozialistischen Industrieländer in Europa (unter Einschluss der ehemaligen UdSSR) für 18,8 Prozent und die Entwicklungsländer für 18,6 Prozent. Damit sind die westlichen Industrieländer die Hauptverursacher des Klimawandels. Zwar beträgt die mittlere atmosphärische Verweildauer von Kohlenstoffdioxid rund 120 Jahre – sie hängt von mehreren Faktoren ab und schwankt stark –, doch auch nach einer vollständigen Beendigung der für die globale Erwärmung verantwortlichen Emissionen würde es fast 1.000 Jahre nicht zu einer Abkühlung kommen (eine Folge der rückläufigen Fähigkeit der Ozeane, Wärme aus der Atmosphäre aufzunehmen). Diese historische Verantwortung wird auch durch den Umstand nicht abgeschwächt, dass die Kohlenstoffdioxidemissionen der Industrieländer seit 2005 niedriger sind als die der Nicht-OECD-Länder.

Fast drei Viertel aller CO2-Emissionen im Zeitraum 1850 bis 2007 stammten von nur zehn Ländern

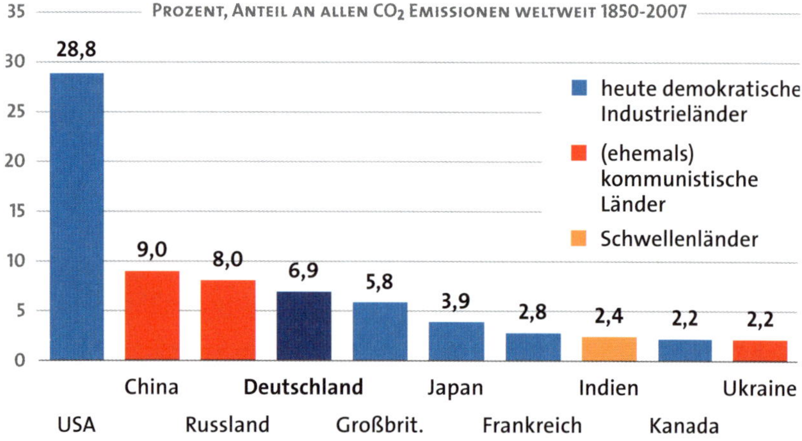

Emissionen aus der Verbrennung fossiler Energieträger [13]

Die USA sind für 28,8 Prozent aller weltweiten CO2-Emissionen im Zeitraum 1850 bis 2007 verantwortlich. An zweiter Stelle der „historischen Klimasünder" liegt China mit neun Prozent der Emissionen der letzten (fast) 150 Jahre, an vierter Stelle folgt Deutschland mit 6,9 Prozent – deutlich vor Großbritannien oder Frankreich. Insgesamt entfielen auf die zehn größten Emittenten knapp 72 Prozent aller globalen Emissionen im Zeitraum 1850 bis 2007. Bei einer Bewertung dieses Sachverhaltes sind aber die sehr unterschiedlichen Bevölkerungszahlen dieser Länder zu berücksichtigen.

Individueller Klimarucksack in Luxemburg am schwersten

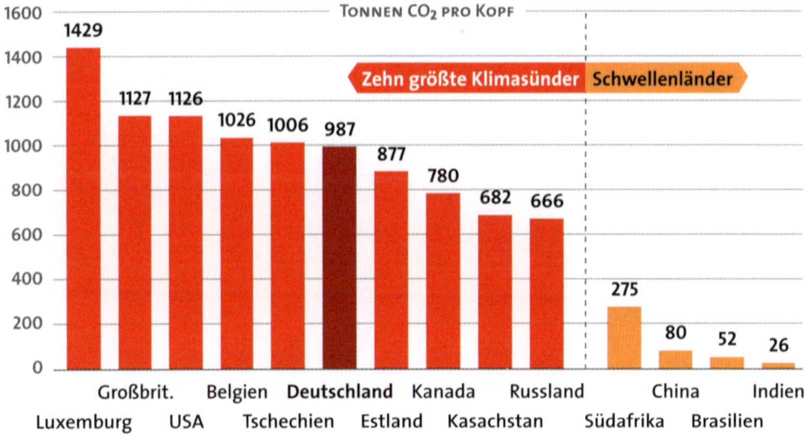

Gesamte CO2-Emissionen von 1850 bis 2007 pro Kopf (in 2007) [14]

Im Jahre 2007 hatte jeder Luxemburger einen durchschnittlichen „historischen Klimarucksack" von 1.429 Tonnen CO2 zu tragen – so viel Kohlenstoffdioxid pro Kopf emittierte Luxemburg von 1850 bis 2007. Die kumulierten Emissionen in Großbritannien und in den USA waren fast gleich hoch. Mit 987 Tonnen pro Kopf lag Deutschland an sechster Stelle der historischen „Pro-Kopf-Klimasünder". Der Abstand der kumulierten Pro-Kopf-Emissionen dieser Länder zu denen der Schwellenländer ist groß, am höchsten waren dort die historisch gewachsenen Pro-Kopf-Emissionen in Südafrika.

SCHAUBILDER

Schlechte Aussichten: Projektion der CO2-Emissionen

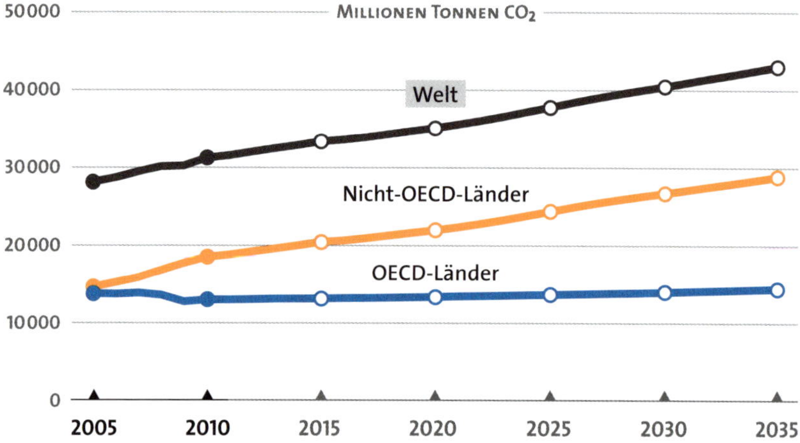

Emissionen aus der Verbrennung fossiler Energieträger, Referenzfall[15]

Soll die globale Erwärmung mit einer Wahrscheinlichkeit von zwei Dritteln auf 2° Celsius über dem vorindustriellen Niveau begrenzt werden – eine Voraussetzung dafür, dass die Folgen des Klimawandels von Natur, Menschen und Gesellschaften noch bewältigt werden können –, dann müssen die Treibhausgasemissionen spätestens im Zeitraum 2015 bis 2020 zu sinken beginnen. Ob dieses Ziel erreicht wird, ist sehr ungewiss. Die US-amerikanische Behörde zur Beobachtung des Energiemarktes (U.S. Energy Information Administration) legte im Jahre 2011 Projektionen der Emissionsentwicklung vor. Grundlage einer der Projektionen war die Annahme, dass sich bisherige Trends fortsetzen und die bis Ende 2010 veröffentlichten Ankündigungen von Staaten über Emissionsreduzierungen umgesetzt würden (Referenzfall). Die auf dieser Grundlage erstellte Projektion zeigt einen dramatischen Anstieg der CO2-Emissionen von 2005 bis 2035 um 53 Prozent, der vor allem durch Nicht-OECD-Länder verursacht würde. Würde diese Projektion Wirklichkeit, wären die Folgen der Erwärmung katastrophal.

Dramatischer Anstieg chinesischer Emissionen wahrscheinlich: Projektion der CO2-Emissionen

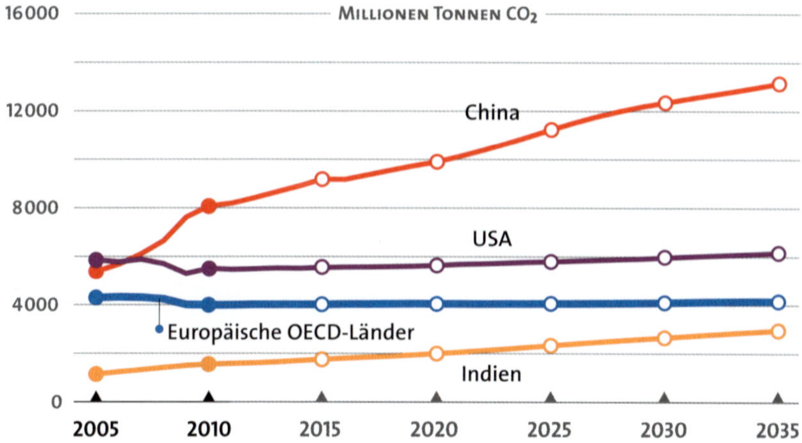

Emissionen aus der Verbrennung fossiler Energieträger, Referenzfall [16]

Die von der US-amerikanischen Behörde zur Beobachtung des Energiemarktes (U.S. Energy Information Administration) 2011 vorgelegte Projektion künftiger CO2-Emissionen auf der Grundlage bisheriger Technologie- und Verbrauchstrends und der bis Ende 2010 bekannt gewordenen nationalen Klimaschutzziele (Referenzfall) ging von einer gewaltigen Steigerung der chinesischen Emissionen aus. Sie würden von 2005 bis 2035 um fast 144 Prozent zulegen. Leicht anwachsen würden auch die US-amerikanischen Emissionen, die der europäischen Industrieländer würden in etwa gleich bleiben. Sollte diese Projektion Wirklichkeit werden, könnte die globale Erwärmung nicht mehr auf ein für Natur, Menschen und Gesellschaften erträgliches Maß begrenzt werden.

Kohlenstoffintensität der Wirtschaft sinkt zu langsam

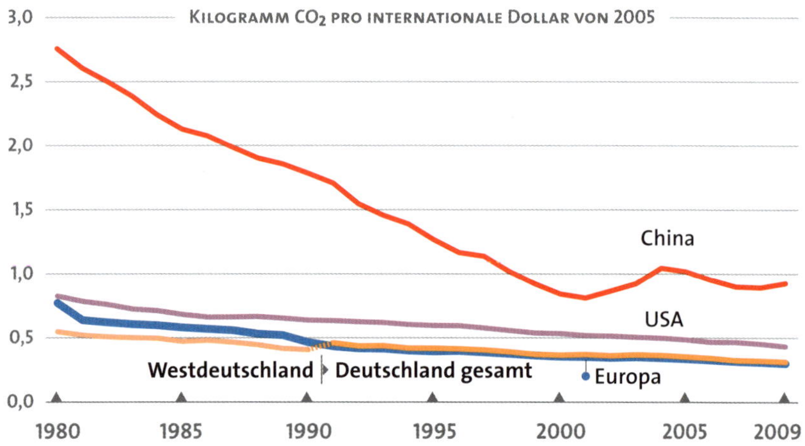

Emissionen aus der Verbrennung fossiler Energieträger [17]

Sollen CO2-Emissionen trotz Wirtschaftswachstum reduziert werden, muss die Kohlenstoffintensität des Bruttoinlandsproduktes (BIP) deutlich sinken. Dies ist aber nicht der Fall. Lediglich in China konnten von 1980 bis 2001 deutliche Fortschritte erzielt werden. Allerdings war dort die Ausgangslage katastrophal: Im Jahr 1980 verursachte jeder erwirtschaftete Dollar CO2-Emissionen in Höhe von 2,8 Kilogramm (zum Vergleich: in Deutschland waren es 0,5 Kilogramm je Einheit BIP). Bis 2001 sank dieser Wert auf 0,8 Kilogramm – eine Folge der gewaltigen technologischen Modernisierung Chinas und der Maßnahmen zur Energieeinsparung. Aber nach 2001 stieg die Kohlenstoffintensität der chinesischen Wirtschaft wieder und liegt noch immer weit über dem Niveau westlicher Industrieländer. Diese verbesserten die Kohlendioxidbilanz ihrer Wirtschaft nur mäßig – trotz energieeffizienterer Technologien, trotz Energiesparmaßnahmen und trotz erneuerbarer Energien. Hält dieser Trend an, werden Wirtschaftswachstum und Reduktion der Treibhausgase nur in wenigen Ländern vereinbar sein.

Deutschland: Emissionsrückgang trotz Wirtschaftswachstum

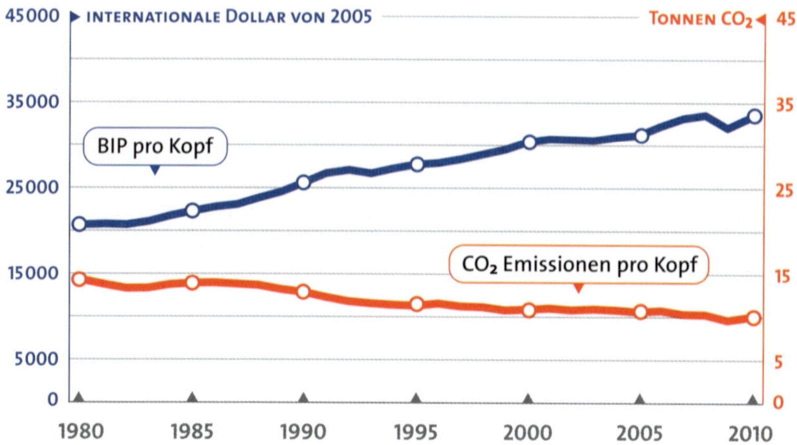

Bruttoinlandsprodukt und CO2-Emissionen pro Kopf [18]

Die deutsche Wirtschaft ist von 1980 bis 2008 (mit Einbrüchen 1993, 2002 und 2003) deutlich gewachsen, in diesem Zeitraum stieg das Bruttoinlandsprodukt (BIP) pro Kopf um 63,1 Prozent. Zugleich fielen die CO2-Emissionen pro Kopf um 27,7 Prozent – allerdings nicht kontinuierlich: 1983 bis 1987, 1996, 2000, 2001, 2003 und 2006 waren sie leicht höher als in den Vorjahren. In Deutschland gelang also eine Entkopplung von Wirtschaftswachstum und Emissionen. Hierzu haben zahlreiche Entwicklungen beigetragen: Die Entwicklung hin zu einer Dienstleistungsgesellschaft ging weiter, unter anderem durch Produktionsverlagerungen in das Ausland (1980 trugen die Dienstleistungen rund 57 Prozent zur Bruttowertschöpfung bei, 2010 waren es 73 Prozent), energieeffizientere Technologien wurden eingeführt und Energiesparmaßnahmen griffen, um nur Einiges zu nennen. Dennoch war der Rückgang nicht ausreichend zur Erreichung von Reduktionszielen (vgl. hierzu die Schaubilder auf den Seiten 240ff.) Zudem scheint die Entkopplung von Wachstum und Emissionen an Grenzen zu stoßen: nach der Weltwirtschaftskrise 2008/2009 wuchsen mit dem BIP auch wieder die Emissionen.

USA: Wirtschaftswachstum hält Emissionen fast konstant

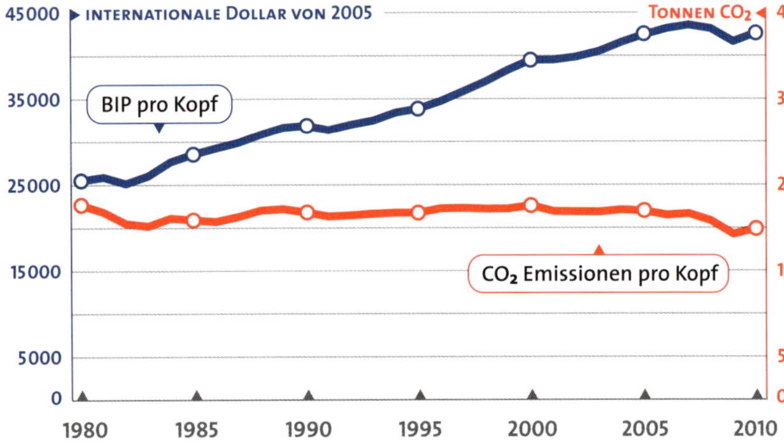

Bruttoinlandsprodukt und CO2-Emissionen pro Kopf [19]

Von 1980 bis 2010 stieg das US-amerikanische Bruttoinlandsprodukt (BIP) pro Kopf um 67 Prozent, im gleichen Zeitraum fielen die CO2-Emissionen pro Kopf um zwölf Prozent – allerdings nicht kontinuierlich, denn in den 1990er Jahren stiegen die Emissionen wieder leicht. Auch 2010 lagen sie erneut über denen des Vorjahres, und zwar um 3,4 Prozent – und spiegelten damit das wieder einsetzende Wirtschaftswachstum, das BIP pro Kopf lag um 2,1 Prozent über dem Wert für 2009. In den USA gelang also allenfalls eine sehr magere Entkopplung von Wachstum und Emissionen. Setzt sich diese Entwicklung fort, kann nicht davon ausgegangen werden, dass die USA nennenswert zur Reduktion der Treibhausgase beitragen werden.

Südafrika: wachsende Wirtschaft, hohe Emissionen

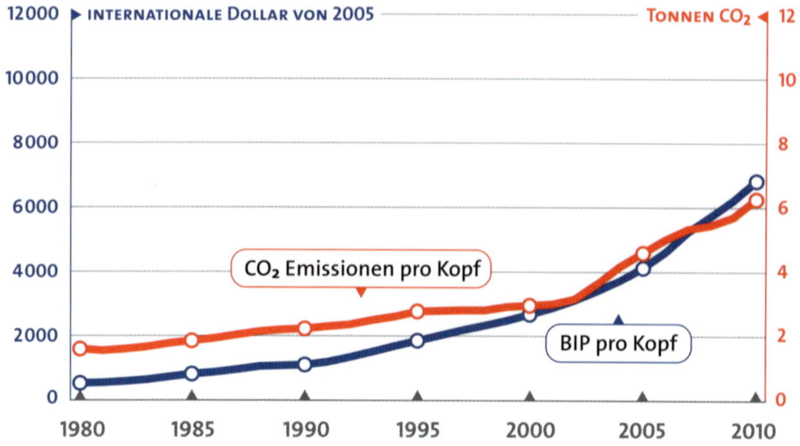

Bruttoinlandsprodukt und CO2-Emissionen pro Kopf[20]

In Südafrika wuchsen die CO2-Emissionen pro Kopf von 1980 bis 2010 rascher als das Bruttoinlandsprodukt (BIP) pro Kopf: während die Emissionen um 16,8 Prozent stiegen, lag das BIP pro Kopf 2010 nur um 8,1 Prozent über dem Wert von 1980. Allerdings verlief die Entwicklung nicht einheitlich: von 1981 bis 1993 sank das BIP pro Kopf kräftig um 19,0 Prozent – Ausdruck der wirtschaftlichen Misere des letzten Jahrzehntes des Apartheidregimes. Die Emissionen aber stiegen zunächst (bis 1988) an – ein Hinweis auf die technologische Rückständigkeit Südafrikas in Zeiten der Apartheid. Als dann die Wirtschaft seit Mitte der 1990er Jahre mit der Demokratisierung Südafrikas in Schwung kam, sanken zunächst die Emissionen, stiegen dann wieder an und blieben seit 2004 mehr oder weniger konstant. Südafrika ist damit ein Beispiel dafür, dass auch Länder mit einem vergleichsweise niedrigen wirtschaftlichen Niveau – das südafrikanische BIP pro Kopf betrug 2010 nur 28,8 Prozent des deutschen – hohe Emissionen haben können (die südafrikanischen CO2-Emissionen pro Kopf lagen 2010 bei 86,1 Prozent der deutschen).

China: Starkes Wirtschaftswachstum treibt Emissionen in die Höhe

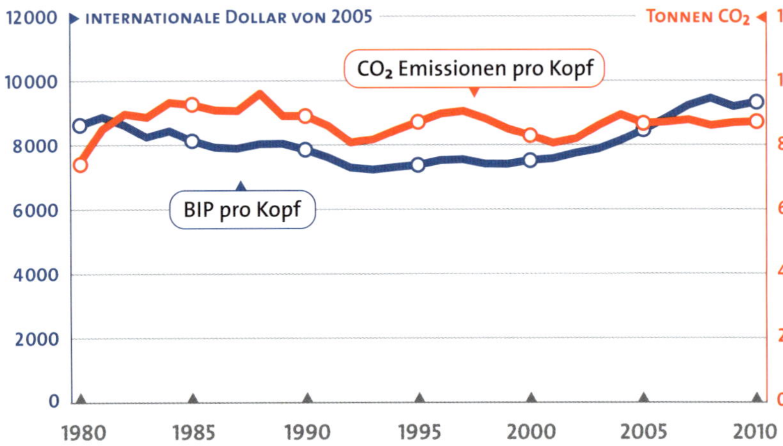

Bruttoinlandsprodukt und CO2-Emissionen pro Kopf[21]

In China ist das Wirtschaftswachstum atemberaubend, von 1980 bis 2010 explodierte das Bruttoinlandsprodukt pro Kopf um 1.199,8 Prozent. Die CO2-Emissionen pro Kopf wuchsen langsamer, nämlich um 307,4 Prozent. Seit 2002 gehen die CO2-Emissionen pro Einheit BIP kaum noch zurück, daher auch beschleunigt das Wirtschaftswachstum den Emissionsanstieg. Da China auch künftig auf Wirtschaftswachstum setzen wird – noch ist sein BIP pro Kopf deutlich niedriger als das südafrikanische –, muss davon ausgegangen werden, dass die Emissionen des weltgrößten Emittenten auch künftig wachsen werden. Selbst wenn es gelänge, die CO2-Intensität der chinesischen Volkswirtschaft bis 2050 auf ein Zehntel des heutigen Niveaus zu beschränken, würde China dennoch – ein mäßiges Wirtschaftswachstum vorausgesetzt – im Jahre 2050 etwa so viel Kohlendioxid wie heute ausstoßen.

Wirtschaftswachstum Hauptursache für die Zunahme der CO2-Emissionen von 1970 bis 2007

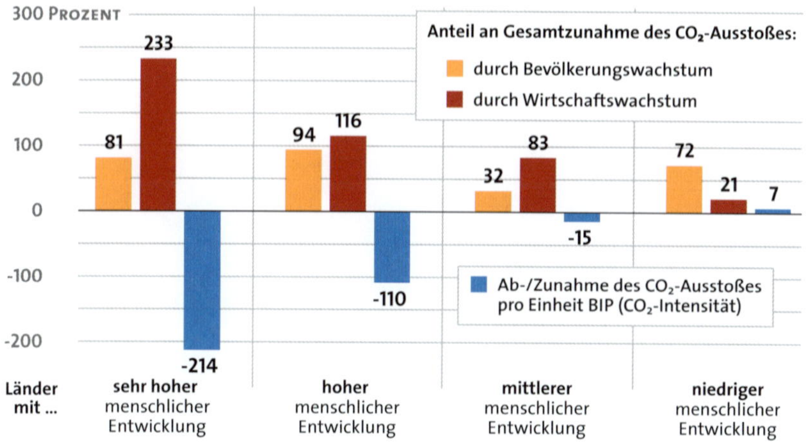

Emissionen aus der Verbrennung fossiler Energieträger [22]

Hauptursache für die dramatische Zunahme der CO2-Emissionen ist, „dass mehr Menschen mehr Waren konsumieren – auch wenn die Produktion selbst im Schnitt effizienter geworden ist", so das Entwicklungsprogramm der Vereinten Nationen (UNDP) in seinem Bericht über die menschliche Entwicklung (S. 32). Nach Berechnungen von UNDP trug in den westlichen Industrieländern (in der UNDP-Klassifizierung: Länder mit sehr hoher menschlicher Entwicklung) die Zunahme des Bruttoinlandsproduktes (BIP) pro Kopf zu 233 Prozent zum Emissionsanstieg von 1970 bis 2007 bei und hätte folglich zu einem weitaus höheren Anstieg der Emissionen führen müssen, hätte nicht der technische Fortschritt eine starke Verringerung des CO2-Ausstoßes pro Einheit des BIP (CO2-Intensität) ermöglicht. Lediglich in Ländern mit niedriger menschlicher Entwicklung (das sind vor allem afrikanische Länder) ist der Bevölkerungsanstieg Hauptursache der Emissionszunahmen – dort hat die CO2-Intensität nicht ab-, sondern zugenommen, eine deutliche Begleiterscheinung von gesamtwirtschaftlichen Wachstumsprozessen, die sich (ökologisch) rückständiger Technologien bedienen (müssen).

Pro-Kopf-Emissionen in armen Ländern sehr niedrig

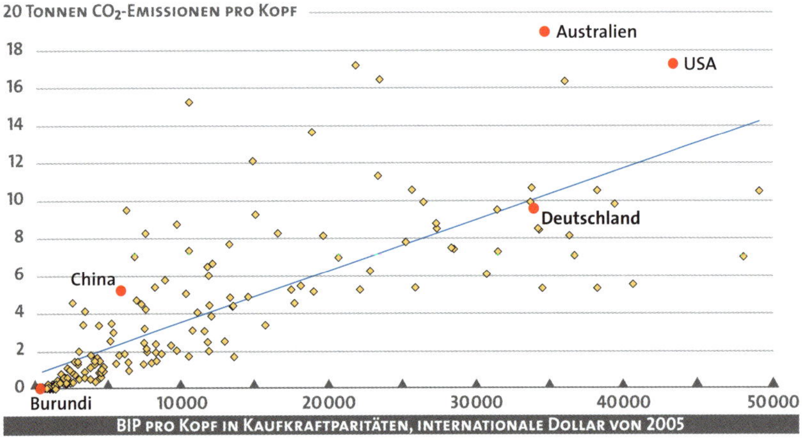

CO2-Emissionen und Bruttoinlandsprodukt pro Kopf[23]

Die Pro-Kopf-Emissionen in reichen Ländern mit einem Bruttoinlandsprodukt (BIP) pro Kopf von über 20.000 internationalen Dollar sind sehr hoch, 2008 lagen sie bei über fünf Tonnen. In fast allen 40 Ländern mit einem BIP pro Kopf von unter 2.000 Dollar aber betrugen die CO2-Emissionen pro Kopf weniger als 0,5 Tonnen. Mit steigendem volkswirtschaftlichem Reichtum nimmt die Streuung der Emissionshöhe zu: In El Salvador lagen das BIP pro Kopf bei 6.270 internationalen Dollar und die Pro-Kopf-Emissionen bei einer Tonne, im ähnlich armen Erdöl- und Erdgasland Turkmenistan (BIP pro Kopf: 6.169 Dollar) erreichten die Pro-Kopf-Emissionen 9,5 Tonnen – dort können Gas und Strom kostenlos genutzt werden. Das deutsche BIP pro Kopf betrug 33.758 internationale Dollar und die Emissionen pro Kopf beliefen sich auf 9,6 Tonnen, in Australien – mit einem BIP pro Kopf von 34.522 Dollar ähnlich reich wie Deutschland – verursachten die Bewohner die höchsten im obigen Schaubild erfassten Pro-Kopf-Emissionen: 19,0 Tonnen. Wie emissionsintensiv eine Volkswirtschaft ist, hängt auch, aber nicht nur vom Produktions- und Konsumniveau ab.

Energiehungrige Welt

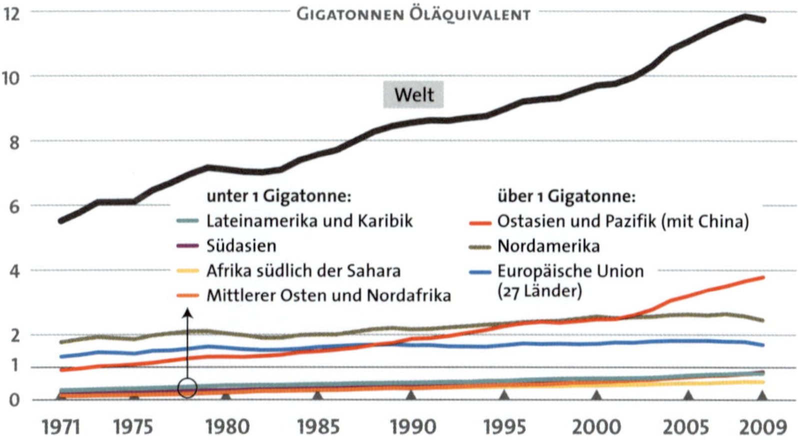

Energieverbrauch in Gigatonnen Öläquivalent, 1971 bis 2009[24]

Hauptquelle der CO2-Emissionen ist die Verbrennung fossiler Energieträger, sie verursacht knapp drei Viertel aller Kohlenstoffdioxidemissionen und rund 57 Prozent aller Treibhausgasemissionen. Wachsender Energieverbrauch führt dann zu wachsenden Emissionen, wenn er fossile Energie konsumiert. Der Energieverbrauch der Welt hat sich von 1971 bis 2009 mehr als verdoppelt, wobei der Verbrauch im Jahre 2009 aufgrund der Weltwirtschaftskrise um rund ein Prozent unter dem Vorjahresverbrauch lag. Deutlich gestiegen – wenngleich auf niedrigem Niveau – ist der Energieverbrauch in Lateinamerika und Südasien. In der Europäischen Union hat sich der Energieverbrauch seit Beginn der 1990er Jahre stabilisiert und war seit 2005 leicht rückläufig. In Ostasien (und hier vor allem in China) ist der Energieverbrauch sprunghaft gestiegen – seit 1971 um 333 Prozent! Auffällig ist, dass die Weltwirtschaftskrise 2008/2009 nur in Industrieländern (in Nordamerika und in der EU) zu einem Rückgang des Energieverbrauches geführt hatte. Dies ist ein Hinweis auf den Zusammenhang von Energieverbrauch und Wirtschaftswachstum.

Weltenergieverbrauch 2009: China grösster Energiekonsument

China war 2009 der weltgrößte Verbraucher von Primärenergie, 19,1 Prozent des Weltenergieverbrauches wurden im Reich der Mitte konsumiert. An zweiter Stelle folgten die USA mit 18,3 Prozent des Weltenergieverbrauches. Platz drei in der Liste der zehn größten Energieverbraucher belegte Indien mit 5,7 Prozent des weltweiten Verbrauches primärer Energie, dicht gefolgt von Russland. Mit 2,7 Prozent des Weltverbrauches war Deutschland sechstgrößter Konsument von Primärenergie. Bezieht man die Europäische Union als Einheit ein, läge sie mit 14,0 Prozent des weltweiten Verbrauches auf Platz drei. In Afrika war der Anteil am Weltenergieverbrauch mit 4,4 Prozent nur unwesentlich höher als der japanische Anteil (4,0 Prozent).

Sehr unterschiedlich waren die Anteile fossiler Energieträger am Verbrauch der zehn größten Energiekonsumenten. Am höchsten war dieser Anteil in Russland, dort stammten 90,2 Prozent der verbrauchten Energie aus der Verbrennung von Kohle, Öl und Gas. Auch China deckte seinen Energieverbrauch weitgehend durch fossile Energieträger (der Anteil von Kohle, Öl und Gas betrug 87,4 Prozent), ähnlich hoch waren die Anteile fossiler Energieträger in den USA (84,1 Prozent), Südkorea (81,7 Prozent) und Japan (81,0 Prozent). In Deutschland befriedigten Kohle, Öl und Gas 79,5 Prozent des Energiebedarfes, in Frankreich waren es aufgrund des hohen Anteiles an Kernenergie nur 51,0 Prozent.[25]

Die zehn größten Energieverbraucher und der Verbrauch der Regionen

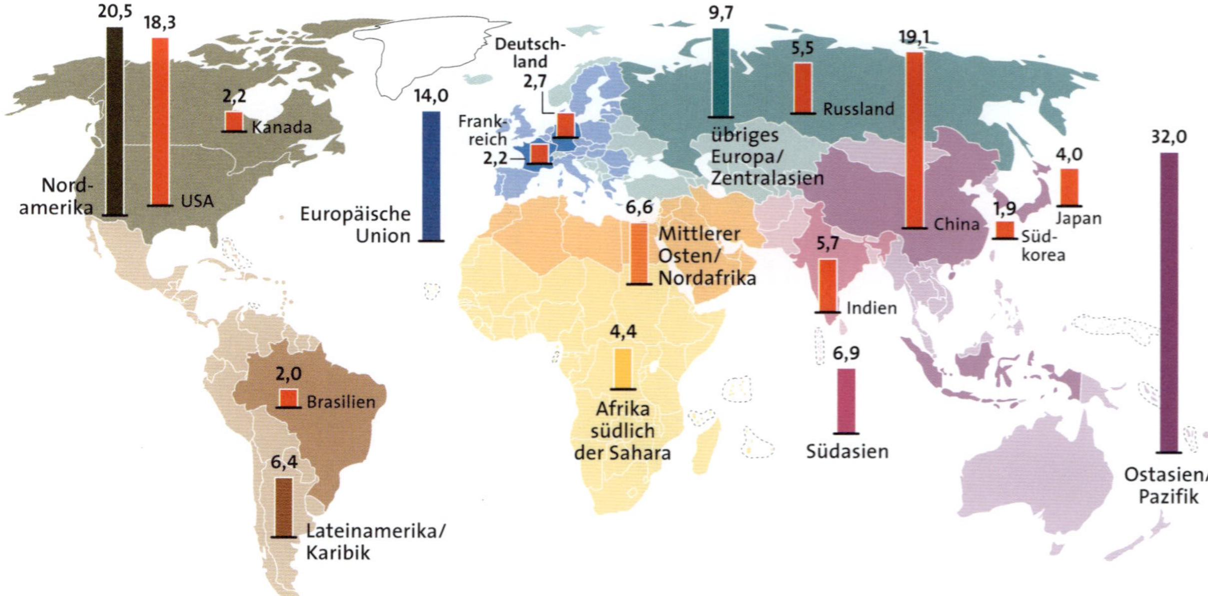

Anteil an Weltenergieverbrauch in Prozent:

- einzelne Länder: die 10 größten Energieverbraucher
- Ländergruppen (inclusive Werte hervorgehobener Länder, z.B.: Lateinamerika mit Brasilien)

Trotz Energiesparmassnahmen geht der Energieverbrauch in den Industrieländern nur langsam zurück

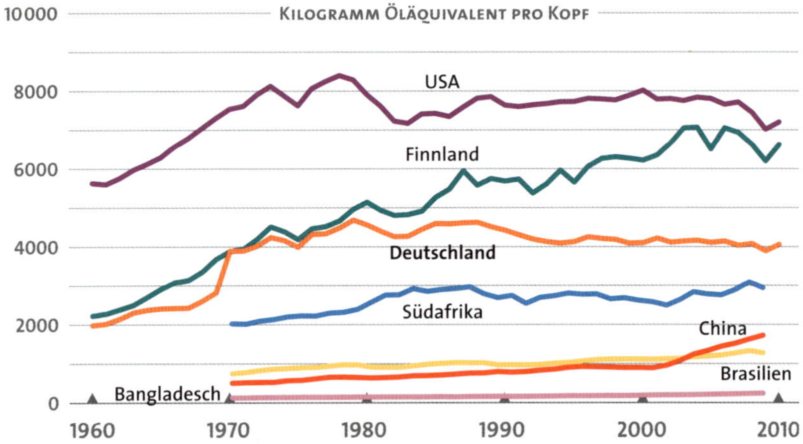

Energieverbrauch pro Kopf in Kilogramm Öläquivalent, 1960 bis 2010[26]

Von 1960 bis 1973 stieg der Energieverbrauch pro Kopf in den Industrieländern deutlich, das Schaubild zeigt dies am Beispiel dreier Länder. Der Pro-Kopf-Verbrauch von Primärenergie kletterte in den USA um 40,2 Prozent und in Deutschland sogar um 116,7 Prozent. In den unmittelbaren Jahren nach den starken Anstiegen der Rohölpreise 1973 und 1979/80 („Ölkrisen") fiel der Energieverbrauch zunächst, stieg aber dann wieder, ohne jedoch das Vorkrisenniveau zu erreichen. Seit Ende der 1980er Jahre ist der Pro-Kopf-Verbrauch in Deutschland rückläufig, auch in den USA fällt er seit 2000. Allerdings bleibt der Energieverbrauch in den Industrieländern sehr hoch – trotz des Einsatzes immer energieeffizienterer Technologien und trotz weiterer Energiesparmaßnahmen. In einigen Ländern wächst der Energieverbrauch pro Kopf sogar weiterhin, so in Finnland, dort treiben energieintensive Industrien, kalte Winter und weite Wege den Energieverbrauch an. Die Weltwirtschaftskrise 2008/09 schlug sich in Industrieländern in einem Rückgang des Energieverbrauches pro Kopf und die Erholung in 2010 in einem neuerlichen Anstieg nieder.

Ein Isländer verbraucht am meisten, ein Eritreer am wenigsten Energie

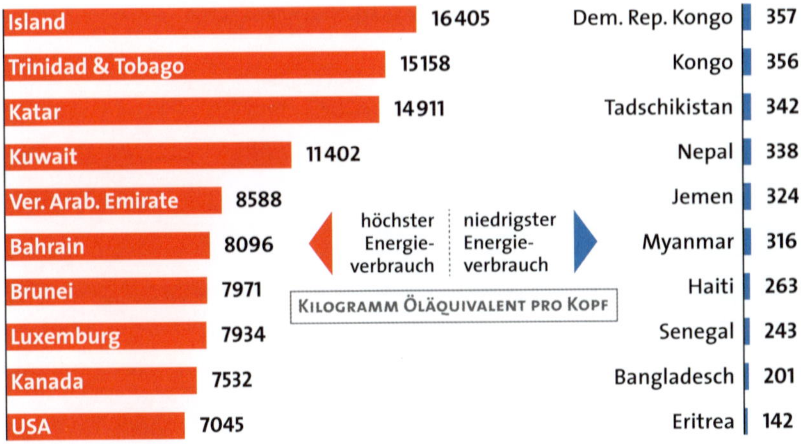

Durchschnittlicher Energieverbrauch pro Kopf, 2009[27]

In armen Ländern haben die meisten Menschen kaum Zugang zu Energie, und Energiearmut geht Hand in Hand mit weiteren Armutsdimensionen. In Eritrea verbraucht ein Mensch im Durschnitt in 50 Jahren in etwa so viel Energie wie der Durchschnittsbürger der USA in einem Jahr. In der Spitzengruppe der Energieverbraucher finden sich acht Länder mit Sonderbedingungen: In Island ermöglichen nahezu unerschöpfliche Energiereserven aus Wasser und geothermischer Energie einen hohen Energieverbrauch. Im südamerikanischen Inselstaat Trinidad und Tobago und im südostasiatischen Sultanat Brunei verschlingen vor allem petrochemische Industrie und Tourismus viel Energie. Die erdölfördernden Golfstaaten leisten sich einen energieintensiven Lebensstil. In Luxemburg ist rund die Hälfte der Beschäftigten Grenzgänger, ihr Energieverbrauch geht in die Landesstatistik ein, bei der Berechnung der Pro-Kopf-Werte werden sie aber nicht mitgezählt. In der Liste der zehn größten Energieverbraucher sind die ersten typischen Industrieländer Kanada und die USA.

Dramatischer Anstieg des Energieverbrauches in China prognostiziert

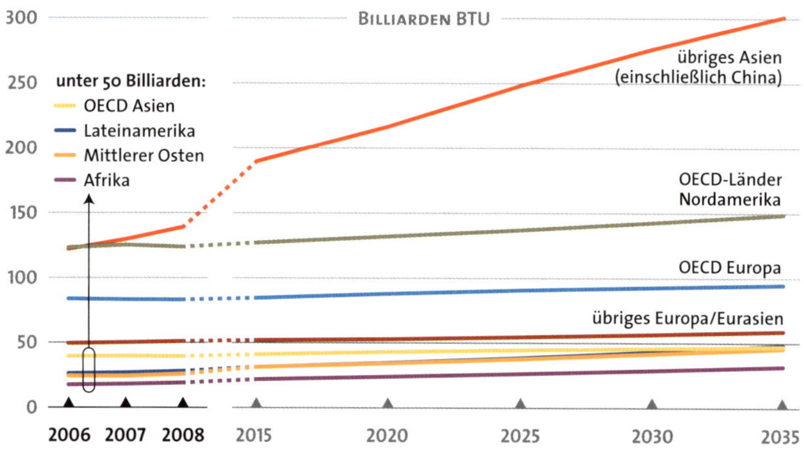

Weltenergieverbrauch nach Regionen, Referenzfall [28]

In den kommenden Jahrzehnten wird der Energieverbrauch weiter kräftig ansteigen, wenn bisherige Verbrauchs- und Technologietrends anhalten und nationale Energiepolitiken fortgeschrieben würden. Zu diesem Ergebnis kommt eine Projektion (Referenzfall) der US-amerikanischen Behörde zur Beobachtung des Energiemarktes (U.S. Energy Information Administration) aus dem Jahre 2011. Sie zeigt einen Anstieg des Energieverbrauches der asiatischen Entwicklungs- und Schwellenländer (im Schaubild: „übriges Asien") von 2006 bis 2035 um 147 Prozent. Steigerungsraten mit jeweils über 80 Prozent wären auch für den Mittleren Osten, Afrika und Lateinamerika zu erwarten, allerdings auf einem im Weltvergleich niedrigen Niveau. In den europäischen Industrieländern würde der Energieverbrauch um 13 und in den USA um 21 Prozent zulegen. Wird dieser wachsende Energiebedarf vor allem durch fossile Quellen gedeckt, wird er zum Anstieg der Emissionen führen.

Auch künftig kein Abschied von fossilen Brennstoffen?

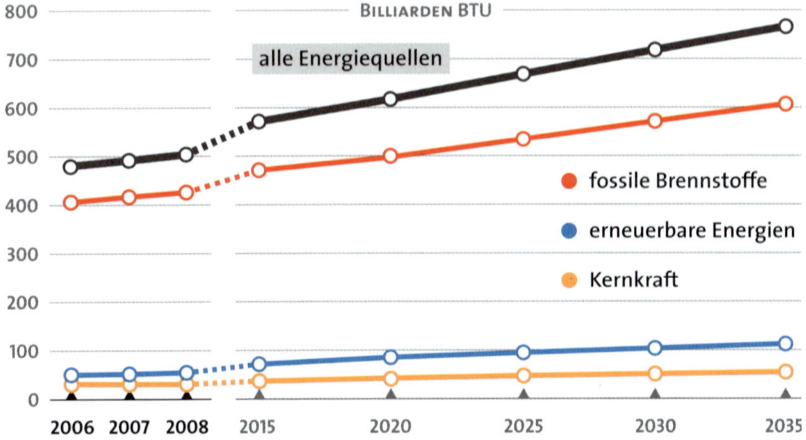

Weltenergieverbrauch nach Energiequellen, Referenzfall[29]

Rund 57 Prozent aller Treibhausgasemissionen und knapp drei Viertel aller CO2-Emissionen wurden 2004 durch die Verbrennung fossiler Energieträger verursacht. Daher wird das Ziel einer Emissionsreduktion zur Begrenzung der globalen Erwärmung gefährdet, wenn die Verbrennung fossiler Energieträger weiter steigen wird. Doch genau dies ist zu befürchten, wenn wir einer Projektion folgen, die 2011 von der US-amerikanischen Behörde zur Beobachtung des Energiemarktes (U.S. Energy Information Administration) vorgelegt wurde. Sie geht von dem Referenzfall aus, der annimmt, dass sich bisherige Verbrauchs- und Technologietrends fortsetzen und nationale Energiepolitiken nicht wesentlich geändert werden. Nach dieser Projektion würde der Verbrauch fossiler Brennstoffe von 2006 bis 2035 um rund 50 Prozent steigen, ihr Anteil an allen Energiequellen wäre lediglich leicht rückläufig (79 Prozent 2035 gegenüber 84 Prozent 2006). Diese Projektion deutet an, wie groß die Herausforderung einer Energiewende ist.

In Europa werden erneuerbare Energiequellen nur langsam fossile Brennstoffe ersetzen

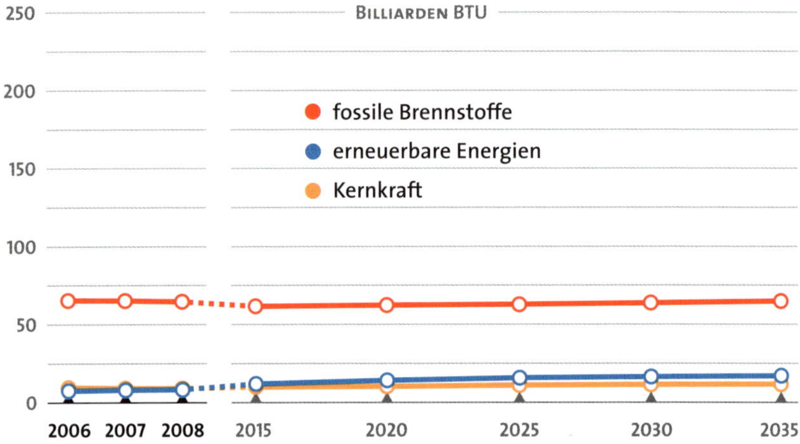

Energieverbrauch nach Energiequellen in den europäischen OECD-Mitgliedsländern, Referenzfall[30]

Die U.S. Energy Information Administration geht in einer 2011 auf der Grundlage bisheriger Entwicklungen vorgelegten Projektion (Referenzfall) davon aus, dass der Verbrauch fossiler Energieträger in den europäischen Industrieländern (OECD-Mitgliedsländern) von 2006 bis 2035 in etwa gleich bleiben wird. Da die fossilen Energieträger eine Hauptquelle der Treibhausgasemissionen sind, würde eine solche Entwicklung das Erreichen europäischer Reduktionsziele völlig verhindern. Dieser schlechten Aussicht entspricht, dass nur ein geringer Anstieg des Verbrauches erneuerbarer Energien von der US-Behörde prognostiziert wurde. Deren Anteil am gesamten Energieverbrauch der europäischen OECD-Länder hätte sich lediglich von neun Prozent in 2006 auf 18 Prozent in 2035 verdoppelt – ein Anstieg, der in keiner Weise dem Anspruch einer Energiewende genügen würde.

Verbrauch fossiler Brennstoffe in Asien von 2008 bis 2035 mehr als verdoppelt

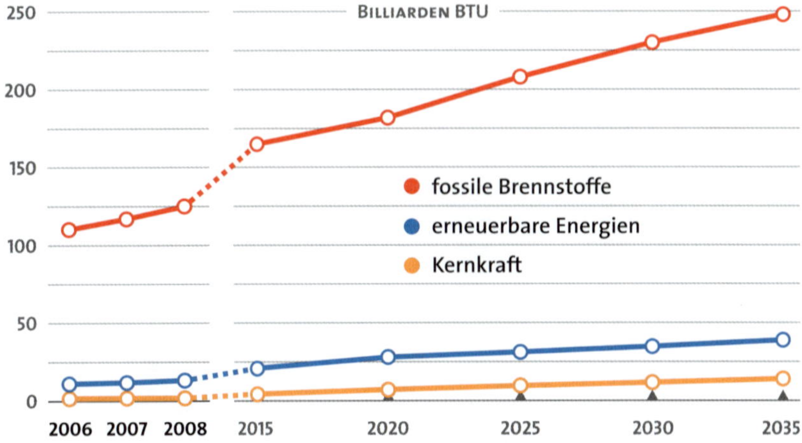

Energieverbrauch nach Energiequellen in den asiatischen Entwicklungs- und Schwellenländern, Referenzfall[31]

In den asiatischen Entwicklungs- und Schwellenländern würde sich der Verbrauch fossiler Brennstoffe von 2006 bis 2035 mehr als verdoppeln und von 109 auf 247 Billiarden BTU ansteigen, wenn wir einer 2011 von der U.S. Energy Information Administration auf der Grundlage bisheriger Entwicklungen vorgelegten Projektion (Referenzfall) folgen. Nach dieser Projektion würden die asiatischen Nicht-OECD-Länder 2035 rund 83 Prozent des gesamten Energiebedarfes durch Kohle, Öl und Gas decken (2006 waren es 90 Prozent). Würde diese Projektion Wirklichkeit werden, wäre dies im Blick auf die Bekämpfung der globalen Erwärmung verhängnisvoll. Zwar würde nach der Projektion auch der Verbrauch erneuerbarer Energien steigen (so wie der der Kernkraft), dennoch wäre eine Verabschiedung vom fossilen Zeitalter in weite Ferne gerückt.

Die Industrieländer und China müssen ihre Emissionen drastisch reduzieren

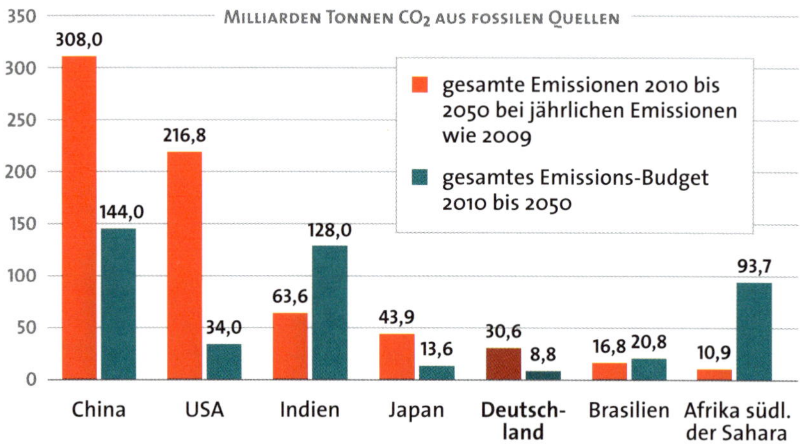

Emissionen im Zeitraum 2010 bis 2050 [32]

Der Wissenschaftliche Beirat der Bundesregierung Globale Umweltveränderungen (WBGU) geht davon aus, dass es nur dann möglich sein wird, die globale Erwärmung mit einer Wahrscheinlichkeit von zwei Dritteln auf 2° C über dem vorindustriellen Niveau zu begrenzen, wenn weltweit im Zeitraum 2010 bis 2050 nicht mehr als 750 Milliarden Tonnen CO2 aus der Verbrennung fossiler Energieträger emittiert werden. Wird dieses globale Emissionsbudget – einem Vorschlag des WBGU folgend – nach Bevölkerungsanteilen (Anteile an der Weltbevölkerung im Jahre 2010) auf Länder umgelegt, ergeben sich nationale Emissionsbudgets. Das gesamte deutsche Budget würde 8,8 Milliarden Tonnen CO2 betragen. Doch würden die deutschen Emissionen auch im Zeitraum 2010 bis 2050 auf dem Niveau von 2009 liegen, hätte Deutschland in den vierzig Jahren 30,6 Milliarden Tonnen CO2 emittiert – fast das Vierfache seines Budgets. Noch deutlicher hätten die USA und China das ihnen zustehende Budget überschritten. Im Gegensatz hierzu könnten nach dem Budgetansatz des WBGU Brasilien seine gegenwärtigen Emissionen noch ein wenig und Afrika südlich der Sahara deutlich ausweiten.

Deutsche Emissionen viel zu hoch

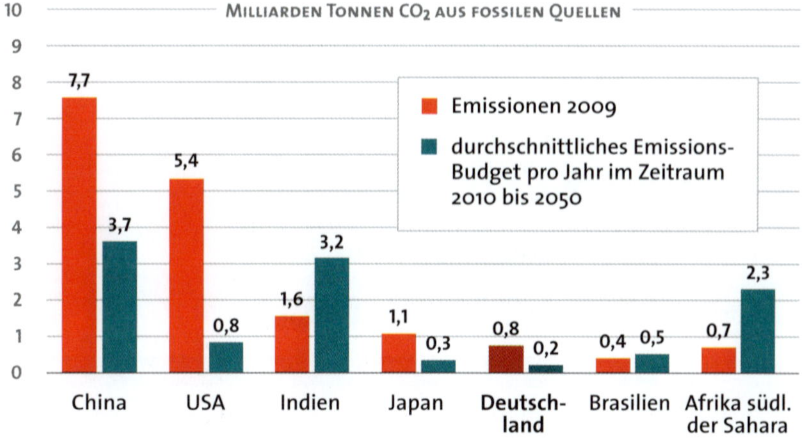

Emissionen 2009 und mittleres jährliches Emissionsbudget[33]

Folgen wir dem Budgetansatz des Wissenschaftlichen Beirates der Bundesregierung Globale Umweltveränderungen (WBGU), dann dürften in Deutschland die jährlichen CO2-Emissionen aus der Verbrennung fossiler Energieträger im Durchschnitt der Jahre 2010 bis 2050 nicht über 0,2 Milliarden Tonnen liegen, doch im Jahre 2009 stieß Deutschland 0,8 Milliarden Tonnen CO2 aus. Zwar ist der Durchschnittswert für den Zeitraum von vierzig Jahren lediglich ein statistischer und kein realer Wert, doch er zeigt an, wie sehr Deutschland seine Emissionen verringern muss, um den notwendigen Beitrag zur Begrenzung der globalen Erwärmung zu leisten. Auch die anderen Industrieländer und China müssten ihre Emissionen drastisch verringern. Die Länder in Afrika südlich der Sahara aber könnten ihre Emissionen ausweiten, was angesichts der Notwendigkeit, dass in diesen Ländern die Wirtschaft wächst, auch erforderlich ist.

Das CO2-Budget der USA wäre bereits 2016 erschöpft

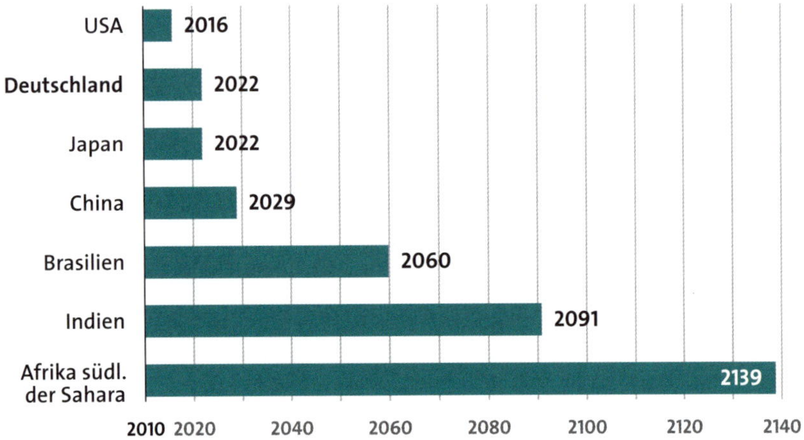

Reichweite des Emissionsbudgets bei jährlichen CO2-Emissionen wie 2009 [34]

Würde Deutschland seine CO2-Emissionen aus der Verbrennung fossiler Energieträger nicht reduzieren (sondern auch künftig so viel Kohlenstoffdioxid emittieren wie 2009), dann wäre sein Emissionsbudget bereits im Jahre 2022 erschöpft, wenn wir den vom Wissenschaftlichen Beirat der Bundesregierung Globale Umweltveränderungen (WBGU) entwickelten Budgetansatz zugrunde legen. Mit anderen Worten: im Jahre 2022 wäre Deutschland „kohlenstoffinsolvent“, im selben Jahr wie Japan. Das US-amerikanische Budget wäre bereits 2016 aufgebraucht, und China dürfte – wenn es weiterhin so viel CO2 ausstoßen würde wie 2009 – bereits 2029 kein Kohlenstoffdioxid mehr in die Luft blasen. Angesichts der projektierten Steigerungen der Emissionen der Industrieländer und Chinas machen diese Hinweise das Ausmaß des notwendigen Umsteuerns deutlich. Das brasilianische Budget aber würde – Emissionen wie 2009 unterstellt – bis 2060 und das Afrikas südlich der Sahara sogar bis 2139 reichen.

SIND MENSCHEN IN REICHEN LÄNDERN ZUFRIEDENER?

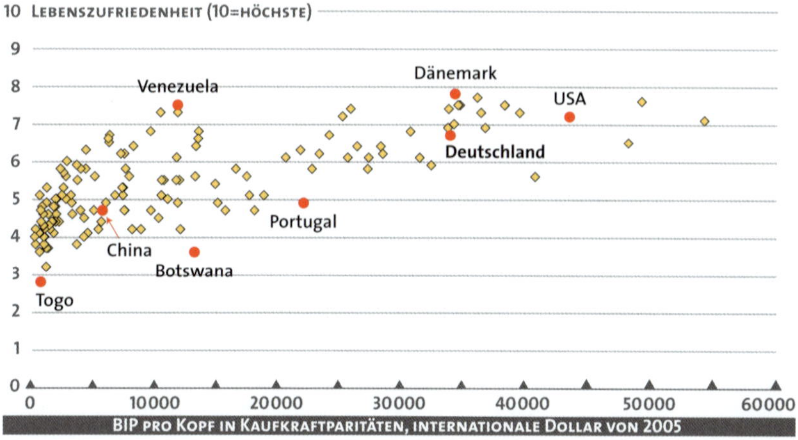

ALLGEMEINE LEBENSZUFRIEDENHEIT UND BRUTTOINLANDSPRODUKT [35]

Globale Krisen und nicht zuletzt die globale Erwärmung haben ältere Debatten über Grenzen des Wachstums deutlich intensiviert. Zu den Kernpunkten dieser Debatten gehört die Frage, ob Wohlstand ohne Wachstum möglich sei. Hinweise zur Beantwortung dieser Frage könnte ein Blick auf den Zusammenhang zwischen volkswirtschaftlichem Reichtum und Lebenszufriedenheit geben: Sind Menschen in reichen Ländern zufriedener als in armen? Das Entwicklungsprogramm der Vereinten Nationen veröffentlicht regelmäßig Ergebnisse einer weltweiten Erhebung der allgemeinen durchschnittlichen Lebenszufriedenheit in einem Lande. Sie zeigte für 2008, dass in fast allen Ländern mit einem Bruttoinlandsprodukt (BIP) pro Kopf von über 25.000 internationalen Dollar die Lebenszufriedenheit bei über 6 lag. Umgekehrt war fast in allen armen Ländern mit einem BIP pro Kopf von unter 5.000 internationalen Dollar die durchschnittliche Lebenszufriedenheit unter 6. In sehr armen Ländern sind die Menschen im Durchschnitt unzufriedener als in sehr reichen; aber zwischen vergleichbar armen oder reichen Ländern gibt es beträchtliche Unterschiede.

Lebenserwartung in sehr armen Ländern deutlich niedriger als in Ländern mit mittlerer Wirtschaftskraft

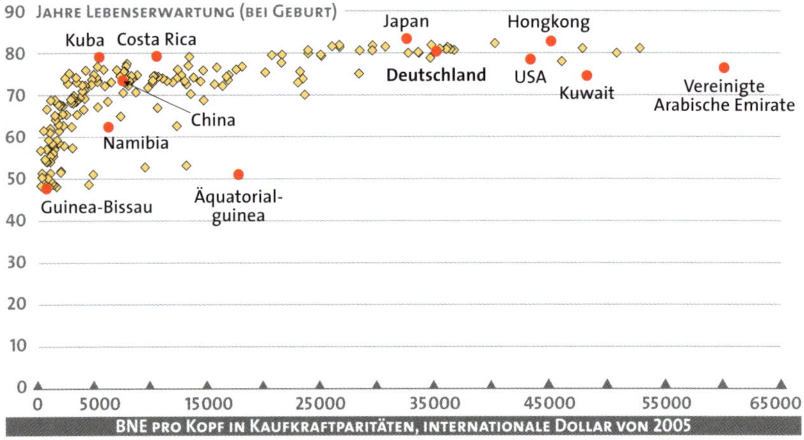

Lebenserwartung und Bruttonationaleinkommen, 2011 [36]

Wie reich müssen Volkswirtschaften sein, damit es Menschen gut geht? Die Antwort auf diese Frage hängt natürlich davon ab, was unter „gut gehen" verstanden wird. Sicher gehört zum guten Leben, dass grundlegende soziale Menschenrechte wie Ernährungssicherheit, Zugang zu sauberem Wasser oder Zugang zu Gesundheit verwirklicht sind. Ein indirekter Indikator hierfür ist die durchschnittliche Lebenserwartung bei der Geburt. Sie liegt in vielen sehr armen Ländern mit einem Bruttonationaleinkommen (BNE) pro Kopf von unter 2.500 internationalen Dollar unter 65 Jahren, in fast allen reichen Ländern mit einem BNE pro Kopf von über 20.000 Dollar aber über 75 Jahre. Allerdings gibt es zwischen armen Ländern beträchtliche Unterschiede, in Guinea-Bissau (BNE pro Kopf: 994 internationale Dollar) lag die Lebenserwartung bei 48,1 Jahren, im ärmeren Madagaskar (BNE pro Kopf: 824 Dollar) bei 66,7 Jahren. In der Gruppe der Länder mit einem BNE pro Kopf von über 20.000 internationalen Dollar scheint eine Vermehrung des volkswirtschaftlichen Reichtums nicht mehr zum Anstieg der Lebenserwartung zu führen.

Reiche Länder haben einen grossen ökologischen Fussabdruck

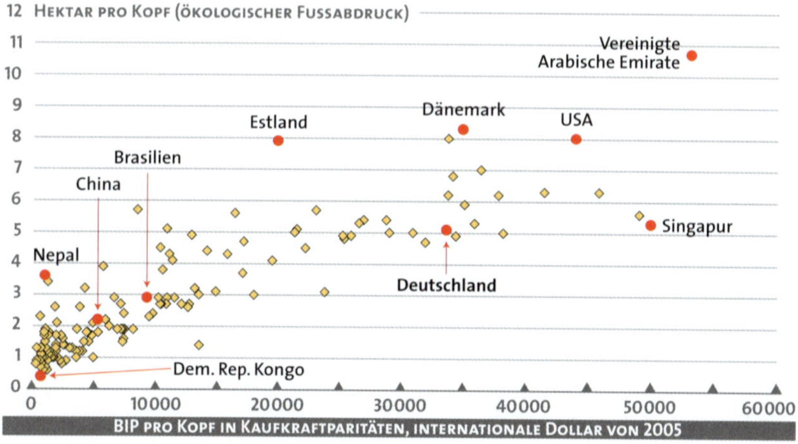

Ökologischer Fussabdruck und Bruttoinlandsprodukt, 2007[37]

Menschen in reichen Ländern verbrauchen mehr Ressourcen und mehr Energie als die in armen Ländern, und sie verursachen mehr Abfall und höhere Emissionen – kurz: sie belasten die Erde mehr, als dies die Menschen in armen Ländern tun. Ein Maß für diese Belastung ist der ökologische Fußabdruck, der die bioproduktive Land- und Meerfläche angibt, die ein Land (oder ein Mensch) benötigt, um die Ressourcen zu produzieren, die es (die er) braucht, und die Emissionen und den Abfall aufzunehmen, den es (den er) verursacht. Maßeinheit des ökologischen Fußabdruckes ist der globale Hektar, der die unterschiedliche Produktivität der Flächenkategorien Erntefläche, Weidefläche, Wald, bebautes Land und Wasser berücksichtigt. Der Zusammenhang zwischen volkswirtschaftlichem Reichtum (ausgedrückt durch das Bruttoinlandsprodukt pro Kopf) und Ressourcenverbrauch ist eindeutig: Reiche Volkswirtschaften haben einen wesentlich höheren ökologischen Fußabdruck pro Kopf als arme. Allerdings gibt es in der Gruppe der sehr reichen Länder (mit einem BIP pro Kopf von über 25.000 internationalen Dollar) beträchtliche Unterschiede.

Viele reiche Länder weisen ein hohes ökologisches Defizit aus

Der ökologische Fußabdruck pro Kopf ist in den meisten afrikanischen Ländern und in Südasien kleiner als im Weltdurchschnitt (unter 2 globalen Hektar). Am größten ist er in den Vereinigten Arabischen Emiraten (2007: 10,7 globale Hektar). An zweiter Stelle folgt Katar mit 10,5 globalen Hektar, auf Platz 3 liegt Dänemark (8,3 globale Hektar), danach kommen Belgien (8,0 globale Hektar), die USA (8,0 globale Hektar), Estland (7,9 globale Hektar), Kanada (7,0 globale Hektar), Australien (6,8 globale Hektar) und auf den Plätzen 9 und 10 Kuweit und Irland (jeweils 6,3 globale Hektar). Deutschland steht mit einem ökologischen Fußabdruck pro Kopf von 5,1 globalen Hektar auf Platz 26 der Länder mit dem größten Ressourcenverbrauch.

Problematisch ist der ökologischer Fußabdruck eines Landes, wenn er größer als dessen Biokapazität ist und damit die Fähigkeit des Ökosystemes eines Landes zur Produktion von natürlichen Ressourcen und zur Aufnahme von Abfall (unter Einschluss von Treibhausgasemissionen) übersteigt. In die Berechnung des ökologischen Fußabdruckes und der Biokapazität gehen dieselben Bereiche der Biosphäre ein: Erntefläche, Weidefläche, Wald (für Holzwirtschaft und CO2-Speicherung), bebautes Land und Wasser. Ist der ökologische Fußabdruck eines Lands größer als dessen Biokapazität, spricht man von einem ökologischen Defizit, im umgekehrten Falle von einer ökologischen Reserve (jeweils in globalen Hektar angegeben). Viele Industrieländer, aber auch die Golfstaaten überlasten die Erde – sie haben ein beträchtliches ökologisches Defizit. Die zehn Länder mit dem weltweit größten ökologischen Defizit sind (in Klammern: Defizit in globalen Hektar pro Kopf): Vereinigte Arabische Emirate (-9,8), Katar (-8,0), Belgien (-6,7), Kuweit (--5,9), Singapur (-5,32), Niederlande (-5,17), Südkorea (-4,5), Israel (-4,5), Saudi-Arabien (-4,3), Mazedonien (-4,2) und Japan (4,1). Auf Platz 11 folgen die USA (-4,1), auf Platz 23 Deutschland (-3,2). Die weltweit größte ökologische Reserve hat Gabon mit 27,9 globalen Hektar pro Kopf.[38]

Weltkarte des ökologischen Fussabdrucks

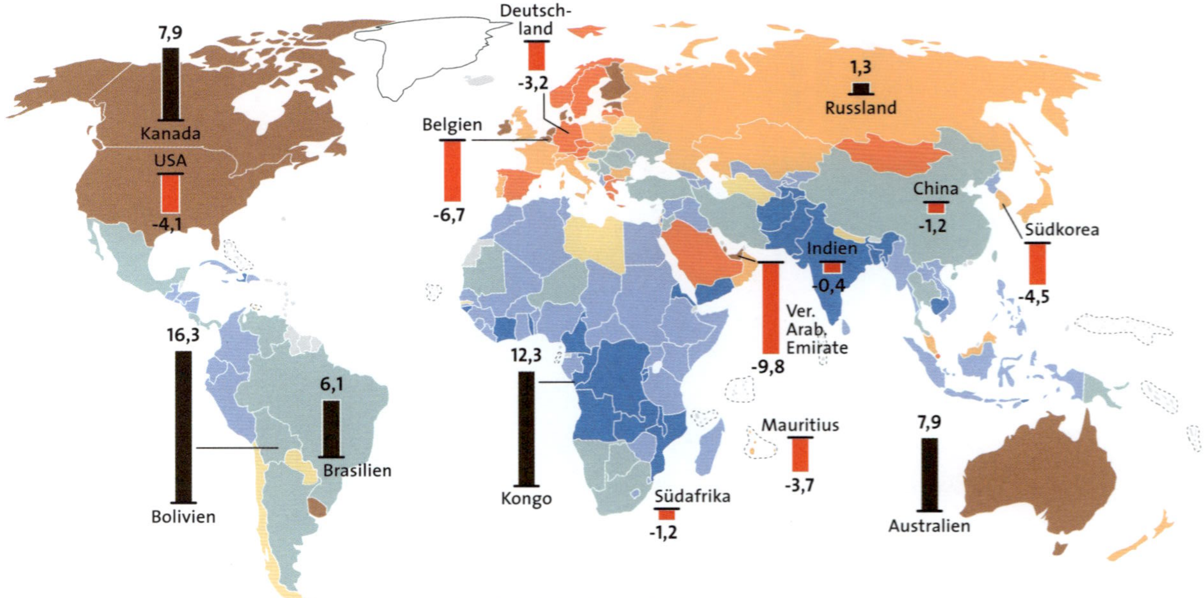

Ökologischer Fußabdruck pro Kopf:

- über 6 bis 10,7 globale Hektar
- über 5 bis 6 globale Hektar
- über 4 bis 5 globale Hektar
- über 3 bis 4 globale Hektar
- über 2 bis 3 globale Hektar
- über 1 bis 2 globale Hektar
- bis 1 globaler Hektar
- keine Angabe

- ökologische Reserve in globalen Hektar
- ökologisches Defizit in globalen Hektar

Seit 1986 leben wir über unsere Verhältnisse: Der Earth Overshoot Day ist immer früher im Jahr

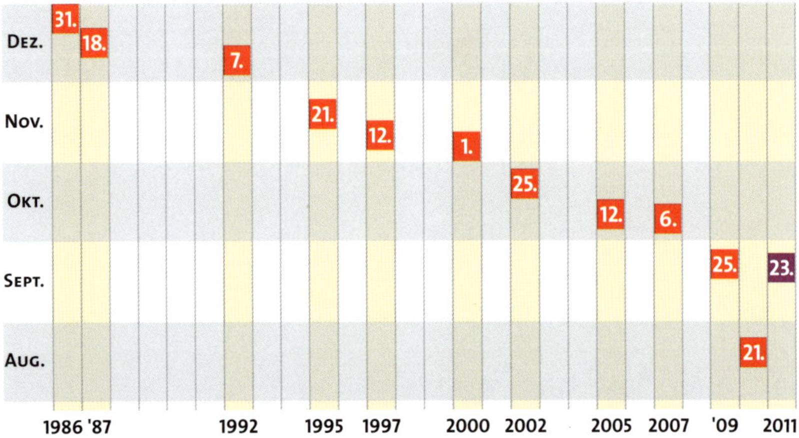

Earth Overshoot Day[39]

Seit Ende der 1980er Jahre werden natürliche Ressourcen rascher verbraucht, als sie regeneriert werden können, und die Emission von Kohlenstoffdioxid übersteigt die Aufnahmekapazität der Erde. Die Menschheit verbraucht also die ökologischen Ressourcen, die für ein Jahr zur Verfügung stehen, in weniger als zwölf Monaten. Die britische New Economics Foundation und das Global Footprint Network haben den Tag, an dem die Menschheit all jene Ressourcen aufgebraucht hat, die die Erde in einem Jahr bereit stellen kann, als Earth Overshoot Day oder Ecocological Debt Day, als Tag der Erschöpfung der natürlichen Ressourcen oder Tag der ökologischen Schuld bezeichnet. Dieser Tag ist Jahr für Jahr früher im Jahr: 1987 war er am 18. Dezember, 2010 am 21. August. Aufgrund einer neuen Berechnungsmethode wurde der Earth Overshoot Day im Jahr 2011 für den 23. September erwartet. Daher bedeutet der Umstand, dass der Earth Overshoot Day 2011 einige Wochen später als 2010 war, keinesfalls eine Verkleinerung des ökologischen Fußabdruckes.

Die Übernutzung der Erde nimmt zu

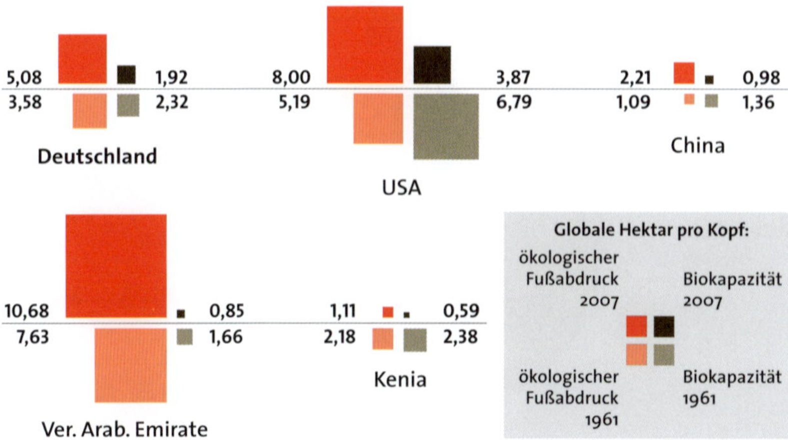

Ökologischer Fussabdruck und Biokapazität[40]

In den letzten Jahrzehnten verschärften sich in vielen Ländern die Übernutzung der Ökosysteme und damit der Raubbau an der Natur. Dies zeigt ein Vergleich des ökologischen Fußabdruckes mit der Biokapazität der Jahre 1961 und 2007: In Deutschland nahm die Biokapazität pro Kopf von 2,32 auf 1,92 globale Hektar und damit um 17,0 Prozent ab, der ökologische Fußabdruck aber stieg um 42,0 Prozent von 3,58 auf 5,08 globale Hektar pro Kopf. Noch dramatischer verlief die Entwicklung in den USA, dort sank die Biokapazität pro Kopf um 43,0 Prozent, der ökologische Fußabdruck würde aber um 54,0 Prozent größer. Spitzenreiter der Ausbeuter natürlicher Ressourcen sind die Vereinigten Arabischen Emirate (VAE), dort lag der ökologische Fußabdruck pro Kopf 1961 bei dem 4,5fachen der Biokapazität, 2007 aber bei dem 12,6fachen – würden alle Menschen so leben wie in den VAE, wären also 12,6 Erden nötig. Doch nicht nur reiche Länder übernutzen die Biosphäre, wie das Beispiel Kenias zeigt: dort machte der ökologische Fußabdruck pro Kopf 1961 nur 91,7 Prozent der Biokapazität pro Kopf aus, 2007 aber waren es 187,1 Prozent.

An der Grösse des ökologischen Fussabdruckes pro Kopf in Deutschland sind vor allem die CO2-Emissionen schuld

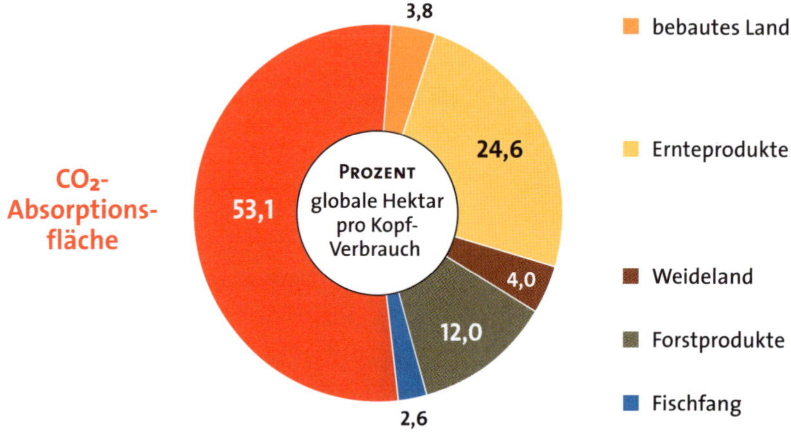

Komponenten des ökologischen Fussabdruckes pro Kopf, 2007[41]

Da der ökologische Fußabdruck pro Kopf (vgl. S. 247) in vielen Ländern die Biokapazität übersteigt, muss dieser verringert werden. Daher ist wichtig, zu wissen, welche Komponenten vor allem für den ökologischen Fußabdruck verantwortlich sind. In Deutschland wurde der ökologische Fußabdruck pro Kopf im Jahre 2007 zu 53,1 Prozent durch den Bedarf an CO2-Absorptionsfläche verursacht. Daher ist der Weg hin zu einer postfossilen und kohlenstoffneutralen Wirtschaftsweise ein großer Schritt zur Verkleinerung des ökologischen Fußabdruckes. Den zweitgrößten Beitrag zum ökologischen Fußabdruck pro Kopf lieferte die Fläche für die Erzeugung von Ernteprodukten.

Ökologischer Fussabdruck eines durchschnittlichen Deutschen nach Tätigkeiten

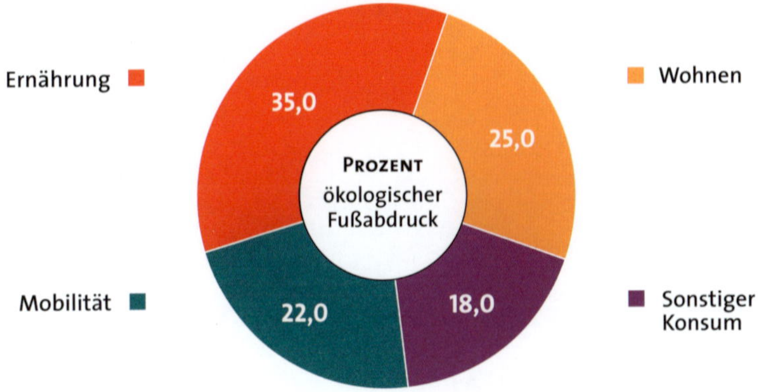

Gesamter ökologischer Fussabdruck pro Kopf, etwa 2005[42]

Rund 35 Prozent des durchschnittlichen ökologischen Fußabdruckes eines Deutschen werden durch den Bedarf an globalen Hektar für die Ernährung verursacht (Stand etwa 2005). Der zweitwichtigste Verursacher des ökologischen Fußabdruckes ist Wohnen mit 25 Prozent. An dritter Stelle steht die Mobilität.

Anhang

Anmerkungen und Quellen

Zwischenrufe

Klimawandel und Ressourcenkonflikte

1 Weiterführende Literatur des Verfassers:
[1] Jürgen Scheffran/Antonella Battaglini (2011): Climate and conflicts: the security risks of global warming, in: Regional Environmental Change, 11,Supplement 1: S. 27-39.
[2] Jürgen Scheffran (2011): The Security Risks of Climate Change: Vulnerabilities, Threats, Conflicts and Strategies. In: Hans Günter Brauch/Ursula Oswald-Spring/Patricia Kameri-Mbote/Czeslaw Mesjasz/John Grin/Béchir Chourou/Pal Dunay/Jörn Birkmann (Eds.):

Coping with Global Environmental Change, Disasters and Security, Heidelberg, S. 735-756.

[3] Jürgen Scheffran (2011): Frieden und nachhaltige Entwicklung, in: Hans-Joachim Giessmann/Bernhard Rinke (eds.): Handbuch Frieden, Wiesbaden, S. 310-323.

[4] Jürgen Scheffran (2011): Globaler Klimawandel und Gewaltkonflikte: Befunde und Perspektiven der Friedens- und Konfliktforschung, in: Michael Brzoska/Martin Kalinowski/Volker Matthies/Berthold Meyer (Hgg.): Klimawandel und Konflikte: Versicherheitlichung versus präventive Friedenspolitik?, Baden-Baden.

[5] Jürgen Scheffran/Michael Broszka/Hans Günter Brauch/Peter Michael Link/Janpeter Schilling (eds.) (2012): Climate Change, Human Security and Violent Conflict: Challenges for Societal Stability, Heidelberg.

Was heisst Klimagerechtigkeit?

2 Vgl. Brot für die Welt (Hg.) (2010): Kassensturz für einen neuen Weltklimavertrag – aktuell 7, S. 2.

3 Vgl. Brot für die Welt (Hg.) 2010: Dekarbonisierung und Grenzen des Wachstums – Analyse 19, S.12.

Klima, Technik, „grünes Wachstum“:

4 J. Schneider (1989): Die Ressourcen sind nicht unerschöpflich, Darmstadt, S. 66-77.

5 Millennium Ecosystem Assessment (2005): Synthesis report: Ecosystems and Human Well-Being, Washington DC.

6 IPCC Intergovernmental Panel on Climate Change (2007): Synthesis Report. IPCC Fourth Assessment Report, IPCC, S. 62.

7 Otto Ullrich (2011): Leitbilder einer nachhaltigen Gesellschaft. Der Fortschritt als Mythos der Moderne ist gescheitert. Forum Wissenschaft 28(1): 63-66.

8 Ernst Ulrich von Weizsäcker/Amory B. Lovins/L. Hunter (1995): Faktor Vier. Doppelter Wohlstand – halbierter Naturverbrauch, München.

9 UBA Umweltbundesamt (1997): Nachhaltiges Deutschland, Berlin; United Nations Department of Economic and Social Affairs (2011): The Great Green Technological Transformation. World Economic and Social Survey 2011, New York.

10 Joachim H. Spangenberg (2010): „World civilisations at crossroads: Towards an expansionist or a sustainable future – Lessons from history." Futures 42(6): 565-573.

Gerechtigkeit und Grenzen

11 Max Weber (1920): Die protestantische Ethik und der Geist des Kapitalismus, Tübingen.

12 DIW (2008): Schrumpfende Mittelschicht – Anzeichen einer dauerhaften Polarisierung der verfügbaren Einkommen? DIW-Wochenbericht Nr. 10, 75. Jg., Berlin.

13 WWF (2010): Living Planet Report. Biodiversität, Biokapazität und Entwicklung, Berlin.

14 Wuppertal Institut (2005): Fair Future. Begrenzte Ressourcen und globale Gerechtigkeit, München.

15 Zu dem auch „Rebound-Effekt" genannten Phänomen und dem Mythos Entkoppelung, siehe etwa Tim Jackson (2011): Wachstum ohne Wohlstand. Leben und Wirtschaften in einer endlichen Welt, München.

16 Stig-Oluf Holm/Göran Englund (2009): Increased ecoefficiency and gross rebound effect: Evidence from USA and six European countries 1960-2002, in: Ecological Economics No. 68, Iss. 3, S. 879–887.

Die Grosse Transformation – dritter Teil

17 Literatur:

[1] John Maynard Keynes (1930): Economic Possibilitis for our Grandchildren, London

[2] Michael Müller (2011): Zur Ideengeschichte des Fortschritts, Berlin

[3] Michael Müller/Johano Strasser (2011): Transformation 3.0., Berlin

[4] Karl Polanyi (1978): Die Große Transformation, Frankfurt am Main

[5] Politische Ökologie. Nach dem Wachstum, München 2010
[6] John Rawls (1979): Eine Theorie der Gerechtigkeit. Frankfurt am Main
[7] Johan Rockström, Johan et al. (2009): A Safe Operating Space for Humanity, in: Nature 461. 2009
[8] Amartya Sen (2000): Ökonomie für den Menschen, München
Wissenschaftlicher Beirat der Bundesregierung Globale Umweltveränderungen (2004): Armutsbekämpfung durch Umweltpolitik, Berlin
[9] Ders (2011): Gesellschaftsvertrag für eine Große Transformation, Berlin

Wirtschaftswachstum ist kein Allheilmittel mehr

18 Regierungserklärung von Bundeskanzlerin Merkel am 28. September 2009 (www.bundesregierung.de/Content/DE/Regierungserklaerung/2009/2009-11-10-merkel-neue-Regierung,layoutVariant=Druckansicht.html, Homepage Stand 29.12.2011).

19 Vgl. Eckhard Hein (2011): Makroökonomische Risiken des deutschen Wachstumsmodells im internationalen Kontext, in: WSI Mitteilungen, 11/2011, S. 572.

20 Gesetz zur Beschleunigung des Wachstums (Wachstumsbeschleunigungsgesetz) vom 22. Dezember 2009, Bundesgesetzblatt Jahrgang 2009, Teil I Nr. 81, Bonn 30. Januar 2009.

21 Für eine kurze anschauliche Analyse dieser Entwicklung siehe z. B. Hein, a.a.O.

22 So heißt es z.B. im Grundsatzprogramm der CDU: „Wir Christliche Demokraten werben für ein neues Verständnis von Wohlstand und Wachstum. Wesentlicher Bestandteil des Wohlstandes ist eine gesunde und lebenswerte Umwelt. Wachstum bedeutet weitaus mehr als nur die Mehrung von Gütern und Dienstleistungen. Unser neues Verständnis von Wachstum schließt die schonende Nutzung der natürlichen Ressourcen durch den Einsatz modernster Produktionsmethoden und den Weg ökologisch ehrlicher Preise für die Inanspruchnahme von Umwelt ein" (www.grundsatzprogramm.cdu.de/doc/grundsatzprogramm.pdf, Homepage Stand 29.12.2011).

Im Grundsatzprogramm der SPD heißt es: „Unser Verständnis von Fortschritt im 21. Jahrhundert verlangt die Verbindung von sozialer, ökonomischer und ökologischer Verantwortung: Sie zielt auf qualitatives Wachstum und Verbesserung der Lebensqualität, Erweiterung von Lebensmöglichkeiten und individueller Freiheit durch Gestaltung der Technik, wissenschaftlichen Fortschritt und verantwortlichen Umgang mit den begrenzten natürlichen Ressourcen und den unbegrenzten Möglichkeiten menschlicher Kreativität" (www.spd.de/Politik/grundsatzprogramm/, Homepage Stand 29.12.2011).

23 www.bundestag.de/bundestag/ausschuesse17/gremien/enquete/wachstum/index.jsp, Homepage Stand 29.12.2011.

24 Vgl. www.gruene.de/einzelansicht/artikel/unser-wahlprogramm.html, Homepage Stand 29.12.2011.

25 Vgl. ec.europa.eu/europe2020/priorities/sustainable-growth/index_en.htm, Homepage Stand 29.12.2011.

26 Siehe Tim Jackson(2011): Wohlstand ohne Wachstum, München 2011, S. 137.

27 Tim Jackson, a.a.O. insbesondere Kapitel 3, 10 und 11.

28 Angelika Zahrndt, Irmi Seidel(2010): Postwachstumsgesellschaft, Marburg 2010.

29 Brot für die Welt, Evangelischer Entwicklungsdienst, Bund für Umwelt und Naturschutz Deutschland (Hgg.) (2009): Zukunftsfähiges Deutschland in einer globalisierten Welt [...]. Eine Studie des Wuppertal Instituts für Klima, Umwelt, Energie, Frankfurt am Main, 3. Auflage.

30 Unter Gemeingütern werden materielle und geistige Grundlagen des Lebens verstanden, die als gesellschaftlicher Reichtum grundsätzlich allen zur Verfügung stehen, für deren Erhaltung und Schutz gleichfalls alle verantwortlich sind. Dazu gehören gemeinsame Vereinbarungen über die Zugangs- und Nutzungsrechte und Strukturen zu deren Durchsetzung. Vgl. Silke Helferich und Heinrich-Böll-Stiftung (Hgg.) (2009): Wem gehört die Welt? Zur Wiederentdeckung der Gemeingüter, München und Berlin. Zur Weiterentwicklung der Definition von Gemeingütern vgl. auch http://commonsblog.wordpress.com/2009/05/19/gemeinguter-starken-fur-die-ganze-gesellschaft-jetzt/.

31 Vgl. www.unpri.org/files/uop_long_report.pdf, Homepage Stand 29.12.2011.

32 Ebd.

33 Siehe www.nehmenundgeben.de/das_wettbewerbsrecht_muss_auch_die_gemeingueter_schuetzen, Homepage Stand 29.12.2011.

34 Zitiert nach www.handelsblatt.com/politik/deutschland/dokumentation-berliner-rede-2009-von-bundespraesident-horst-koehler/3141176.html?p3141176=all, 29.12.2011.

Denn sie tun nicht, was sie wissen

35 Der Name des Kollegen ist anonymisiert.

36 Udo Kuckartz (2002): Umweltmentalitäten in der deutschen Bevölkerung. Ergebnisse der Studie „Umweltbewusstsein in Deutschland 2000". In: Lebensstile und Nachhaltigkeit. Konzepte, Befunde und Potentiale, Hrsg. Dieter Rink, 117-129, Opladen.

37 Udo Kuckartz/Anke Rheingans-Heintze/Stefan Rädiker (2007): Determinanten des Umweltverhaltens - Zwischen Rhetorik und Engagement, Marburg (UBA).

38 Silke Borgstedt/Tamina Christ/Fritz Reusswig (2010): Umweltbewusstsein in Deutschland 2010. Ergebnisse einer repräsentativen Bevölkerungsumfrage, Heidelberg, Potsdam (UBA).

39 Claus Leggewie und Harald Welzer (2010): Das Ende der Welt, wie wir sie kannten. Klima, Zukunft und die Chancen der Demokratie, 4. Aufl. Frankfurt am Main.

40 Borgstedt et al., 2010 und Carsten Wippermann/Berthold B. Flaig/Marc Calmbach/Silke Kleinhückelkotten (2009): Umweltbewusstsein und Umweltverhalten der sozialen Milieus in Deutschland. Repräsentativumfrage zum Umweltbewusstsein und Umweltverhalten im Jahr 2008, Berlin (UBA).

41 Dieses Milieu entspricht grob dem aus der amerikanischen Marktforschung bekannten LOHAS (Lifestyle of health and sustainability) Milieu (Kuckartz et al., 2007 S.31).

42 Borgstedt et al., 2010.

43 Ebd.

44 Thomas Eckes und Bernd Six (1994): Fakten und Fiktionen in der Einstellungs-Verhaltens-Forschung. Eine Meta-Analyse. Zeitschrift für Sozialpsychologie 15 (4), 253–271.

45 Irene Lorenzoni/Sophie Nicholson-Cole/Lorraine Whitmarsh (2007): Barriers perceived to engaging with climate change among public and their policy implications. Global Environmental Change 17, 445-459.

46 Daniel Kahneman und Amos Tversky (Hg.), (2000): Choices, values and frames, Cambridge.

47 Richard H. Thaler (1999): Mental Accounting Matters, in: Journal of Behavioral Decision Making 12, 183-206.

48 Richard H. Thaler und Cass R. Sunstein (2009): Nudge. Wie man kluge Entscheidungen anstößt, 3. Aufl. Berlin.

49 Wippermann et al., 2009.

Umwelt - Arbeit - Mobilität

50 EU-Expertengruppe (Th. Kieselbach u.a.) (2009), Gesundheit und Restrukturierung. Innovative Ansätze und Politikempfehlungen, München und Mehring,
S. 13-25, hier S. 13.

51 IG Metall (1992): Zehn Vorschläge und Forderungen der IG Metall zu Auto, Umwelt und Verkehr, in: IG Metall und Deutscher Naturschutzring (Hg.), Auto, Umwelt und Verkehr. Umsteuern, bevor es zu spät ist, Köln.

52 Ebd.

53 Hans-Jürgen Urban (2009): Die Mosaik-Linke. Vom Aufbruch der Gewerkschaften zur Erneuerung der Bewegung. In: Blätter für deutsche und internationale Politik, Heft 5/2009, S. 71-78.

54 Klaus Dörre (2009): Landnahme, sozialer Konflikt, Alternativen – (mehr als) eine Replik. In: Klaus Dörre/Stefan Lessenich/Hartmut Rosa (Hg.): Soziologie. Kapitalismus. Kritik. Eine Debatte, Frankfurt/M, S. 263.

Krise der Wachstumsgesellschaft – Krise des Sozialstaates?

55 Diese Botschaft wird besonders medienwirksam von der arbeitgeberfinanzierten „Initiative Neue Soziale Marktwirtschaft" und ihren „Botschaftern" vertreten. Vgl. hierzu Norbert Reuter (2002): Erneuerungsbedarf und -möglichkeiten der Sozialen Marktwirtschaft. Kommentar zur „Initiative Neue Soziale Marktwirtschaft" und zum Konzept „Neue Soziale Marktwirtschaft" der Union, in: ifo Schnelldienst, 55. Jg., Heft 16, S. 7-10. Vgl. zu dem Argument auch Josef Schmid (2010): Wohlfahrtsstaaten im Vergleich. Soziale Sicherung in Europa: Organisation, Finanzierung, Leistungen und Probleme, 3., aktualisierte und erweiterte Auflage, Wiesbaden, S. 454.

56 Vgl. Meinhard Miegel (2009): Exit: Wohlstand ohne Wachstum, Berlin, S. 202f.

57 Vgl. Norbert Reuter (2007): Wachstumseuphorie und Verteilungsrealität. Wirtschaftspolitische Leitbilder zwischen Gestern und Morgen, 2. vollst. überarb. u. akt. Aufl., Marburg, S. 38.

58 So begründete die arbeitgeberfinanzierte „Initiative Neue Soziale Marktwirtschaft" bereits vor einiger Zeit medienwirksam die Notwendigkeit eines Abbaus des deutschen Sozialstaats. Vgl. hierzu Norbert Reuter (2002): Erneuerungsbedarf und -möglichkeiten der Sozialen Marktwirtschaft. Kommentar zur „Initiative Neue Soziale Marktwirtschaft" und zum Konzept „Neue Soziale Marktwirtschaft" der Union, in: ifo Schnelldienst, 55. Jg., Heft 16, S. 7-10.

59 Dienstleistungswachstum ist das ökologisch verträglichste Wachstum. So beträgt etwa der Energieverbrauch je Euro Bruttowertschöpfung bei Dienstleistungen im Vergleich zu allen anderen Produktionsbereichen nur einen Bruchteil des Energieverbrauchs im produzierenden Gewerbe. Vgl. Statistisches Bundesamt (2009): Umweltnutzung und Wirtschaft. Bericht zu den Umweltökonomischen Gesamtrechnungen, Wiesbaden, S.46. Vgl. auch Norbert Reuter (2010): Der Arbeitsmarkt im Spannungsfeld von Wachstum, Ökologie und Verteilung, in: Irmi Seidl/Angelika Zahrnt (Hrsg.): Postwachstumsgesellschaft. Konzepte für die Zukunft, Marburg S. 95ff.

60 Vgl. Winfried Schmähl (2009): Soziale Sicherung – Ökonomische Analysen, Wiesbaden.

61 Mit einer „Bürgerversicherung", die von der SPD, den Linken und den Grünen gefordert wird und mit der alle Bürgerinnen und Bürger mit allen Einkommen an der Finanzierung von Gesundheit und Pflege beteiligt werden sollen, soll genau dieser Missstand abgebaut werden.

62 Vgl. ver.di/Bereich Wirtschaftspolitik (2010): Aufschwung der schlechten Jobs. Bilanz der Beschäftigungsentwicklung seit 2000, Wirtschaftspolitische Informationen, Nr. 2.

63 Bereits 2003 hatte der damalige Bundeskanzler Gerhard Schröder auf dem SPD-Sonderparteitag am 1. Juni mit Verweis auf die Alterung unserer Gesellschaft behauptet, dass wir uns „von manchem, was uns lieb – und leider auch: teuer – geworden ist, verabschieden müssen."

64 Bei den Ergebnissen handelt es sich um reale Werte, inflationäre Entwicklungen würden sie entsprechend erhöhen.

65 Eine kritische Grenze würde erst dann erreicht, wenn der Produktivitätsfortschritt auf 0,5 Prozent pro Jahr einbrechen und die Arbeitslosigkeit genauso hoch bleiben würde. Dann würde das BIP/Kopf in der Dekade nach 2020 aufgrund der demografischen Entwicklung leicht zurückgehen, bevor es ab 2040 wieder steigen würde.

66 Vgl. u.a. Arbeitsgruppe Alternative Wirtschaftspolitik (2007): Memorandum 2007: Mehr und bessere Beschäftigung, ökologischer Umbau und soziale Gerechtigkeit, Köln, S. 117-125; ver.di-Bundesvorstand (2009): Konzept Steuergerechtigkeit. Gerechte Steuern für mehr Zukunftsvorsorge, Berlin.

67 Eine Simulationsstudie, die die Folgen der Umsetzung einer Bürgerversicherung nach der Konzeption der Bundestagsfraktion DIE LINKE untersucht hat, kommt zu dem Ergebnis, dass dann nicht nur die Beitragssätze der gesetzlichen Kranken- und Pflegeversicherung deutlich sinken könnten, sondern auch eine gleichmäßigere Verteilung der verfügbaren Einkommen erzielt würde. Vgl. Gutachten von Klaus Bartsch nach dem Konzept einer solidarischen Bürgerinnen- und Bürgerversicherung der Fraktion DIE LINKE. im Bundestag, Berlin 2011.

68 Vgl. Arbeitsgruppe Alternative Wirtschaftspolitik (2011): Memorandum 2011: Strategien gegen Schuldenbremse, Exportwahn und Eurochaos, Köln, S. 124-127.

Klimawandel als Chance für mehr Demokratie

69 United Nations Environment Programme (UNEP), (2011): Global Trends in Renewable Energy Investment.

70 Thomas L. Friedman (2008): Hot, Flat, and Crowded: Why We Need a Green Revolution – And How It Can Renew America, New York.

71 Michèle B. Bättig/Thomas Bernauer (2009): National Institutions and Global Public Goods: Are Democracies More Cooperative in Climate Change Policy? In: International Organization 63 (2), S. 281-308.

72 Heike Walk (2008): Partizipative Governance. Beteiligungsformen und Beteiligungsrechte im Mehrebenensystem der Klimapolitik, Wiesbaden.

73 Peter Burnell (2009): Climate Change and Democratisation – A Complex Relationship. Heinrich Böll Stiftung Policy Paper, abrufbar unter http://debatte.boellblog.org/files/2010/04/Peter_Burnell.pdf, Berlin.

74 Ebd.

75 Konrad Ott (2010): Debattenbeitrag zum Policy Paper von Peter Burnell, abrufbar unter http://debatte.boellblog.org; Saretzki, Thomas (2010): Debattenbeitrag zum Policy Paper von Peter Burnell, abrufbar unter http://debatte.boellblog.org.

76 Thomas Bernauer/Vally Koubi (2009): Effects of Political Institutions on Air Quality. In: Ecological Economics 68 (5), S. 1355-1365; Quan Li/Rafael Reuveny (2006): Democracy and Environmental Degradation. In: International Studies Quarterly 50 (4), 935-956; Hugh Ward (2008): Liberal Democracy and Sustainability. In: Environmental Politics 17 (3), 386-409.

77 Timmons Roberts/Bradley C. Parks/Alexis A. Vásquez (2004): Who Ratifies Environmental Treaties and Why? Institutionalism, Structuralism and Participation by 192 Nations in 22 Treaties. In: Global Environmental Politics 4 (3), 22-64; Eric Neumeyer (2002): Do Democracies Exhibit Stronger International Environmental Commitment? A Cross-Country Analysis. In: Journal of Peace Research 39 (2), 139-164.

78 Germanwatch und CAN Europe (2011a): Der Klimaschutzindex – Ergebnisse 2012. Abrufbar unter http://www.germanwatch.org/klima/ksi2011.pdf.; Germanwatch und CAN Europe (2011b): Der Klimaschutzindex – Hintergrund und Methode, abrufbar unter http://www.germanwatch.org/klima/ksi-meth.pdf. Die ersten drei Plätze bleiben mit folgender Begründung unbesetzt: „None of the countries achieved positions one to three. No country is doing enough to prevent dangerous climate change." (Germanwatch und CAN Europe, 2011a, 6).

79 Germanwatch und CAN Europe, 2010a, 2010b.

80 Burnell, 2009.

81 Ebd.

82 Walk, 2008.

83 Siehe hierzu die Ergebnisse der zumeist im Auftrag des Umweltbundesamtes durchgeführten Umfragen unter www.klimabewusstsein.de.

84 Burnell, 2009.

85 Bättig und Bernauer, 2009.

86 Claus Leggewie (2010): Klimaschutz erfordert Demokratiewandel. In: vorgänge 49 (2), 35-43.

87 John Dewey (1940): Creative Democracy: The Task Before Us. In: Essays in Honor of John Dewey, New York, S. 220-228.

88 Wissenschaftlicher Beirat der Bundesregierung für globale Umweltfragen (WBGU), (2011): Welt im Wandel – Gesellschaftsvertrag für eine Große Transformation, Berlin.

89 Claus Leggewie/Harald Welzer (2009): Das Ende der Welt, wie wir sie kannten. Klima, Zukunft und die Chancen der Demokratie, Frankfurt/M.

90 Paul Kennedy/Dirk Messner/Franz Nuscheler (Hrsg.), (2002): Global Trends and Global Governance, London.

91 Ernst-Otto Czempiel (1995): Aktivieren, reformieren, negieren? Zum 50jährigen Bestehen der Vereinten Nationen. In: Aus Politik und Zeitgeschichte (42), S. 36-45.

92 Claudia Kissling (2005): Repräsentativ-parlamentarische Entwürfe globaler Demokratiegestaltung im Lauf der Zeit. Eine rechtspolitische Ideengeschichte. Abrufbar unter http://forhistiur.de/zitat/0502kissling.htm.

93 Walk, 2008.

Zur Renaissance der lokalen Ökonomie

94 Richard Douthwaite/Hans Diefenbacher (1998): Jenseits der Globalisierung – Handbuch für eine lokale Ökonomie, Mainz.

95 Vgl. z.B. Tim Jackson (2011): Wohlstand ohne Wachstum, München; Serge Latouche (2010): Le pari de la décroissance. Paris; Hans Diefenbacher/ Roland Zieschank (2011): Woran sich Wohlstand wirklich messen lässt, München.

96 Vgl. z.B. Deutschland 2007-Präsidentschaft der Europäischen Union (Hrsg.) (2007): Lissabon-Strategie. URL: http://www.eu2007.de/de/Policy_Areas/European_Council/Lissabon.html.

97 Vgl. z.B. Johan Galtung/Peter O'Brian, Peter/Roy Preiswerk (1980): Self reliance. London.

98 John M. Keynes (1933): „National Self-Sufficiency", in: The Yale Review, Summer 1933; abgedr. in The Collected Writings of John Maynard Keynes, Ausg. Cambridge: University Press, Vol. 21, 233 – 246, hier 236; eigene Übersetzung; H.D.

Solidarische Ökonomie jenseits von Wirtschaftswachstum

99 Der Zwischenruf beruht auf einem Artikel, der in einer erweiterten Fassung zur zweiten „Conference on Economic Degrowth for Ecological Sustainability and Social Equity" in Barcelona vom 26. bis 29. März 2010 vorgelegt wurde, die Übersetzung des im Original englischen Textes erfolgte durch Klaus Heidel.

Armut – Energieeffizienz – alternative Energie

100EPEE (2006): Definition and Evaluation of fuel poverty Belgium, Spain, France, Italy and the United Kingdom (EIE/06/158/SI2.447367), S. 5 (http://www.fuel-poverty.org/files/WP2_D7_en.pdf: 1.9.2011); Übersetzung des im Original englischen Zitates durch Klaus Heidel.

101 EPEE (2006): Diagnosis of causes and consequences of fuel poverty in Belgium, France, Italy, Spain and United Kingdom (EIE/06/158/SI2.447367), S. 12 (http://www.fuel-poverty.org/files/WP2_D5_final.pdf: 1.9.2011), Übersetzung des im Original englischen Zitates durch Klaus Heidel.

102 Brenda Boardman (1991): Fuel Poverty: From Cold Homes to Affordable Warmth. S. 227, zitiert in: Id (2010): Fixing fuel poverty. Challenges and solutions, S. 16.

103 Das Projekt „Poverty_EEI&RES" wird von e7 Energie Markt Analyse GmbH in Zusammenarbeit mit der Katholischen Sozialakademie Österreichs im Auftrag der Österreichischen Forschungsförderungsgesellschaft (FFG) im Rahmen des Programms „Neue Energien 2020" durchgeführt.

104 Die Kenntnisse werden anhand verschiedener methodischer Schritte gewonnen: Erfahrungen von sozialen Einrichtungen und Schuldenberatungen mit ihren Klientinnen und Klienten im Zusammenhang mit Energiefragen werden gesammelt und analysiert (Tiefeninterviews nach qualitativer Sozialforschung)
Ebenfalls werden die Erfahrungen von Menschen, die in armen Haushalten leben, untersucht. Ihr Beitrag ist nicht nur als Betroffene unverzichtbar, sondern auch als handelnde Subjekte, die ihre eigenen Strategien zur Bekämpfung ihrer Probleme entwickeln, diese dabei verschärfen oder erfolgreich überwinden. Diese Kenntnisse werden durch qualitative und quantitative sozialwissenschaftliche Erhebungen gewonnen. Schließlich werden auch die Rahmenbedingungen – insbesondere in Bezug auf die Förderlandschaft (Sozialtransfers ebenso wie Förderungen für Energieeffizienz und erneuerbare Energieträger) – einer eingehenden Analyse im Hinblick auf ihre Zugänglichkeit für sozial Schwache beziehungsweise im Hinblick auf ihre Förderwirkung in Bezug auf die Implementierung von EEI und RES Maßnahmen unterzogen. Da in Wien bereits einige Projekte durchgeführt wurden (etwa: Anja Christanell u.a.: „NELA – Nachhaltiger Energieverbrauch und Lebensstile in armen und armutsgefährdeten Haushalten", Österreichisches Institut für Nachhaltige Entwicklung), hat sich die Arbeit in der ersten Phase vor allem

auf Niederösterreich, Oberösterreich und Salzburg konzentriert, wobei die Situation im ländlichen Raum, beziehungsweise in kleinen Städten, besonders mitberücksichtigt wurde.

Von der Notwendigkeit einer neuen Ethik

105 Vgl. Dennis L. Meadows e.a. (1972): Die Grenzen des Wachstums. Bericht des Club of Rome zur Lage der Menschheit, Deutsche Verlags-Anstalt, Stuttgart. Vgl. auch: Die Gruppe von Lissabon (Hg.) (1998): Die Grenzen des Wettbewerbs. Die Globalisierung der Wirtschaft und die Zukunft der Menschheit, Darmstadt.

106 Wissenschaftlicher Beirat „Globale Umweltveränderungen" der Bundesregierung (Hg.) (2011): Welt im Wandel. Gesellschaftsvertrag für eine Große Transformation. Ein Beitrag zur Rio+20-Konferenz 2012, Berlin, 2.

107 Vgl. Karl Polanyi (1978): The Great Transformation. Politische und ökonomische Ursprünge von Gesellschaften und Wirtschaftssystemen, Frankfurt am Main.

108 Vgl. Wieland Jäger und Ulrike Weinzierl (2011): Moderne soziologische Theorien und sozialer Wandel, Wiesbaden, 2. Aufl.. Vgl. auch Hans-Peter Müller und Michael Schmid (Hg.) (1995): Sozialer Wandel. Modellbildung und theoretische Ansätze, Frankfurt/Main.

109 Vgl. Stephan Lessenich, Berthold Vogel (2009): Erwartungen und Spielräume politischer Planung. Zwischen Gegenwartsstabilisierung und Zukunftsvernichtung, in: Mittelweg 36, 6/2009, 3-5.

110 Stefan Böschen und Cordula Kropp (Hg.) (2010): Die Lösung als Problem, in: Hans-Georg Soeffner (Hg.): Unsichere Zeiten. Herausforderungen gesellschaftlicher Transformationen. Verhandlungen des 34. Kongresses der Deutschen Gesellschaft für Soziologie in Jena 2008, Bd.1, Wiesbaden, 387-399: 388

111 Vgl. Mike Hulme (2010): Why We Disagree About Climate Change: Understanding Controversy, Inaction and Opportunity, Cambridge (u.a.), second edition.

112 Vgl. hierzu die UN-Deklaration zum Menschenrecht auf Entwicklung (4. Dezember 1986).

113 Vgl. Eibe H. Riedel (2003): Menschenrechte der Dritten Dimension, in: ders.: Die Universalität der Menschenrechte. Philosophische Grundlagen, Nationale Gewährleistungen, Internationale Garantien, Berlin, 329-362.

114 Eibe H. Riedel (1986): Theorie der Menschenrechtsstandards, Funktion, Wirkungsweise und Begründung wirtschaftlicher und sozialer Menschenrechte mit exemplarischer Darstellung der Rechte auf Eigentum und auf Arbeit in verschiedenen Rechtsordnungen., Berlin.

115 Vgl. Thomas W. M. Pogge (2007): Weltarmut und Menschenrechte. Kosmopolitische Verantwortungen und Reformen, Markus Pins (Üb.), Berlin 2007. Vgl. auch Thomas W. M. Pogge (Hg.) (2007): Freedom from Poverty as a Human Right: Who owes what to the very poor?, Oxford.

Wirtschaften vom Sonntag her

116 Rat der EKD/Deutsche Bischofskonferenz (1999): Menschen brauchen den Sonntag. Gemeinsame Erklärung, unter: http://www.ekd.de/EKD-Texte/sonntag/sonntagstext.html (am 12.08.2011), Abschnitt 5.

117 Vgl. Alexander Dietz (2005): Der homo oeconomicus. Theologische und wirtschaftsethische Perspektiven auf ein ökonomisches Modell, Gütersloh, S. 278ff.

118 Vgl. Uwe Becker (2010): Kirchliche Zeitpolitik, in: ZEE 54, 89-104, S. 94f.

119 Vgl. a. a. O., S. 96.

120 Johannes Paul II. (1998): Dies Domini. Apostolisches Schreiben, unter: http://www.vatican.va/holy_father/john_paul_ii/ apost_letters/documents/hf_jp-ii_apl_05071998_dies-domini_ge.html (am 12.08.2011), Abschnitt 83.

Schaubilder und Karten

Dramatische Zahl von Klimaflüchtlingen

1 Bereits der Meeresanstieg aufgrund einer globalen Erwärmung um ein bis zwei Grad Celsius gegenüber der durchschnittlichen Temperatur im Zeitraum 1980 bis 1999 würde rund 35 Millionen Menschen in Bangladesch zum Verlassen der Heimat zwingen, in Vietnam wären es zehn Millionen und in Ägypten acht bis zehn Millionen Bewohner des Nil-Deltas. Im südamerikanischen Guyana müssten 600.000 Menschen oder 80 Prozent der Gesamtbevölkerung eine neue Bleibe suchen. Im Pazifik wären Inseln im Meer verschwunden, aber auch in anderen Weltgegenden wären Inseln ganz oder teilweise untergegangen, so die Hauptinsel der südasiatischen Malediven zu 80 Prozent. Der überwiegende Teil der Klimaflüchtlinge würde vermutlich in den jeweiligen Heimatländern bleiben und dort die ohnehin prekäre Versorgung mit Trinkwasser und Nahrungsmitteln weiter verschlechtern. In vielen Ländern wären gewaltsame Konflikte die Folge.
Quellen: Rezal Karim Chowdhury, Md Shamsuddoha (2009); International Organization for Migration (2008); IPCC (2007); IPCC (2011); Wissenschaftlicher Beirat der Bundesregierung Globale Umweltveränderungen (2007).

Hohes Katastrophenrisiko für arme Länder

2 In Abweichung zum WeltRisikoBericht wurden im Folgenden Intervalle mit gleichen Abständen derart gebildet, dass der Abstand zwischen dem geringsten beobachteten Wert des Indexes und dem Median (Wert in der Mitte der Verteilung) in zweieinhalb Intervalle eingeteilt wurde. // Quelle: Bündnis Entwicklung Hilft (Hg.) (2011), eigene Berechnungen.

3 In neun Ländern sind mehr als 31 Prozent der Bevölkerung potentiell Naturgefahren ausgesetzt. In Asien sind dies: Philippinen (45 Prozent), Japan (40 Prozent), Brunei (36 Prozent); in Ozeanien: Vanuatu (56 Pro-

zent), Tonga (56 Prozent), Salomonen (36 Prozent); in Mittelamerika: Costa Rica (42 Prozent), Guatemala (38 Prozent) und El Salvador (32 Prozent).

4 Sehr hohe Werte des Verletzbarkeitsindexes (über 0,6263) weisen aus: 33 afrikanische Länder (weltweit höchster Wert für Niger mit 0,7586), in Asien Irak, Jemen, Afghanistan, Pakistan, Bangladesch und Timor-Liste, in Ozeanien Papua-Neuguinea und Salomonen und in Mittelamerika Haiti.

5 Das Katastrophenrisiko ist mit Werten für den Risikoindex über 0,1370 besonders hoch in 17 Ländern: Afrika: Gambia, Niger und Madagaskar; in Asien: Afghanistan, Bangladesch, Kambodscha, Philippinen, Timor-Leste und Brunei; in Ozeanien: Papua-Neuguinea, Salomonen, Vanuatu (0,3200, weltweit höchster Wert) und Tonga; in Mittelamerika: Guatemala, El Salvador, Nicaragua und Costa Riga.

Verteilung der Treibhausgasemissionen 2010

6 Erfasst sind alle Treibhausgasemissionen (Kohlenstoffdioxid, Methan, Distickstoffmonoxid [Lachgas] und andere), die CO_2-Emissionen aber nur aus der Verbrennung fossiler Energieträger. Aufgrund unterschiedlicher Strahlungseigenschaften und Lebensdauer in der Atmosphäre haben die Treibhausgase einen unterschiedlichen erwärmenden Einfluss. Diese Einflüsse werden mithilfe einer gemeinsamen Maßeinheit auf der Grundlage des Globalen Erwärmungspotentiales (GWP, auch: Treibhausgaspotential) eines Gases miteinander vergleichbar gemacht. Vom IPPC verwendet wird als Maßeinheit das CO_2-Äquivalent bezogen auf 100 Jahre.
Quellen: CO_2-Emissionen: BP (2011); weitere Treibhausgase: U.S. Environmental Protection Agency (2011)

Kohlenstoffdioxidemissionen: starker Anstieg in China

7 Die Werte des Schaubilds wurden mithilfe globaler durchschnittlicher Konversionsfaktoren aus dem Weltverbrauch berechnet. Sie sind nicht vergleichbar mit offiziellen nationalen Emissionsstatistiken. Die von

BP vorgelegten Daten beziehen weder Emissionen weiterer Treibhause ein noch berücksichtigen sie die Landnutzung und deren Veränderung. Quelle: BP (2011)

Weltweiter Anstieg der Pro-Kopf-Emissionen

8 Die im Schaubild erfassten CO2-Emissionen beziehen Emissionen aus Landnutzung, Änderung der Landnutzung und Forstwirtschaft nicht mit ein.
Quelle: U.S. Energy Information Administration

Deutsche CO2-Emissionen pro Kopf doppelt so hoch wie der Weltdurchschnitt

9 Die im Schaubild erfassten CO2-Emissionen beziehen Emissionen aus Landnutzung, Änderung der Landnutzung und Forstwirtschaft nicht mit ein.
Quelle: U.S. Energy Information Administration

Eine „Energiewende" reicht zur Bekämpfung der globalen Erwärmung nicht aus

10 Die Gewichtung der Gase berücksichtigt ihre Wirksamkeit als Treibhausgas und ihre Verweildauer in der Atmosphäre (Globales Erwärmungs- oder Treibhausgaspotential), die für den Vergleich zugrunde gelegten CO2-Äquivalente sind bezogen auf 100 Jahre.
Quellen: IPCC (2008); für Treibhausgase außer CO2: U.S. Environmental Protection Agency (2011)

Stromerzeugung, Heizung und Verkehr sind die Hauptquellen für Emissionen in der EU

11 Die im Schaubild erfassten CO2-Emissionen beziehen Emissionen aus Landnutzung, Änderung der Landnutzung und Forstwirtschaft nicht

mit ein.
Quelle: World Resources Institute (2011)

CO2-Emissionen 1850 bis 2007: historische Verantwortung der westlichen Industrieländer

12 [1] Die ehemaligen ehemals sozialistischen Länder, der der Europäischen Union beitraten, sind sowohl bei EU-27 als auch bei den ehemals sozialistischen Industrieländern in Europa erfasst, da für sie keine Daten nur für die Zeit bis zu ihrem EU-Beitritt vorliegen.
[2] Alle CO2-Emissionen der Vergangenheit werden gleich gewertet, unabhängig vom Emissionszeitpunkt.
[3] Die im Schaubild erfassten CO2-Emissionen beziehen Emissionen aus Landnutzung, Änderung der Landnutzung und Forstwirtschaft nicht mit ein.
Quellen: World Resources Institute (2011); Susan Solomon, Gian-Kaspar Plattner, Reto Knutti, Pierre Friedlingstein (2009)

Fast drei Viertel aller CO2-Emissionen im Zeitraum 1850 bis 2007 stammten von nur zehn Ländern

13 [1] Alle CO2-Emissionen der Vergangenheit werden gleich gewertet, unabhängig vom Emissionszeitpunkt.
[2] Die im Schaubild erfassten CO2-Emissionen beziehen Emissionen aus Landnutzung, Änderung der Landnutzung und Forstwirtschaft nicht mit ein.
Quelle: World Resources Institute (2011)

Individueller Klimarucksack in Luxemburg am schwersten

14 [1] Alle CO2-Emissionen der Vergangenheit werden gleich gewertet, unabhängig vom Emissionszeitpunkt.

[2] Die im Schaubild erfassten CO_2-Emissionen beziehen Emissionen aus Landnutzung, Änderung der Landnutzung und Forstwirtschaft nicht mit ein.
Quelle: World Resources Institute (2011)

Schlechte Aussichten: Projektion der CO_2-Emissionen

15 Quellen: U.S. Energy Information Administration (2011); IPCC (2008)

Dramatischer Anstieg chinesischer Emissionen wahrscheinlich: Projektion der CO_2-Emissionen

16 Quelle: U.S. Energy Information Administration (2011)

Kohlenstoffintensität der Wirtschaft sinkt zu langsam

17 [1] Die im Schaubild erfassten CO_2-Emissionen beziehen Emissionen aus der Landnutzung, ihrer Änderung und der Forstwirtschaft nicht mit ein.
[2] Um das Bruttoinlandsprodukt von Ländern mit unterschiedlicher Kaufkraft vergleichbar zu machen und um zugleich Inflationseffekte auszublenden, wird es in Kaufkraftparitäten (hier: konstante internationale Dollar von 2005) angegeben.
Quelle: U.S. Energy Information Administration

Deutschland: Emissionsrückgang trotz Wirtschaftswachstum

18 [1] Die im Schaubild erfassten CO_2-Emissionen aus der Verbrennung fossiler Energieträger beziehen Emissionen aus Landnutzung, Änderung der Landnutzung und Forstwirtschaft nicht mit ein.
[2] Um das Bruttoinlandsprodukt pro Kopf von Ländern mit unterschiedlicher Kaufkraft vergleichbar zu machen und um zugleich Inflationseffekte auszublenden, wird es in Kaufkraftparitäten (hier: konstante

internationale Dollar von 2005) angegeben.
[3] Alle Werte für das heutige Gebiet der Bundesrepublik Deutschland. Quellen: Emission: BP Statistical Review of World Energy June 2011; Bevölkerung und BIP pro Kopf: World Bank: World Development Indicators

USA: Wirtschaftswachstum hält Emissionen fast konstant

19 [1] Die im Schaubild erfassten CO2-Emissionen aus der Verbrennung fossiler Energieträger beziehen Emissionen aus Landnutzung, Änderung der Landnutzung und Forstwirtschaft nicht mit ein.
[2] Um das Bruttoinlandsprodukt pro Kopf von Ländern mit unterschiedlicher Kaufkraft vergleichbar zu machen und um zugleich Inflationseffekte auszublenden, wird es in Kaufkraftparitäten (hier: konstante internationale Dollar von 2005) angegeben.
[3] Alle Werte für das heutige Gebiet der Bundesrepublik Deutschland. Quellen: Emission: BP Statistical Review of World Energy June 2011; Bevölkerung und BIP pro Kopf: World Bank: World Development Indicators

Südafrika: wachsende Wirtschaft, hohe Emissionen

20 [1] Die im Schaubild erfassten CO2-Emissionen aus der Verbrennung fossiler Energieträger beziehen Emissionen aus Landnutzung, Änderung der Landnutzung und Forstwirtschaft nicht mit ein.
[2] Um das Bruttoinlandsprodukt pro Kopf von Ländern mit unterschiedlicher Kaufkraft vergleichbar zu machen und um zugleich Inflationseffekte auszublenden, wird es in Kaufkraftparitäten (hier: konstante internationale Dollar von 2005) angegeben.
[3] Alle Werte für das heutige Gebiet der Bundesrepublik Deutschland. Quellen: Emission: BP Statistical Review of World Energy June 2011; Bevölkerung und BIP pro Kopf: World Bank: World Development Indicators

China: Starkes Wirtschaftswachstum treibt Emissionen in die Höhe

21 [1] Die im Schaubild erfassten CO_2-Emissionen aus der Verbrennung fossiler Energieträger beziehen Emissionen aus Landnutzung, Änderung der Landnutzung und Forstwirtschaft nicht mit ein.
[2] Um das Bruttoinlandsprodukt pro Kopf von Ländern mit unterschiedlicher Kaufkraft vergleichbar zu machen und um zugleich Inflationseffekte auszublenden, wird es in Kaufkraftparitäten (hier: konstante internationale Dollar von 2005) angegeben.
[3] Alle Werte für das heutige Gebiet der Bundesrepublik Deutschland.
Quellen: Emission: BP Statistical Review of World Energy June 2011; Bevölkerung und BIP pro Kopf: World Bank: World Development Indicators

Wirtschaftswachstum Hauptursache für die Zunahme der CO_2-Emissionen von 1970 bis 2007

22 Die Daten des obigen Schaubildes wurden mithilfe einer vereinfachten Variante der Kaya-Identität ermittelt. In jeder Ländergruppe ergibt die Summe aller drei Säulen 100.
Quelle: United Nations Development Programme (2011)

Pro-Kopf-Emissionen in armen Ländern sehr niedrig

23 [1] Die im Schaubild erfassten CO_2-Emissionen aus der Verbrennung fossiler Energieträger beziehen Emissionen aus Landnutzung, Änderung der Landnutzung und Forstwirtschaft nicht mit ein.
[2] Um das Bruttoinlandsprodukt pro Kopf von Ländern mit unterschiedlicher Kaufkraft vergleichbar zu machen und um zugleich Inflationseffekte auszublenden, wird es in Kaufkraftparitäten (hier: konstante internationale Dollar von 2005) angegeben.
[3] Aus Gründen der Übersichtlichkeit wurden Länder mit einem BIP pro Kopf von über 50.000 internationalen Dollar (Katar, Luxemburg und

die Vereinigte Arabische Republik) und mit Pro-Kopf-Emissionen von über 20 Tonnen (Bahrein, Brunei, Katar, Kuwait, Luxemburg, Trinidad und Tobago und Vereinigte Arabische Republik) nicht in das Schaubild aufgenommen.
Quelle: UNDP: International Human Development Indicators

Energiehungrige Welt

24 Ein Öläquivalent (OE) ist die Energie, die in einem Kilogramm Rohöl enthalten ist, nämlich 10.000 Kilokalorien (oder 41,86 Megajoule). Eine Gigatonne entspricht einer Milliarde Tonnen. Die in fossilen Energieträgern enthalte Energie wird auch in der Einheit BTU (British Thermal Unit) angegeben. Eine Million BTU entspricht 0,025219 Tonnen Öläquivalent.
Quelle: Weltbank: World Development Indicators

Weltenergieverbrauch 2009: China grösster Energiekonsument

25 Quelle: Weltbank: World Development Indicators

Trotz Energiesparmassnahmen geht der Energieverbrauch in den Industrieländern nur langsam zurück

26 Ein Öläquivalent (OE) ist die Energie, die in einem Kilogramm Rohöl enthalten ist, nämlich 10.000 Kilokalorien (oder 41,86 Megajoule). // Quelle: Weltbank, World Development Indicators

Ein Isländer verbraucht am meisten, ein Eritreer am wenigsten Energie

27 Ein Öläquivalent (OE) ist die Energie, die in einem Kilogramm Rohöl enthalten ist, nämlich 10.000 Kilokalorien (oder 41,86 Megajoule). // Quelle: Weltbank, World Development Indicators

Dramatischer Anstieg des Energieverbrauches in China prognostiziert

28 [1] Eine BTU (British Thermal Unit) ist die Energie, die benötigt wird, um ein britisches Pfund Wasser um ein Grad Fahrenheit zu erwärmen. Da diese Energie je nach Temperatur unterschiedlich ist, wurde international eine BTU als 1.055,0558 Joule definiert. Eine Million BTU entspricht 0,025219 Tonnen Öläquivalent.
[2] Die U.S. Energy Information Administration zählt zu den asiatischen OECD-Mitgliedsländern nicht nur Südkorea und Japan, sondern auch Australien und Neuseeland.
Quelle: U.S. Energy Information Administration (2011)

Auch künftig kein Abschied von fossilen Brennstoffen?

29 Eine BTU (British Thermal Unit) ist die Energie, die benötigt wird, um ein britisches Pfund Wasser um 1 Grad Fahrenheit zu erwärmen. Da diese Energie je nach Temperatur unterschiedlich ist, wurde international eine BTU als 1.055,0558 Joule definiert. Eine Million BTU entspricht 0,025219 Tonnen Öläquivalent.
Quelle: U.S. Energy Information Administration (2011)

In Europa werden erneuerbare Energiequellen nur langsam fossile Brennstoffe ersetzen

30 Eine BTU (British Thermal Unit) ist die Energie, die benötigt wird, um ein britisches Pfund Wasser um 1 Grad Fahrenheit zu erwärmen. Da diese Energie je nach Temperatur unterschiedlich ist, wurde international eine BTU als 1.055,0558 Joule definiert. Eine Million BTU entspricht 0,025219 Tonnen Öläquivalent.
Quelle: U.S. Energy Information Administration (2011)

Verbrauch fossiler Brennstoffe in Asien von 2008 bis 2035 mehr als verdoppelt

31 Eine BTU (British Thermal Unit) ist die Energie, die benötigt wird, um ein britisches Pfund Wasser um 1 Grad Fahrenheit zu erwärmen. Da diese Energie je nach Temperatur unterschiedlich ist, wurde international eine BTU als 1.055,0558 Joule definiert. Eine Million BTU entspricht 0,025219 Tonnen Öläquivalent.
Quelle: U.S. Energy Information Administration (2011)

Die Industrieländer und China müssen ihre Emissionen drastisch reduzieren

32 Quellen: Bevölkerung: Worldbank, World Development Indicators; Emissionen 2009: International Energy Agency (2011); Emissionsbudget: Wissenschaftlicher Beirat der Bundesregierung Globale Umweltveränderungen (2011)

Deutsche Emissionen viel zu hoch

33 Quellen: Bevölkerung: Worldbank, World Development Indicators; Emissionen 2009: International Energy Agency (2011); Emissionsbudget: Wissenschaftlicher Beirat der Bundesregierung Globale Umweltveränderungen (2011)

Das CO2-Budget der USA wäre bereits 2016 erschöpft

34 Quellen: Bevölkerung: Worldbank, World Development Indicators; Emissionen 2009: International Energy Agency (2011); Emissionsbudget: Wissenschaftlicher Beirat der Bundesregierung Globale Umweltveränderungen (2011)

Sind Menschen in reichen Ländern zufriedener?

35 [1] Um das Bruttoinlandsprodukt pro Kopf von Ländern mit unterschiedlicher Kaufkraft vergleichbar zu machen und um zugleich Inflationseffekte auszublenden, wird es in Kaufkraftparitäten (hier: konstante internationale Dollar von 2005) angegeben.
[2] Die Lebenszufriedenheit wurde im Rahmen der Gallup World Polls erhoben und auf einer Skala von 0 bis 10 erfasst, wobei 0 für die geringste und 10 für die höchste Lebenszufriedenheit steht.
[3] Aus Gründen der Übersichtlichkeit wurden Länder mit einem BIP pro Kopf von über 60.000 internationalen Dollar nicht erfasst, nämlich Luxemburg (BIP pro Kopf: 73.127 internationale Dollar) und Katar (84.043 internationale Dollar).
Quelle: UNDP (2011)

Lebenserwartung in sehr armen Ländern deutlich niedriger als in Ländern mit mittlerer Wirtschaftskraft

36 [1] Die Lebenserwartung bei der Geburt wird mithilfe von Sterbetafeln berechnet, sie beruht also auf den Sterblichkeitsverhältnissen zum Zeitpunkt der Geburt und spiegelt die Lebensbedingungen früherer Geburtsjahrgänge. Daher ist sie kein prognostischer Wert der tatsächlichen Lebenserwartung, da diese bei künftiger Verringerung der Sterblichkeit über der statistischen Lebenserwartung bei der Geburt liegen wird.
[2] Das Bruttonationaleinkommen (bis 1999: Bruttosozialprodukt) wurde gewählt, da zum Zeitpunkt der Erstellung des Schaubildes für 2011 noch keine Daten über das Bruttoinlandsprodukt vorlagen.
[3] Um das Bruttonationaleinkommen pro Kopf von Ländern mit unterschiedlicher Kaufkraft vergleichbar zu machen und um zugleich Inflationseffekte auszublenden, wird es in Kaufkraftparitäten (hier: konstante internationale Dollar von 2005) angegeben.
[4] Aus Gründen der Übersichtlichkeit wurden Länder mit einem BNE pro Kopf von über 65.000 internationalen Dollar nicht aufgenommen,

es sind die Liechtenstein (BNE pro Kopf: 83.717 internationale Dollar) und Katar (BNE pro Kopf: 107.721 internationale Dollar). // Quelle: UNDP (2011)

Reiche Länder haben einen grossen ökologischen Fussabdruck

37 [1] Um das Bruttoinlandsprodukt pro Kopf von Ländern mit unterschiedlicher Kaufkraft vergleichbar zu machen und um zugleich Inflationseffekte auszublenden, wird es in Kaufkraftparitäten (hier: konstante internationale Dollar von 2005) angegeben.

[2] Aus Gründen der Übersichtlichkeit wurden Länder mit einem BIP pro Kopf von über 60.000 internationalen Dollar nicht aufgenommen, es sind dies Luxemburg (74.420 internationale Dollar) und Katar (75.420 internationale Dollar), obgleich für die Länder entsprechende Daten vorliegen.
Quellen: UNDP (2011): International Human Development Indicators (http://hdr.undp.org, abgerufen am 31. Oktober 2011)
Bundesumweltamt (2006): Wissenschaftliche Untersuchung und Bewertung des Indikators „Ökologischer Fußabruck", Dessau-Roßlau

Viele reiche Länder weisen ein hohes ökologisches Defizit aus

38 Das ökologische Defizit beziehungsweise die ökologische Reserve sind die Differenz von ökologischem Fußabdruck und ökologischer Reserve. Quelle: National Footprint Accounts 2010 edition (http://www.footprintnetwork.org/en/index.php/GFN/page/footprint_for_nations/www.footprintnetwork.org, abgerufen am 15. Dezember 2011)

Seit 1986 leben wir über unsere Verhältnisse: Der Earth Overshoot Day ist immer früher im Jahr

39 Der Earth Overshoot Day oder der Ecological Debt Day kann als der Tag verstanden werden, an dem der ökologischen Fußabdruck der Menschheit größer wird als die Biokapazität der Erde (Kapazität, Ressourcen zu produzieren und Abfall unter Einschluss von Treibhausgasen aufzunehmen; hierbei gehen in die Berechnung der Biokapazität dieselben Bereiche der Biosphäre ein wie in die Berechnung des ökologischen Fußabdruckes.).
Quellen: Global Footprint Network; New Economics Foundation

Die Übernutzung der Erde nimmt zu

40 Quelle: Global Footprint Network (2010)

An der Grösse des ökologischen Fussabdruckes pro Kopf in Deutschland sind vor allem die CO2-Emissionen schuld

41 Quelle: Global Footprint Network (2010)

Ökologischer Fussabdruck eines durchschnittlichen Deutschen nach Tätigkeiten

42 Quelle: Stefan Giljum (2007)

VERZEICHNIS DER AUTORINNEN UND AUTOREN

MARGIT APPEL, Mag.a, Politologin, Bereichsleiterin Gesellschaftspolitik der Katholischen Sozialakademie Österreichs, Mitarbeit in der Österreichischen Armutskonferenz und der Arbeitsgruppe „Frauenarmut"

RICHARD BRAND, Dipl.-Volkswirt, Evangelischer Entwicklungsdienst (EED), entwicklungspolitischer Referent, Arbeitsstelle „Klima und Energie", Schwerpunkte: internationale Klimapolitik, Emissionshandel und dessen Auswirkungen in Entwicklungsländern, Klimafinanzierung, erneuerbare Energien

DR. BRIGITTE BERTELMANN, Volkswirtin, Referentin für Ökonomie, Familien- und Sozialpolitik und stellvertretende Leiterin des Zentrums Gesellschaftliche Verantwortung der Evangelischen Kirche in Hessen und Nassau

Dr. Hans Diefenbacher, apl. Professor für Volkswirtschaftslehre am Alfred-Weber-Institut der Universität Heidelberg, stellv. Leiter des Instituts für interdisziplinäre Forschung/Forschungsstätte der Evangelischen Studiengemeinschaft e.V. Heidelberg (FEST) und Beauftragter des Rates der Evangelischen Kirche in Deutschland für Umweltfragen

Dr. Alexander Dietz, Referent für Ethik, Sozialpolitik und Gemeinwesenarbeit im Diakonischen Werk in Hessen und Nassau, Privatdozent für Systematische Theologie an der Universität Heidelberg

Cornelia Füllkrug-Weitzel, Pfarrerin, Vizepräsidentin des Diakonischen Werkes der EKD und Direktorin von „Brot für die Welt" und Diakonie Katastrophenhilfe.

Dr. Gisella Colares Gomes, Fakultät für Soziologie, Zentrum für nachhaltige Entwicklung, Universität von Brasília

Frederic Hanusch, M.A. Politikwissenschaft, Philosophie und Soziologie, Mitglied des Graduiertenkollegs „Herausforderung der Demokratie durch Klimawandel" am Kulturwissenschaftlichen Institut Essen (KWI)

Klaus Heidel, Historiker, Mitbegründer und Mitarbeiter der Werkstatt Ökonomie e.V.

Dr. Friedhelm Hengsbach SJ, em. Professor für christliche Gesellschaftsethik an der Philosophisch-Theologischen Hochschule Sankt Georgen, bis 2006 Leiter des Oswald von Nell-Breuning-Instituts Frankfurt/Main

Dr. Stefan Heuser, Pfarrvikar in der Evangelischen Kirche in Hessen und Nassau und Privatdozent am Lehrstuhl für Ethik am Fachbereich Theologie der Friedrich-Alexander Universität Erlangen-Nürnberg

Thomas Hirsch, Geograph und Politikwissenschaftler, entwicklungspolitischer Beauftragter der Aktion „Brot für die Welt", 1999 bis 2008 Finanzdirektor der Menschenrechtsorganisation „FIAN International" in Deutschland, Sprecher des „Forum Umwelt & Entwicklung" und der „Deutschen Klimaallianz"

Dr. Paloma Fernández de la Hoz, Historikerin und Pädagogin, seit 1990 Mitarbeiterin der Katholischen Sozialakademie Österreichs, Schwerpunkte: Armut, soziale Ausgrenzung und Familienleben (insbesondere Migration soziale und Integration), Lehraufträge an der Universität Salzburg und der Fachhochschule St. Pölten

Michael Müller, 1983 bis 2009 Mitglied des Deutschen Bundestages, 2005 bis 2009 Staatssekretär im Bundesumweltministerium, Bundesvorsitzender der NaturFreunde und Präsidiumsmitglied im Deutschen Naturschutzring, seit 2010 sachverständiges Mitglied in der Enquete Kommission „Wachstum, Wohlstand, Lebensqualität" des Deutschen Bundestages

Maximilian Müngersdorff, Master of Social Science, Mitglied des Graduiertenkollegs „Herausforderung der Demokratie durch Klimawandel" am Kulturwissenschaftlichen Institut Essen (KWI)

Dr. Elimar Pinheiro do Nascimento, Soziologe, em. Professor und ehemaliger Direktor des Zentrum für nachhaltige Entwicklung, Universität von Brasília

Dr. Konrad Raiser, em. Professor für Systematische Theologie und Ökumenik, Ruhr Universität Bochum; 1993 bis 2003 Generalsekretär des Ökumenischen Rates der Kirchen

Dr. Norbert Reuter, Privatdozent, Ökonom im Bereich Wirtschaftspolitik beim Bundesvorstand der Vereinten Dienstleistungsgewerkschaft (ver.di), lehrt Volkswirtschaftslehre an der Rheinisch-Westfälischen Technischen Hochschule (RWTH) Aachen, sachverständiges Mitglied der Enquete-Kommission „Wachstum, Wohlstand, Lebensqualität" des Deutschen Bundestages

Tilman Santarius, Studium der Soziologie, Anthropologie und Volkswirtschaftslehre, 2001 bis 2009 Projektleiter am Wuppertal Institut für Klima, Umwelt, Energie, 2009 bis 2011 Referent für Internationale Klima- und Energiepolitik bei der Heinrich Böll Stiftung, seit 2007 Vorstandsmitglied von Germanwatch e.V

Miriam Schad, Dipl.-Soziologin, Mitglied des Graduiertenkollegs „Herausforderung der Demokratie durch Klimawandel" am Kulturwissenschaftlichen Institut Essen (KWI)

Dr. Jürgen Scheffran, Professor, Leiter der Forschungsgruppe Klimawandel und Sicherheit im KlimaCampus Exzellenz-Cluster und Institut für Geographie der Universität Hamburg, Arbeitsschwerpunkte: Klima- und Energiesicherheit, Modelle der Mensch-Umwelt-Interaktion; Technikfolgenabschätzung und internationale Sicherheit

Dr. Bernd Sommer, Dipl. Sozialwissenschaftler, Wissenschaftlicher Mitarbeiter am Kulturwissenschaftlichen Institut Essen (KWI) und Referent beim Wissenschaftlichen Beirat der Bundesregierung Globale Umweltveränderungen (WBGU)

Dr. Joachim H. Spangenberg, Biologe und Volkswirt, Gründer und Forschungskoordinator des Sustainable Europe Research Instituts SERI Deutschland e.V. und wissenschaftlicher Mitarbeiter des Helmholtzzentrums für Umweltforschung, u.a. Mitglied im Expertenkreis Ressourceneffizienzökonomie der EU-Kommission

Dr. Hans-Jürgen Urban, Politologe und Ökonom, seit 2007 geschäftsführendes Vorstandsmitglied der IG Metall, dort zuständig für Sozialpolitik, Gesundheitsschutz, Arbeitsgestaltung und Qualifizierungspolitik

Dr. Markus Vogt, Professor, Lehrstuhl Christliche Sozialethik, Katholisch-Theologische Fakultät der Ludwig-Maximilians Universität München, Mitarbeit in zahlreichen kirchlichen Gremien, u.a. Leitung des Fachbereichs Umwelt beim Rat der Europäischen Bischofskonferenz

Edgar Voss, Dipl.-Politikwissenschaftler, Mitglied des Graduiertenkollegs „Herausforderung der Demokratie durch Klimawandel" am Kulturwissenschaftlichen Institut Essen (KWI)

Impressum

Herausgeber

Abteilung Mission und Ökumene der Evangelischen Landeskirche in Baden • Akademisches Zentrum Rabanus Maurus, Haus am Dom, Bistum Limburg • Arbeitsgemeinschaft Mennonitischer Gemeinden in Deutschland • Bischöfliches Hilfswerk Misereor • Brot für die Welt • Caritasverband für die Diözese Limburg e.V. • Diakonisches Werk Baden • Diakonisches Werk Bayern • Diakonisches Werk Evangelischer Kirchen in Mitteldeutschland • Diakonisches Werk in Hessen und Nassau • Diakonisches Werk in Kurhessen Waldeck • Diakonisches Werk im Rheinland • Diakonisches Werk in Württemberg • Evangelische Kirche in Hessen und Nassau • Evangelische Kirche im Rheinland • Evangelische Kirche von Westfalen • Evangelisch-Lutherische Kirche in Bayern • Evangelisch-methodistische Kirche in Deutschland • Evangelisches Missionswerk Südwestdeutschland (EMS) • Gossner Haus Mainz – Arbeitswelt und Gerechtigkeit e.V. • Gossner Mission Berlin • Kairos Europa e.V. • Katholische Sozialakademie Österreichs • Kirchlicher Dienst in der Arbeitswelt • Ökumenischer Trägerkreis Armut/Reichtum - Gerechtigkeit • Oswald von Nell-Breuning-Institut für Wirtschafts- und Gesellschaftsethik • Kommission Globalisierung und soziale Gerechtigkeit von Pax Christi • Plädoyer für eine ökumenische Zukunft • Vereinte Evangelische Mission • Werkstatt Ökonomie e.V.

Geschäftsführung und Redaktion

Klaus Heidel, Werkstatt Ökonomie, Heidelberg;
Dr. Brigitte Bertelmann, Zentrum Gesellschaftliche Verantwortung der Evangelischen Kirche in Hessen und Nassau, Mainz

Koordination

Werkstatt Ökonomie e.V., Obere Seegasse 18, 69124 Heidelberg,
klaus.heidel@woek.de

Jahrbuch Gerechtigkeit V

Menschen, Klima, Zukunft?
Wege zu einer gerechten Welt

1. Auflage 2012

Titelbild: © z576 - Fotolia.com
Umschlag und Layout: Johannes Kunkel
Schaubilder und Karten: Julia Buschmann

Jahrbuch Gerechtigkeit V

Menschen, Klima, Zukunft?

Wege zu einer gerechten Welt

Kirchlicher Herausgeberkreis Jahrbuch Gerechtigkeit

Dieses Buch möchte Orientierungskarte und Startpunkt für einen gemeinsamen Weg der Konsultation und der Transformation sein, zu dem wir Sie ganz herzlich einladen. Der kirchliche Herausgeberkreis Jahrbuch Gerechtigkeit und die Autoren hoffen, dass Ihnen die Beiträge dieses Buches dazu Inspiration und Motivation sind und wir freuen uns auf die anstehenden Diskussionen, Projekte und Erfahrungen.

Arbeitsmaterialien, ergänzende Beiträge und ausführliche Informationen finden Sie auf der Internetseite zu diesem Buch.

Hinweis zur 1. Auflage: Aufgrund eines technischen Fehlers finden Sie bei den Anmerkungen zum Teil III: Schaubilder und Karten jeweils nur die Kurzangaben zu den Quellen. Die komplette Quellenangabe finden Sie ebenfalls im Internet.

www.menschen-klima-zukunft.de

Errata zur 1. Auflage

Schaubilder und Karten - vollständige Quellenangaben

» BP (2011): Statistical Review of World Energy (Stand Juni 2011, http://www.bp.com/statisticalreview, abgerufen am 26. August 2011)

» Bundesumweltamt (2006): Wissenschaftliche Untersuchung und Bewertung des Indikators „Ökologischer Fußabruck", Dessau-Roßlau

» Bündnis Entwicklung Hilft (Hg.) (2011): WeltRisikoBericht 2011, S. 30-35 und eigene Berechnungen.

» Rezal Karim Chowdhury, Md Shamsuddoha (2009): Climate Change Induced Forced Migrants: in need of dignified recognition under a new protocol (http://www.glogov.org/images/doc/equitybd.pdf, abgerufen am 23. November 2011)

» Global Footprint Network (2010): Ecological Footprint Atlas 2010 (http://www.footprintnetwork.org/images/uploads/Ecological_Footprint_Atlas_2010.pdf, abgerufen am 9. Dezember 2011)

» Global Footprint Network (www.footprintnetwork.org)

» Stefan Giljum, Sustainable Europe Research Institute (2007)

» International Energy Agency (2011): Emissions from Fuel Combustion, Paris, S. 46ff.

» International Organization for Migration (2008): Migration and Climate Change, Geneva.

» IPCC (2007): Climate Change 2007: Impacts, Adaptation and Vulnerability. Contribution of Working Group II [...], Cambridge

» IPCC (2008): Klimaänderung 2007. Synthesebericht. Ein Bericht des Zwischenstaatlichen Ausschusses für Klimaänderungen, Berlin

» IPCC (2011): Summary for Policy Makers. In: Intergovernmental Panel on Climate Change Special Report Managing the Risks of Extreme Events and Disasters to Advance Climate Change Adaptation [...], Cambridge and New York.

» National Footprint Accounts 2010 edition (http://www.footprintnetwork.org/en/index.php/GFN/page/footprint_for_nations/www.footprintnetwork.org, abgerufen am 15. Dezember 2011)

» New Economics Foundation (www.neweconomics.org)

» Susan Solomon, Gian-Kaspar Plattner, Reto Knutti, Pierre Friedlingstein (2009): Irreversible climate change due to carbon dioxide emissions, in: PNAS [Proceedings of the National Academy of Sciences of the USA] February 10, 2009, S. 1704 – 1709 (www.pnas.org/cgi/doi/10.1073/pnas.0812721106, abgerufen am 3. Dezember 2011).
» Statistical Review of World Energy June 2011(Stand Juni 2011, http://www.bp.com/statisticalreview, abgerufen am 26. August 2011)
» U.S. Energy Information Administration (2011): International Energy Outlook 2011, Washington DC, S. II, 200.
» U.S. Energy Information Administration (http://www.eia.gov/cfapps/ipdbproject/IEDIndex3.cfm?tid=90&pid=44&aid=8, abgerufen am 25. August 2011)
» U.S. Environmental Protection Agency (2011): DRAFT: Global Anthropogenic Non-CO2 Greenhouse Gas Emissions: 1990 – 2030, August 2011, Data Annex (online) (http://www.epa.gov/climatechange/economics/international.html#global_anthropogenic, abgerufen am 16. August 2011)
» UNDP (2011): International Human Development Indicators (http://hdr.undp.org, abgerufen am 31. Oktober 2011)
» United Nations Development Programme (2011): Human Development Report 2011. Sustainability and Equity. A Better Future for All, New York, S. 32.
» Wissenschaftlicher Beirat der Bundesregierung Globale Umweltveränderungen (2007): Welt im Wandel: Sicherheitsrisiko Klimawandel, Heidelberg
» Wissenschaftlicher Beirat der Bundesregierung Globale Umweltveränderungen (2011): Hauptgutachten. Welt im Wandel. Gesellschaftsvertrag für eine Große Transformation, Berlin, S. 40 u.ö.
» World Bank: World Development Indicators (http://databank.worldbank.org/ddp/home.do, abgerufen am 16. November 2011)
» World Resources Institute (2011): Climate Analysis Indicators Tool (CAIT) Version 8.0 (Washington, D.C.) (http://cait.wri.org/cait.php?page=cumul&mode=view, abgerufen am 17. Oktober 2011)

S. 224 · Beschriftung des Schaubildes

richtig: Emissionen aus der Verbrennung fossiler Energieträger pro Einheit Bruttoinlandsprodukt[17]